Eva Demski

Den Koffer trag ich selber

Erinnerungen

Insel Verlag

Erste Auflage 2017
© Insel Verlag Berlin 2017
Alle Rechte vorbehalten, insbesondere das der
Übersetzung, des öffentlichen Vortrags
sowie der Übertragung durch Rundfunk und
Fernsehen, auch einzelner Teile.
Kein Teil des Werkes darf in irgendeiner Form
(durch Fotografie, Mikrofilm oder andere Verfahren)
ohne schriftliche Genehmigung des Verlages
reproduziert oder unter Verwendung elektronischer Systeme
verarbeitet, vervielfältigt oder verbreitet werden.
Satz: Satz-Offizin Hümmer GmbH, Waldbüttelbrunn
Druck: CPI – Ebner & Spiegel, Ulm
Printed in Germany
ISBN 978-3-458-17718-0

Den Koffer trag ich selber

Die ungeheuerste Kultur, die der Mensch
sich geben kann, ist die Überzeugung,
daß die andern nicht nach ihm fragen.

Goethe

Geistermesse

Offenbar sind in diesem Jahr die Rolltreppen und Transportbänder auf der Buchmesse schneller gestellt worden. Jedenfalls haben mein rechter Fuß beim Draufsteigen und mein linker beim Runtergehen eine Schrecksekunde. Ich halte mich am Handlauf fest und schaue auf die vielen jungen Menschen, die die Gegenfahrbahn des Laufbandes entlangrennen, Langsame überholen und einander zurufen, während ihre Füße mühelos auf Highheels und ihre Laptoptaschen auf Stapeln von Prospekten balancieren. Ich bin langsam.

Zwei Jahre zuvor hatte ich am Eingang einen kleinen, alten Literaturnobelpreisträger bedauert, der sich umsah und sich zu wundern schien, daß niemand ihn beachtete. Sein schwarzgefärbtes Haar und sein Schnauzbart leuchteten, und er trug immer noch sandbraune Cordhosen, wie vor mehr als dreißig Jahren.

Nein, es sind schon bald vierzig Jahre, denke ich, und daß der Arme jetzt nie mehr nach Bewunderung Ausschau halten kann.

Es ist Messe, Buchmesse, Weltmittelpunkt, in Herbstnebel verpackt. Ich komme seit mehr als einem halben Jahrhundert hierher und habe fast alle Rollen, die das Ereignis zu bieten hat, durchgespielt. Die letzte und vielleicht schönste ist jetzt die der Geisterseherin.

Angefangen hat alles mit dem Schreiben von Auftragszetteln, da gingen Tine und ich in die siebte Klasse, und ihr Vater hatte Beziehungen zum List-Verlag. So kamen wir an diesen Traumjob. Bücher waren heilig. Bücher waren ewig, in sämtlichen Bürgerwohnzimmern standen sie in Reih und Glied, eine unerschütterliche Armee in Ledermänteln.

Später, während des Studiums kamen wir einstigen Schüler von überall her zur Buchmesse, egal, was oder wo wir studierten, von Medizin bis Mediävistik, in Berlin, München, Freiburg oder sonstwo. Wir mußten uns unbedingt im Oktober hier treffen, reichten einander die einzige Fachbesucherkarte – irgend jemand hatte immer eine – durch die Gitter zu und versuchten tagsüber, Berühmtheiten zu sehen, und abends, auf die Parties zu kommen.

Danach ergriff ich ein bißchen Macht und arbeitete für das Kulturmagazin TTT. Uns oblag die sogenannte Messesondersendung, man durfte sich ganze Tage dort herumtreiben, Literaturstars um Gespräche bitten und Dichterinnen und Dichter vor der Kamera die Rolltreppen rauf- und runterjagen. Es waren auch echte Legenden dabei, zum Beispiel Jean Marais. Jean Marais!

Den nehme ich, sagte ich zu meiner Kollegin, du kannst ja leider nicht richtig Französisch.

Das lerne ich heute nacht, antwortete sie und nahm mir Jean Marais weg. Sie war ranghöher. Es wurde ein lustiges Interview, weil sie seine Antworten nicht verstand. Jean Marais war genauso schön wie in seinen Filmen. Wir hatten ihn dann lange fast lebensgroß als Foto im Büro hängen.

Fast alle machten fast alles mit. Das lag an den Folgejahren von 68, Autoritäten waren unsicher geworden, ob sie noch welche sein durften, und außerdem wollte niemand nicht jung aussehen. Zum Messeschluß bastelten wir die Nacht über unsere Ausbeutefilmchen in zehn Schneideräumen parallel bei warmem Sekt und vielen Zigaretten. Frühmorgens wurde dann Hellmuth Karasek zum Texten mit dem Taxi von irgendwoher geholt, er hatte meist keine Strümpfe an.

Seit kurzem muß auch er hier geistern, ich höre im Menschenlärm deutlich seine böhmische Präzisionssprache. Jetzt kann er sich endlich mit seinem Bruder Horst zusammentun, der ein Anarchist und ein Dichter war und die vierte Dimension der Buchmesse schon seit vielen Jahren bewohnt. Heiligabend 2013 ist auch seine ehemalige Geliebte in diesem papierenen Hades angekommen, Helga M. Novak, einst die schönste von allen mit wilden Augen und wildem Leben.

Lest ihre Gedichte, ihr Unwissenden, würde ich jetzt gern den schicken Jungs und Mädchen auf dem Rollband Richtung Halle 4.1, zurufen, wenn ihr die Gedichte dieser isländischen Schneewölfin nicht kennt, fehlt euch Entscheidendes.

Ende der Siebziger fing ich selber an zu schreiben und machte mich bei vollem Bewußtsein zum Opfer. Ich kann nicht behaupten, daß ich nicht gewußt hätte, was einem dabei blüht. Lang genug war ich auf der anderen Seite gewesen, hatte auf Blößen gelauert, die Dichterinnen und Dichter sich gaben, stellte mit sanfter Interviewstimme Fallen und wunderte mich alle Jahre wieder über die gleichen Superlative: das ungewöhnlichste, einfühlsamste, spannendste, erhellendste, das Buch der Bücher. Nie zuvor dagewesen!

Leuchtspuren zogen sich über den Literaturhimmel, oft mit viel Orchester und Chor, aber wie lang hielt das denn – meistens nicht mal bis zu den nächsten Messebeilagen. Das hatte ich alles gewußt und mich für immun gehalten. Aber ich fiel darauf herein, kaum daß mein erstes Buch auf der Welt war. Ich wurde so kleinkindhaft lob- und liebessüchtig wie alle, die ich dafür verachtet und ausgelacht hatte. Auch die ganz Großen litten unter diesem unstillbaren Hunger, sie verzehrten sich nach Lobpreisungen von Leuten, die sie für wesentlich dümmer als sich selber hielten. Der Vorwurf charakterlicher Nichtswürdigkeit wurde bei jedem Anerkennungssprüchlein umgehend fallengelassen und sofort wiederaufgenommen, wenn der Dichter sich ignoriert fühlte. Ich begab mich in diesen Club, trotz allen Wissens um die schnelle Verderblichkeit der meisten Ewigkeiten.

Viele Bücher später kam als vermeintliche Krönung für mein vielfältiges Messeleben noch eine Gesellschafterfunktion bei einem Verlag, ein interessantes Jahrzehnt, in dem ich mich auf jeder Buchmesse fragte und von anderen fragen lassen mußte, als was ich denn aktuell unterwegs sei – Verleger? Journalist? Kritiker? Kritikerfeind? Dichter gar? Gelächter.

Jetzt laufe ich entspannt auf bequemen, unansehnlichen Latschen über die Messe der Lebenden und der Toten, wobei die Toten den Löwenanteil ausmachen. Sie halten sich aber fürs erste gut versteckt, und ich ertappe mich beim Studium der diesjährigen Einmaligkeiten.

Ein einzigartiger Schelmenroman. Ein Autor von einsamer Größe. Gedankenklar, virtuos, aufrüttelnd. Präzise wie ein Skalpell. Einfühlsam. Noch mal einfühlsam und noch mal. Noch bevor das Laufband stoppt und mein Fuß wieder seinen neuen, winzigen Schrecken kriegt, habe ich alles wieder vergessen.

Kein Mensch käme mehr auf die Idee, mich nach meinen Rollen zu fragen. Ich bin jetzt die Geisterseherin.

Der Regen läßt Schals und Hüte feucht werden, die in den Jahrmarktsbüdchen vor den Hallen angeboten werden, zum erstenmal kaufe ich nichts. Sonst mußte das immer sein, irgendeine schöne Nutzlosigkeit, die ich nie tragen würde, falscher Schmuck mit Sternzeichen oder Pashminaschals, hundert Prozent Polyester. Heute denke ich trübsinnig an den Tyrannosaurus Rex, der geköpft und schwanzlos vor dem Senckenbergmuseum steht, ein geschlachteter Gigant. Grade bin ich an ihm vorbeigefahren, einem riesigen Plastiktorso, bei dessen Anblick mir die Tränen kamen.

Einst im wilden Jahrzehnt spielten total außer Rand und Band geratene österreichische Dichter drinnen im Museum mit den echten Knochen, nahmen die heiligen Skelette auseinander, als wären es Brathähnchen, und schütteten Sekt über die ganze Ehrwürdigkeit. Es war ein Verlagsempfang, und der längst tote Verleger Christoph Schlotterer, ein sehr liebenswürdiger Mensch, hauchte immer wieder *keine Polizei! Nur keine Polizei!*, weil es zum damaligen Zeitgeist gehörte, die schlimmer zu finden als jede nur denkbare Kulturschandtat. Wahrscheinlich geistert er kummervoll durch die längst wieder zusammengebastelten Knochen.

Wie wunderbar das war, als sogleich ein deutscher Club

längst toter Dichter unter der Führung des kräftigen Herbert Heckmann die Österreicher verhauen wollte und dann doch demokratisch entschied, lieber in Jimmy's Bar zu gehen, aus dem einfachen Grund, daß alle, die nicht hier waren, dort sein würden. Die heroischen Taten der Österreicher wurden in der Bar erst verkündet und dann diskutiert, und Helmut Eisendle, der schon den ganzen Abend im Jimmy's gehockt hatte, brach in Tränen aus, weil die wichtigste österreichische Kampfhandlung der letzten Jahrzehnte ohne ihn über die Bühne gegangen war. Eisendle sah aus, wie Kulturredakteure sich damals einen Dichter vorstellten, zerfranst, zerfallen, arrogant und bedürftig zu gleichen Teilen, ein charmantes bärtiges Baby. Seinesgleichen gab es damals eine Menge, man mußte sie pflegen, ihnen regelmäßig zu trinken geben und gelegentlich eine Aufgabe in anspruchsvollen Hörfunksendungen für sie bereithalten, Honorar *cash* an der Kasse.

Wo sind sie geblieben, sie und ihre Musen, denke ich, während ich über den Platz am Brunnen Richtung Halle 4 gehe und zuschaue, wie ein paar Fernsehteams über die sogenannte Agora schnüren, diese feuchtschimmernde Öde, wo Bratwurst- und Čevapčičistände so selten geworden sind wie rauchende Dichter. Alles muß dem Veganen weichen.

Musen sieht man auch nicht mehr, nur ihre Geister, die schöne Nina v. P. mit Hotpants und riesengroßem Joint, Anna mit den goldenen Wimpern und Elke, die niemals jemand ohne Schminke oder Stiefel gesehen hat. Ich fand Musen wunderbar und beneidenswert, vielleicht haben wir anderen nur deshalb selber geschrieben, weil wir für Hotpants nicht die richtigen Beine und außerdem keine Lust hatten, einem Dichter die Verehrung Tag und Nacht wie eine Aktentasche hinterherzutragen.

Wer den kurzen Blick einer Kamera abkriegt, wer eine Sekunde Akteur sein darf, macht zwar abschätzige Witze drüber, freut sich aber insgeheim wie über einen Hauptgewinn, damals wie jetzt, denke ich. Aber das ist Blödsinn.

Die Kameras sind kleiner als früher. Jeder hat aber sowieso eine eigene und macht seinen eigenen Messebericht. Außerdem sind die vom Fernsehen faul geworden, stellen an jeder dritten Ecke ein Studio auf mit einem roten oder blauen Sofa in der Mitte und lassen die Dichter einfach antanzen. Wir haben damals noch nach ihnen gesucht und sie gejagt, sie ließen sich meistens gern fangen. Nicht mehr zehn, sondern zehn Millionen Programme toben sich jetzt an diesen weltwichtigen paar Tagen aus.

Unsere toten Dichter wären dafür viel zu schwerfällig gewesen und viel zu arrogant, wir auch. Es war diese Zeit, Ende der Siebziger, als Jean Améry die Messetage abwartete, um sich in Salzburg das Leben zu nehmen. An allen Ständen, vom größten bis zum Ein-Mann-Verschläglein, wurde das respektvoll und ein bißchen neidisch kommentiert. Was für ein Schlußakkord.

Ich hatte öfter mit ihm gearbeitet und bin bis zum heutigen Tag sicher, daß der Zeitpunkt, den er für seinen Tod gewählt hatte, wohlüberlegt war. Nicht aus Eitelkeit, wie viele behaupteten, sondern aus unglücklicher Liebe zur Bücherwelt, diesem einzigen Paradies auf Erden. Er hatte Dinge überlebt, die man eigentlich gar nicht überleben kann, er war mit seiner tätowierten Lagernummer und seinen Millionen Zigaretten ein Ahasver, ein Untoter, nur die Literatur und die erfolgreiche Liebesgeschichte mit ihr hätte ihn vielleicht am Leben halten können. Als Essayist und Zeitzeuge war er geachtet, als Belletrist nicht. Dieses Papieruniversum, über das er mit seinen Erfahrungen doch eigentlich hätte erhaben sein müssen, hatte Macht über ihn, er sehnte sich danach, aber man verwehrte ihm die Türen, durch die er gern gegangen wäre. Deswegen schloß er seine letzte mit einem ziemlichen Knall hinter sich.

Als ich das damals in der Halle sagte, erklärte mich jeder für naiv. Ich hoffe, er kann hier nach fast vierzig Jahren in Frieden herumgeistern. Zwischen all den bunten Cosplayern wird es ihm gefallen. Er mochte junge Leute. Seine ungleichen Gefährten Erwin Leiser und Joseph Rovan taten das auch. Beide waren Kämpfer gegen die Nazis, beide genau wie Améry der Buchwelt und ihren falschen Komplimenten und Versprechungen verfallen. Alle drei arbeiteten gern mit mir zusammen, ich hatte ein unverdächtiges Geburtsjahr und einen polnischen Nachnamen. Außerdem machten sie mich merkwürdigerweise nicht verlegen mit ihren monströsen Lebens- und Todeswegen. Ich flirtete ein wenig mit ihnen, das war gut für die Arbeit, und ich glaube, es gefiel ihnen.

Die Hofhaltungen waren sorgsam getrennt – *Frankfurter Hof, Hessischer Hof*, Tisch links hinten, Mitteltisch rechts, die Linken da, die etwas scheu gewordenen Konservativen dort. Kempowski immer auf der Suche nach dem richtigen Platz, wo er seine Totalenttäuschung gewinnbringend abladen konnte. Groupies waren von Musen nicht ohne weiteres zu unterscheiden.

Damals arbeitete ich noch auf der Geberseite, beim Fernsehen, und hätte mir nicht vorstellen können, selber dreimal eine Rolltreppe rauf- und runterzufahren, auf Befehl. Niemals. Ich hätte jeden für verrückt erklärt, der mir gesagt hätte: Wart's nur ab, meine Liebe, keine zwei Jahre mehr, und du wirst die Seite wechseln. Warum auch? Wir waren wie Generäle: Die nehmen wir rein, den nicht. Tod oder Leben, alle Jahre wieder. Wir konnten Pressefrauen zum Weinen bringen.

Wo sind die Seller jener Jahre geblieben, wo die unverzichtbaren, ewigen, einmaligen Werke? Die diesjährigen Verlagsprospekte sind jetzt schon Altpapier, was ist mit denen von vor zehn, zwölf, dreißig Saisons? Verweht. Das war ein Wort, das Dichter gern benutzten, es paßt in Lyrik wie in Prosa. Verweht, das klang immer gut. Niemand hat aber Lust, dran zu denken, daß es ihn selber verwehen würde, wie alle. Auch Marcel Reich-Ranicki geistert hier herum und trifft seine Feinde und seine Freunde, wobei das – *Mein Lieber! Was gibt es Neues?* – gar nicht leicht zu unterscheiden ist.

Grade er wollte gar nicht gern verweht werden. Was würde denn bleiben, was sollte die Papierwelt denn machen, ohne ihn?

Ich schaue immer wieder die verkleideten Mädchen und Jungs an, die über die Messe vagabundieren, Katzenmädchen, Zauberer, Fabeltiere, und ich bin begeistert darüber, wie gleichgültig denen das Erkanntwerden ist. Das wollen sie jetzt und hier nicht. Ihre Ichs sind in den sozialen Netzwerken aufzufinden, millionenfach und jederzeit identifizierbar. Aber auf der Buchmesse wollen sie Teil einer Geschichte sein, sonst gar nichts, und in deren Schönheit und Buntheit ganz analog aufgehen. Eines der kompliziert geschminkten Fabelwesen verliert seinen Schwanz – *Was soll ich denn jetzt bloß machen?* –, und ein halbes Dutzend ratloser Kleindrachen, Hexen und Plastiktrolle schart sich um das versehrte Geschöpf. Ich fühle mich stolz und geehrt, daß sie eine Sicherheitsnadel von mir annehmen, eine Nadelspitze Zugehörigkeit, ein Stich gegen die Geister.

Nur wenige weibliche Gespenster kreuzen meinen Weg. Vielleicht sind sie nicht so leicht zu erkennen.

Als ich noch das aufträgeschreibende Schulmädchen war, das wochenlang über seine Messeklamotten nachgedacht hatte und nicht auf die Idee gekommen wäre, daß es keine der Berühmtheiten interessieren würde, was so ein fünfzehnjähriges Trampelchen anhat, also an einem dieser sternenfernen Messetage wurde in den Gängen von Stand zu Stand gemeldet: Annette Kolb ist auf der Buchmesse.

Annette Kolb! Thomas Mann hatte sie zwar respektlos, aber immerhin doch beschrieben, sie war eine Dichterin, wie sie zu sein hatte, Ingeborg Bachmanns Dichterinnentum war da erst im Werden. Eingeweihte, und davon gab es viele, nannten sie *das Fräulein Kolb*. Wahrhaftig, wir konnten sie sehen, ich glaube, es war im ersten Stock der alten Halle 5, Ehrfurcht zog wie Weihrauch durch die Gänge, man konnte es förmlich riechen.

Ich hatte vorher nicht geglaubt, daß ein menschliches

Wesen so alt sein könnte. Sie ging nah an uns vorbei, sehr langsam, sie hatte einen Hofstaat um sich. Ich erinnere mich an etwas Langes, Dunkles als Kleidung und an einen kleinen Hut.

Ob sie heute, ein halbes Jahrhundert nach ihrem Tod und längst vergessen, noch Lust hat, hier zu spuken? Sie war eine elegante Weltbürgerin, ihr Vater ein Wittelsbacher Bastard, von wem, ist nicht bekannt. Aber es hat schon was, wenn man sich aussuchen kann, ob man mit der Kaiserin Elisabeth oder dem zweiten bayerischen Ludwig eng verwandt sein möchte. Einen bestiefelten Fuß behielt Annette Kolb fest im 19. Jahrhundert, sie war aber eine von denen, die die Krankheiten des 20. deutlicher als andere sah. Schon im Ersten Weltkrieg blieb sie an der Seite der Franzosen, emigrierte 1933, eine unerbittliche Hitlerfeindin. Sie liebte München und kam zurück. Uns erschien sie damals wie eine Bühnenfigur, das gütige *Schafsgesicht* – wir kannten die Beschreibung des uncharmanten Thomas Mann, und nun sahen wir eine seiner Gestalten leibhaftig den Messegang entlangwandeln. Wahnsinn.

Das Fräulein Kolb wird nicht mehr gelesen, und wie lang ihr Chronist Mann noch durchhält – wer weiß.

Nicht alle Geister, die auf der Buchmesse spazierengehen, sind mit ihrer Existenzform einverstanden. Elias Canetti und Christoph Schlingensief beschweren sich immer noch darüber, daß sie in dieses Abseits geraten mußten, in diese schreckliche Unabänderlichkeitsfalle: *Es kann sein, daß Menschen sterben, aber wir doch nicht.* Sie sind und bleiben gekränkte, buchstäblich zu Tode beleidigte Gespenster. Vielleicht ist so eins auch mein lieber Fritz Ar-

nold, bei Lebzeiten der schönste aller Lektoren, Einsteck-
tüchlein, verwegene Socken und eine mit grauem Schnauz,
schmaler Gestalt und Bürstenschnitt sorgfältig und erfolgreich gepflegte Ähnlichkeit mit – eben Thomas Mann,
kein Zweifel. Er hatte schon die allererste Messe nach
dem Krieg mitgemacht, begeistert und zu allem Schönen
bereit, dafür schlief man am Hauptbahnhof auf Feldbetten und lieh sich gegenseitig Anzüge für die spärlichen
Feste.

Fritz war der Sohn des *Simplicissimus*-Zeichners Karl
Arnold, eine erfahrene Bücherhebamme, Freund bedeu-
tender Menschen wie Susan Sontag, Paul Celan und An-
dré Gide. Sein erstes eigenes Buch wagte er erst kurz vor
seinem Tod. Es hieß *Freundschaft in Jahren der Feind-
schaft*, ich denke, er trägt das kleine schöne Werk auch
als Geist noch mit sich herum, so stolz war er. Ihm verdan-
ke ich die Lebensregel, Eitelkeit sei eine Form der Rück-
sichtnahme auf die Umgebung und insofern eine sehr be-
grüßenswerte Eigenschaft.

Es regnet in diesem Herbst nur während der Messetage,
vorher und nachher ist herrlichstes Wetter. Grau ist die
Messe, bis auf die Cosplayer, aber bunt ist die Stadt, besonders die Parks.

Ein paar weibliche Geister kreuzen doch noch meinen
Weg und beschweren sich über nachlassende Eleganz re-
spektive zunehmende Spießigkeit auf der Messe, was die
Klamotten betrifft, je nach Generation. Für völlige Unver-
träglichkeit konnten schon fünf, sechs Jahre Altersunter-
schied sorgen.

Sarah Kirschs staunender Geist hat sich wie oft im Leben davor mit Helga M. Novaks zusammengetan, ich sehe sie mitten im Regen auf dem Brunnenrand sitzen und dem Wasser zuhören, das von überall her kommt. Beide sind so schön und jung, Helga mit den Engelslocken um ihr Teufelsgesicht, Sarah mit ponybedeckter Stirn und unbewegten Augen.

Schminken habt ihr immer noch nicht nötig, wie damals, die Welt, die Männer, die Messe, nichts von alldem war euch einen Pinselstrich im Gesicht wert, sage ich verbittert.

Sie würdigen mich keines Blicks.

Wißt ihr noch, wie ich euch beim FAZ-Empfang in der Siesmayerstraße immer Cognac organisiert habe? Der Oberkellner war Marokkaner, eine Freundin von mir die Klassenlehrerin seines Sohnes, was er wußte. Nur zur Buchmesse durften Frauen da rein in diesen holzgetäfelten Club. Deswegen wollten wir den Empfang auch immer mal wieder boykottieren.

Wißt ihr noch, wir saßen auf der Treppe, ich wollte so gern aus eurem Duo ein Trio infernal machen. Das ging manchmal gut, wenn ihr eure Ostgeheimnisse außer acht gelassen habt. Fast alle eure Liebhaber könntet ihr heute sehen, wie sie an den Ständen entlangstreifen, eine Reihe nicht sehr seliger Geister, die nach ihren verschwundenen Büchern suchen, für die sie einst gelitten hatten und gelobt worden waren. Futsch, einfach weg. All die verfluchten Einsamkeiten und Ängste und diese dreimal verfluchten Hoffnungen, für die Katz.

Letztlich ist, sagen die Liebhaber der Dichterinnen verbittert, *so ein Buch nicht haltbarer als ein blödes Brot.*

Da müssen die weiblichen Geister lachen.

Ach, Horst, sagt Helga. *Ach du, Klaus, und noch ein Klaus und noch ein* anderer *Klaus. So viele Kläuse in meinem Leben, und alle schon lang hier drüben.*

Ach, Rainer, sagt Sarah. *Als ob das jetzt noch wichtig wäre, das mit den Büchern.*

Die Liebhabergeister sind fassungslos.

Was sollte denn sonst wichtig sein? Wozu Unsterblichkeit, wenn unsere Bücher weg sind? Es geht doch nicht ohne uns. Wieso geht das denn jetzt plötzlich doch ohne uns?

Da höre ich viele mitmurren, leise oder lauter, es spielt dabei keine Rolle, wie lange sie schon auf der anderen Seite der Messe existieren. Canetti ist noch nach so vielen Jahren einer der lautesten, Reich-Ranicki scheint sich dreingefunden zu haben. Er amüsiert sich am jenseitigen Buchmesseeingang damit, die Neuankömmlinge zu begrüßen.

Na, auch schon da, mein Lieber?

Sie lassen mich nicht mitreden, tun so, als sei ich gar nicht da. Das konnten sie schon zu Lebzeiten ganz gut. Wenn sie zuhörten, würde ich ihnen sagen, daß sie am falschen Ort spuken. Hier wird ihnen keiner helfen. Sie müssen in die Universität, in die Bibliothek oder ins Seminar, wo die literaturwissenschaftlichen Umwälzanlagen jedem von ihnen irgendwann wieder ans Licht helfen. Dort bräuchten sie nur ein bißchen Geduld, die Geister, aber statt dessen versuchen sie es alle Jahre wieder hier auf der Buchmesse, am falschesten Ort, ungebetene, unsichtbare Gäste bei dieser großen Sichtbarkeits- und Bedeutungsparty.

Es hat aufgehört zu regnen, an jeder Ecke werden Literaturbeilagen unters Volk geworfen, kleine bunte Drachen,

Hexlein und Katzenmädchen schütteln sich wie nasse Vögel.

Ihr Anblick macht aus der Messe einen Karneval, eine Walpurgisnacht. Wenn es nach mir ginge, gäbe es nur noch diese verkleideten Kinder hier und gar kein Papier mehr, wenigstens für ein paar Jahre, bis der ganze Unsterblichkeitszauber ein für allemal ausgetrieben ist und niemanden mehr verrückt oder unglücklich macht.

Mich, die Geisterseherin, täuschen sie nämlich nicht, die neuen, jungen, frisch geschlüpften Wunderfräuleins und Slammer, Romanciers und Blogger, die alle Events und das Netz so souverän dominieren, nicht eine Minute machen sie mir was vor. Der Augenblick ist kein Aufenthaltsort für sie, so laut sie das auch behaupten mögen. Man sieht es in ihren Augen, egal ob Männchen oder Weibchen: Sie wollen Ewigkeit. Genau die gleiche, nach der die toten Dichter so verzweifelt in den Gängen und an den Ständen suchen und die sie nicht finden, während glückliche, bunte Horden von Jabberwockys, Drachen, Prinzessinnen, Thronesgamern und Magiern, die noch nie eine Zeile geschrieben haben, im Diesseits an den gleichen Plätzen herumtoben und all das Papier mitsamt seinen Versprechungen nicht mal sehen.

Wann wird's verfilmt? fragt ein eulengestaltiges Mädchen höflich.

Das ist auch schon der Gipfel des Interesses.

Kaum zu glauben, sie sind fast im gleichen Alter, die jungen Literaten und wieder mal brandneuen Entdeckungen und die Verkleideten, für die die Buchmesse einfach eine tolle Bühne ist, von der sie weiter nichts erwarten.

Die jungen Dichterinnen und Dichter dagegen sagen ur-alte Sätze:

Ich bin bei Rowohlt heute abend.

Fischer ist jetzt woanders.

Wo denn? Kommt man da rein?

Aber vielleicht treffen sie sich in den Nächten an einem ganz anderen Ort, wo unsereiner nie gewesen ist, die Ver-kleideten und die Bücherschreiber, und feiern.

Vor der Halle 3 tanzen gelbe Gespenster, die ich nicht gleich als solche erkenne, weil sie auch Werbung für das Gastland oder ein exotisches Kochbuch sein könnten. *Hare Hare, Hare Rama.* Ob es so was noch irgendwo in lebendig gibt? Wahrscheinlich nicht einmal mehr auf dem Subkontinent. Damals wurden sie gern gefilmt, weil sie in jedem ernsthaften Beitrag einen hübschen Farbfleck und interessante Töne abgaben. Liebe und Frieden in allen Zitrusfrüchtefarben. Könnten die Leias, Chewbaccas und Gremlins sie sehen, würden sie sie für ihresgleichen halten.

Meine Geistermesse.

Eine andere werde ich wahrscheinlich nicht mehr erle-ben, eine wie früher:

Geht ihr auch zu Hanser? Und lang danach irgendwo im Freien die Morgenröte begrüßen und nicht das Morgen-grauen.

Wo bleiben sie eigentlich die restlichen dreihundertein-undsechzig Tage des Jahres, die Gespenster, die hier alle wesentlich rüstiger erscheinen als am Ende ihres sichtbaren Lebens? Keine Rollstühle, keine Krücken, kein mühsam als Arm-in-Arm-Gehen getarntes Sich-schleppen-Lassen.

Erschrecken sie ihre Familien, hocken sie in den Ecken

der Lektorenbüros, oder nisten sie sich in den Träumen pensionierter Verlagssekretärinnen ein? Ihre Verleger leisten ihnen ja bis auf wenige schon lange in der anderen Welt Gesellschaft, geistern aber nicht auf der Messe herum, soweit ich sehen kann. Vielleicht haben sie eine himmlische Variante von Jimmy's Bar gefunden. Dort werden sie von Georg bedient, den sie kennen.

Ich glaube, die toten Dichterinnen und Dichter lauern, sie warten in irgendwelchen Winkeln, bis die magischen vier Tage wieder da sind, das herbstliche Hexenspiel, das Papiertheater.

Sie warten, um endlich in den Kopf irgendeines Büchermachers zu kommen, der in einem der wenigen stillen Momente am Stand zu einem Mitarbeiter sagt, *Da war doch der Dings. Wann ist der eigentlich gestorben? Die Rechte sind doch bei uns. Lief damals eigentlich sehr gut, das Thema ist ja sowieso immer aktuell, schauen Sie doch mal die Zahlen nach.*

Und die Sowieso? Die wird nächstes Jahr rechtefrei, da könnten wir was machen. Graphic Novel? Wär' auch mal wieder was als Serie, warum nicht.

Wenn sie das geschafft haben, die Geister, sind sie glücklich.

Es regnet wieder, ich habe immer noch keine Lust, einen Schal zu kaufen oder ein Smoothie.

Koeppens Geist läuft vorbei, etwas gebeugt, mit einem Whisky in der Hand hält er nach seinem Verleger Ausschau. Ich könnte ihm sagen, daß er ihn auf keinen Fall hier treffen wird, aber er hört mich nicht. Was er wohl von einem Smoothie denken würde?

Ich möchte Jugend *noch einmal machen,* murmelt er.

Nach draußen in die Welt geht's durch eine Raubtiergitterdrehtür, eine kleine, sekundenlange Einzelhaft. Es gibt auch andere Ausgänge. Die habe ich aber noch nie benutzt.

Kinderglauben

Wäre meine Großtante Anni im Jahr 1944 nicht gestorben, hätte man mich vermutlich gar nicht erst auf die Welt kommen lassen. Es muß energische Versuche gegeben haben, mich daran zu hindern, meine Mutter hat mir Jahre später mit einer Mischung aus Stolz und Schrecken davon erzählt. Motorradfahren über Schotterstraßen, Chinin schlucken, bis sie doppelt sah und kurzfristig taub wurde. Die endgültige Methode scheute sie, wahrscheinlich wußte sie nicht, wie sie es hätte anstellen sollen.

Dann stimmte der frühe Tod ihrer jüngeren Schwester meine Großmutter und damit auch ihre Tochter um. Die unsicheren Zeiten, der im Krieg verschollene Kindsvater, das waren keine stichhaltigen Argumente mehr gegen mein Auftauchen. Ab da wurde ich mit großer Freude erwartet, hat man mir später immer wieder versichert.

Anni, meine Großtante, die mir ihren Platz überlassen hatte, war nur vierzig Jahre alt geworden. Sie hatte am Rhein gewohnt, in einem schönen, alten Hof, dem Sehnsuchtsort ihrer älteren Schwester, meiner Großmutter. Die war früh Witwe geworden, mit Kind, heiratete den Regensburger Freund ihres Mannes und folgte dem in seine Heimat, wie es sich gehörte.

Wir, das heißt ich im Bauch meiner Mutter und die Familie, lebten in einem nicht so schönen, aber großen Haus in Regensburg, nahe der Donau. Die Stadt war alt, eng und fast unzerstört. Unten im Haus lag der Eisenwarenladen meines Großvaters, in der Mitte gab es Büros, und oben wohnte man, mit Gästen, Hausmädchen, meiner mit einem Soldaten verheirateten Mutter und mir.

Eins geht, eins kommt, das ist eine alte Rechenart. In eine Kriegswelt setzt man keine Kinder, hieß es, andererseits bedeutete eins mehr auch nicht viel, zumal sich meine Mutter unbedingt ein Mädchen wünschte. Sie war selber noch eins. Als Vierjährige war sie in die fremde Regensburger Welt geraten, heimisch sei sie nie gewesen, hat sie gesagt.

In den engen Gassen konnte man gar nicht anders, als sich kennenzulernen. Für beide, das sagten sie später unabhängig voneinander, war's Schicksal. Sie dreizehn und er siebzehn Jahre alt, beide schwarzhaarig, was damals für Mißtrauen sorgte. Sie hatte den jungen Mann, der aus dem Sudetenland kam, nur heiraten dürfen, weil sowieso alles durcheinander war. Die Familien paßten überhaupt nicht zusammen.

Die Mutter meines Vaters, also meine andere Großmutter, besuchte uns im Krankenhaus. Sie soll mich nicht ein einziges Mal angeschaut haben, weil ich eben kein Sohn war. *Die werden sie mir jedenfalls nicht im Krieg verheizen*, sagte meine Mutter zufrieden. Sie wartete darauf, daß ich die Augen öffnen würde, was ich zwei Wochen lang nicht tat. Das lag am Salvarsan, das man mir wie allen Säuglingen gegen sekundäre Syphilis gegeben hatte. Dann machte ich endlich die Augen auf – und ihre tote Tante schaute sie an.

Sie sei gar nicht erschrocken, sagte meine Mutter später.

Was sie nicht wußte, ihr Mann, mein Vater, hatte fast gleichzeitig mit meiner Geburt sein Erfolgserlebnis und geriet in amerikanische Gefangenschaft. Das muß eine Art Hauptgewinn gewesen sein. Später hatte ich manchmal den Verdacht, er würde aus der Familiengefangenschaft ganz gern wieder zurück in die andere gehen.

Die Geschichten über den Versuch, meine Existenz gar nicht erst Wirklichkeit werden zu lassen, verstörten mich nicht, obwohl man mir ziemlich früh davon erzählt hat. Vielleicht geben sie mir bis zum heutigen Tag das Gefühl, mir könnte so leicht nichts passieren, und wenn doch, sei es, bezogen aufs große Ganze, nicht so wichtig.

Schon als kleines Kind hatte ich ein interessiertes, fast freundschaftliches Verhältnis zum Tod, ich registrierte seinen Einfallsreichtum und seine Allgegenwart. Immer wieder und ohne Vorwarnung ließ er sich auch außerhalb seines unangefochtenen Machtgebiets blicken. Nicht alle Toten, von denen die Großen redeten, waren im Krieg von Feindeshand gefallen, manche starben auch einfach daheim, wenn niemand damit rechnete. Der allgegenwärtige Tod hatte seine eigenen Wörter. *Abgeholt* war so eins. *Vermißt* ein anderes. Oder *in Rußland geblieben*. Meine beiden älteren Cousinen hatten einen Vater und vier Onkel gehabt. Als der Krieg vorbei war, war keiner von den fünf Männern mehr übrig. Auch ihre Mutter, die Schwester meines Vaters, blieb nur noch wenige Jahre auf der Welt bei ihren Halbwaisen.

Der Tod aber hatte nicht nur Kriegsnamen, er hieß auch *Tuberkulose, Typhus, Mandelentzündung, Blinddarmdurchbruch, Tumor*. Es ist ihm damals niemand in den Arm gefallen, womit auch. Wenn eins geht, kommt eins nach.

Ich habe keine Ahnung, warum mir mit vier Jahren

schon wichtig war, daß ich mich auf keinen Fall von ihm überraschen lassen durfte. Später erfuhr ich, daß es dafür durchaus Gründe gab, denn unser Küchenherd war, geheizt mit verdächtiger Kohle, direkt neben mir in die Luft geflogen. In den Kohlen lauerten damals nicht selten Bombenreste, die Ofentür sei wie ein Geschoß an meinem Kopf vorbeigeflogen. Ich war knapp zwei Jahre alt, erinnerte mich an nichts, war aber offenbar gewarnt.

Meine Cousine G., von einem anderen Zweig als die beiden vater-, onkel- und ein paar Jahre später auch mutterlos gewordenen Mädchen stammend, ist von einem siegestrunkenen Amerikaner nach der Befreiung an der Hand ihrer Mutter totgefahren worden. Das nahm ich mir zu Herzen, als ich alt genug war, und gab in Zukunft auf der Straße acht. Der jeweiligen Erwachsenenhand, in der meine vierjährige steckte, vertraute ich nicht mehr. Besser, man paßte selber auf.

Ich hörte genau zu, wenn über den Tod gesprochen wurde, über die Verkleidungen, in denen er erschien, über seine Tricks, seinen Zorn und seine Hinterhältigkeit. Offenbar konnte er sich auch charmant geben, sanft und zärtlich. Dann hieß er *Morphium* und befaßte sich mit unserer Tante Clärchen.

Alle Kinder, die ich damals kannte, waren vom Tod fasziniert und erstaunlich einfallsreich, wenn es darum ging, die Chiffren der Erwachsenen zu entziffern. Wir trugen zusammen, was wir aufgeschnappt hatten, und versuchten dann gemeinsam, uns ein Bild zu machen. Es war die Zeit ohne Fernsehen, in der starke Eindrücke lang vorhielten, weil man nicht ohne weiteres welche bekam.

Die Kirchen, in die man uns mitnahm, ohne darüber nachzudenken, was wir dort im Halbdunkel zu sehen bekamen, hinterließen unwiderstehliche Bilder in unseren Köpfen. Sie machten uns zu winzigen Caligulas, Neros und Herodessen. Wir kannten uns früh in sämtlichen Spielarten der Grausamkeit aus und ergötzten uns an abgeschlagenen Köpfen, zerstochenen, blutüberströmten Leibern, zusammengebrochenen, jammernden Frauen und mit Seide und Gold geschmückten Kinderleichen, mindestens jeden Sonntag und auch unter der Woche, wenn wir darum baten. Es wurde mit Wohlgefallen gesehen, wenn ein Kind oft und gern in die Kirche wollte. Auf die Idee, daß das mit Lust am Grauen und Todesneugier zu tun hatte, wäre keiner von den Großen gekommen. Nur meiner Mutter war diese Faszination unheimlich, sie traute sich aber nicht, etwas zu sagen.

Als ich knapp ein Jahr alt war und weder sprechen noch zuhören konnte, hat sie mich an der Leiche des Dompredigers Maier vorbeigetragen, die von der SS aufgehängt worden war. Zuvor hatten sie den Priester totgeschlagen. Meine Mutter tat das nicht aus freien Stücken, sondern weil sie mit vielen anderen Frauen und Kindern dort vorbeigetrieben wurde, zur Abschreckung. Der Domprediger hatte eine Demonstration für die kampflose Übergabe der Stadt angeführt. Erst nach Jahrzehnten war die Stadt dazu bereit, das für eine vernünftige und angesichts ihrer Folgen auch heldenhafte Tat zu halten. Erstaunlich viele Honoratioren und Würdenträger hätten es offenbar ehrenvoller gefunden, wenn die ganze schöne Romanik und Gotik samt den Leuten drin aus Treue zum Führer ein für allemal in die Donau gebombt worden wäre. Man hätte sich dann an nichts mehr erinnern müssen, weil einem nichts mehr im Weg stand. Was für ein Glück die anderen hatten, in Nürnberg, Würzburg oder Dresden, die durften jetzt über breit durch die Städte geschlagene Straßen gehen, auf denen man schnell vorwärts kam. Bei uns grinste einen alles unverändert an, das ewige steinerne Erinnern, und wenn man grub, fand sich unter jedem Keller immer noch einer, Grabkammern für Menschen und Dinge.

Der Tod war für uns Kinder ein guter Bekannter, von dem wir wußten, daß man ihn am Mittagstisch oder beim Kaffee besser nicht erwähnte. Wir stellten uns dumm, wenn die Erwachsenen von ihm sprachen, und spitzten die Ohren.

Kinder verschweigen oft, was sie wissen. Sie lernen Erwachsensein, indem sie sich unsichtbar machen.

Über Freunde redete man nur, wenn sie passten, die richtigen Eltern hatten und in der richtigen Straße wohnten. Die anderen waren natürlich interessanter, die aus den Glasscherbenvierteln. Der Krieg hatte für kurze Zeit eine kleine Klassenlosigkeit angerichtet. Unpassende Kinder wurden hingenommen, wenn sie als Beweis für die Gutherzigkeit der Erwachsenen herhalten konnten.

Das ist der Kleine von unserer Zugehfrau, die Arme muß jetzt drei Bälger allein durchbringen. Lang nur zu, Alois, iß dich richtig satt!

Für die unsichtbaren Gefährten aber, die einen Tag und Nacht begleiteten, manchmal erschreckten und manchmal trösteten, wurde man ausgelacht oder heuchlerisch ausgefragt, was noch schlimmer war.

Wie sieht er denn aus, dein Freund?

Das Interessante am Tod war, daß er beides war – sichtbar und unsichtbar.

Wir Kinder redeten über Ihn fast immer im Freien, beim Spielen in der Allee oder auf den nahen Feldern, möglichst weit entfernt von den Erwachsenen. Die hatten ganz unbekümmert in unserer Gegenwart über manches gesprochen, das wir Kinder dann zu ergründen versuchten. Wir waren neugierig auf das Leben der Großen, die aber nicht auf unseres, sonst hätten sie uns nicht für so dumm gehalten. Es war offensichtlich, daß wir ihnen trotz all ihrer unfaßbaren Macht etwas voraus hatten. Sie fürchteten sich nämlich vor Ihm, um den sie herumredeten, dessen Namen sie ungern nannten, sie fürchteten sich vor der Geschwindigkeit, mit der Er einen erwischen konnte.

Stell dir vor, gestern war der Karl noch am Stammtisch, es ist so schnell gegangen, daß der Pfarrer zu spät kam.

Die Lotte ist gar nicht mehr aufgewacht. Auf- und gleich wieder zugemacht.

Wir hatten keine Angst. Noch war es keine weite Strecke, die uns vom Nichtsein trennte, es hatte sich auch noch nicht viel angesammelt, das wir unbedingt hätten behalten wollen. Kinder sind neugierig auf alles, was mit dem Tod zu tun hat, und denken oft über Ihn nach. In Kinderspielen hat Er einen festen Platz. Kein totes Tier war vor unseren abgeschauten und neu inszenierten Ritualen sicher. Wenn wir keine imposanteren Leichen hatten, klaubten wir tote Fliegen von den Fensterbänken und gönnten ihnen Streichholzschachtelsärge. Tote Schmetterlinge wurden beweint und in Seifenschachteln aufgebahrt. Einen im Park gefundenen Amselkadaver mußte man gut verstecken und dann um eine leere Zigarrenkiste betteln, die man angeblich zur Aufbewahrung von Buntstiften brauchte. Der Duft im Inneren einer Zigarrenkiste war viel besser als Weihrauch.

Am Heldengedenktag, der irgendwann still zum Totengedenktag mutiert war, spielte die Blaskapelle das Lied vom Guten Kameraden am Obelisken in der Allee. Über der toten Amsel auf ihrem Serviettenleichentuch in der Zigarrenkiste blies eins von uns die Melodie auf der Blockflöte, und meine vater- und onkellose Cousine Friedl hielt die Predigt und segnete den Vogel aus, bevor wir ihn im Garten der Königlichen Villa hoch über der Donau begruben. Die Königliche Villa war ein Geisterschloß mit öffentlichem Park.

An Gott glaubten wir nicht, an den Tod schon. Der war ohne die Heiligen mit ihren Qualen, ohne Kirchengeruch und -musik aber nicht denkbar. Noch viele Jahre lang war Religion – wir hatten alle Sorten samt ihren jeweiligen Leugnungen in der Familie – eine Zutat, ohne die das Leben auch für die Ungläubigen nicht denkbar war.

Gefallene oder vermißte Väter, Geschwister, die man nie gesehen hatte, weil sie vor einem und nur kurz gelebt hatten, das war alles ganz normal. Auf dem Land – das Land fing unmittelbar hinter der Stadt an, man konnte hinlaufen – durfte man die Toten sogar anschauen und bekam dabei zu essen und zu trinken.

So archaisch, so ursprünglich! sagten die Großen, es schien ihnen zu imponieren. Das fand mein Großvater auch, der wegen seines Eisenhandels oft auf Bauernhöfe kam.

Die sind noch nicht so verzärtelt!

Andererseits graust es einen schon, der offene Sarg mitten in der Küche und die ganze Familie drum herum, samt Nachbarn und Pfarrer, das ist doch irgendwie barbarisch. Vor allem jetzt, im Sommer!

Er konnte sich überhaupt nie richtig entscheiden, war stolz auf seinen aufgeklärten Protestantismus, liebäugelte aber sein Leben lang heftig mit der katholischen Kirche, in der alles viel schöner, geheimnisvoller und prächtiger war als in seiner.

Was er am liebsten geworden wäre?

Fürsterzbischof von Salzburg, sagte er.

Ich war ungefähr fünf, als er mir das mit der Reformation, dem Ablaßhandel und den Thesen erklärte. Er war aber nur mit dem Kopf von der Richtigkeit dieser Sache überzeugt. Sein Herz war und blieb tief im Weihrauchfaß versunken und sehnte sich danach, in die goldenen Barockhimmel des Katholizismus erhoben zu werden. Er hatte es schwer in unserer überwiegend agnostischen, aus allen Gegenden des Reichs zusammengewürfelten Familie.

In der evangelischen Dreifaltigkeitskirche stand ihm ein Platz auf der harten Honoratiorenbank gleich rechts neben dem Altar zu. Dort gab es im Vergleich zum Dom, zu St. Emmeram und zu den hundert anderen Kirchen, in die man gehen konnte wie ins Kino, wenig zu sehen.

Die einzige, die ihn gelegentlich begleitete, war seine sehr fromme Schwester Frieda aus Fürth, die er nicht ernst nahm.

Wenn die Frommen den Tod ins Spiel brachten, das begriff ich schon früh, war ihnen nicht zu trauen. Sie drohten mit Ihm, ohne irgend etwas über Ihn zu wissen. Wie kann man mit einem drohen, der doch zuverlässig kommt? Etwas so Sicheres wie Er konnte keine Strafe sein, das war unserer kleinen Philosophentruppe klar. Es kam vor, daß eins von uns im Kindergarten oder auf dem Spielplatz in der Allee fehlte. Es kam vor, daß wir es nicht wiedersahen.

Eines Tages, ich war ungefähr viereinhalb, schien es auch bei mir so weit zu sein. Der explosive Herd war nur ein Warnschuß für die Großen gewesen. jetzt meldete Er sich bei mir persönlich. Zu meiner großen Begeisterung hatte eine geheimnisvolle Instanz unten an die Tür unseres großen, vierstöckigen Hauses sogar ein Schild gehängt.

Wegen Diphtherie gesperrt.

Diese Tatsache versöhnte mich mit den Schmerzen, dem dicken Hals, dem fauligen Gestank, den ich ausströmte, und der mühsam verborgenen Angst der Erwachsenen, die mir angst machte.

Ich weiß nicht mehr, wer mir von dem Warnschild erzählt hatte, vielleicht unser Arzt Dr. Reinemer, der als einziger ahnte, daß mich das nicht ängstlich, sondern stolz machen würde. Wegen meines kleinen Ichs im Gitterbett war ein ganzes großes Haus samt Laden und Büros gesperrt. Wegen mir durfte man keine Sensen, Schaufeln, Töpfe und Nägel mehr dort kaufen, die Sekretärinnen mußten daheim bleiben und die Freundinnen meiner Großmutter auf ihr vormittägliches Glas Sekt bei uns verzichten.

An den Verlauf der Krankheit habe ich keine Erinnerung, auch nicht daran, daß sie, nachdem ich einigerma-

ßen gesund war, noch einmal mit doppelter Wut zurückkam. Die Zeit verging, wie, weiß ich nicht.

So was gibt es so gut wie nie! Zweimal Diphtherie hinter-
einander! sagte der Dr. Reinemer, auch das machte mich
stolz.

Es war etwas Besonderes, so krank gewesen zu sein, mit
Warnschild am Haus.

Wie war's denn, fragten sie mich im Kindergarten am Pe-
tersweg, außer Hörweite der Tante Ilse. Ich wußte aber
nur noch, was die Großen mir erzählt hatten, Erinnerung
und Erzählung hatten sich untrennbar vermischt. Der Gestank, der braune Belag im Hals, Erstickungsangst und
Schmerzen waren unwiderruflich Fiktion geworden, man
kann auch sagen, Literatur.

Ich habe es zweimal gehabt, sagte ich stolz.

Wegen mir war extra ein Schild an der Tür.

Er hatte mich aufgesucht, das war klar. Er hatte das
Schild an die Tür geklebt und aus irgendeinem Grund wieder weggenommen.

Die anderen Kinder hörten mir zu, ernsthaft und aufmerksam. Diphtherie, das war etwas Seltenes und deswegen
für uns Kinder viel wert, wie alles, was tödlich ausgehen
konnte. Scharlach hatten einige schon gehabt, Tuberkulose, die *was auf der Lunge* hieß, gab es auch öfter, aber
Diphtherie – ich hatte das Wort sogar schreiben gelernt.
Dieses und *Nivea.*

Das nützte aber nichts, denn die anderen konnten es
nicht lesen. Tante Ilse konnte es und redete besorgt mit
meiner Mutter.

Es war schlecht, lesen zu können, bevor die Schule es

einem erlaubte. Jedenfalls war das die Meinung von Tante Ilse. Meine Familie war da entspannter und amüsierte sich damit, mir komplizierte Wörter beizubringen. *Entnazifiziert* zum Beispiel. Die in der Schule, versicherte man mir, würden das überhaupt nicht merken.

Mein Vater war, als ich vier war, aus der Gefangenschaft zurückgekommen und dorthin gegangen, wohin er mit dreizehn schon gewollt hatte: zum Theater. In Tennessee hatte er ein Gefangenentheater aufgebaut, jetzt wollte er so schnell wie möglich in Freiheit weitermachen, und was vorher gewesen war, für sich behalten. Ich mußte mich an seine Anwesenheit erst gewöhnen, aber sein Arbeitsplatz, an den er mich oft mitnahm, bezauberte mich sofort. Gerade weil ich von Anfang an hinter die Illusionen schauen durfte, dorthin, wo sie aus Sperrholz, Stoff, Farbe und Leim entstanden, war Theater für mich echte Wirklichkeit.

In die Vorstellungen nahmen sie mich oft mit, nicht nur ins Weihnachtsmärchen.

Was ich nicht begriffe, würde mir nicht schaden, sagten sich meine sehr jungen Eltern und stellten sich wahrscheinlich eine Art Spardose in meinem Kopf vor, in der ich gute Kunst aufheben könnte, bis ich sie brauchte. Weil das so war, begegnete ich jetzt dem Tod wieder anders, der bunte, laute und abwechslungsreiche Theatertod beschäftigte mich bald mehr als der echte.

Stirb!

Ich sterbe!

Tötet sie!

An den Galgen!

In den Staub!
Johanna sagt euch ewig Lebewohl!

Männer und Frauen, die ich bei uns daheim trinkend, essend und miteinander lachend kennengelernt hatte, starben jeden Abend auf der Bühne. Das dauerte oft ziemlich lang und brauchte viel Text und Musik, aber ich liebte ausgiebiges, einfallsreiches Sterben. Danach ging der Vorhang zu. An unserem Theater fiel er nicht, er ging zu. Wenn er aufging, waren die Toten wieder lebendig, und ich wurde zu meiner Erbitterung heim ins Bett verfrachtet, das war nur wenige Minuten entfernt. Meine Eltern und die Wiederauferstandenen trafen sich in der Roxy-Bar in der Malergasse, gleich neben unserem Haus, oder in der Kneipe der Witwe Bachhuber, die sie *Gräfin Bachhüb* nannten, an der Steinernen Brücke. Manchmal kamen sie auch zu uns, dann konnte ich ein bißchen zuhören, wenn die miteinander redeten, die so wunderbar zu sterben verstanden. Manchmal stritten sie auch darüber, wie man stirbt. *Nicht outrieren! Sonst bist du ein Quellwassermime! Eine Wurzen! Ein Wagnersänger!*

Vielleicht probierten sie den berühmten Verfremdungseffekt aus, der es nach Jahren der Ächtung endlich bis in die Provinz geschafft hatte. Für mich als Theatergängerin war das nicht schlecht.

Anna N., jugendliche Naive und beste Freundin meiner Eltern, war blond, jung, schön und klug. Sie starb eines Tages wirklich, kurz nach der Geburt ihres Sohnes. Da war ich sechs. Sein Vater war der erste Märchenprinz meines Lebens, Harry. Harry spielte immer die Prinzen. Der Geburtstag des kleinen Sohnes, der auch Harry heißen sollte, wurde Annas Todestag. Der Vorhang blieb zu. Als er wieder aufging, war sie einfach nicht mehr da. Man versuchte es mir zu erklären, aber ich blieb stur.

Die kommt schon wieder, sagte ich.

Ich konnte die Sache mit niemandem besprechen. Meine philosophische Kindergruppe war verloren, in alle Winde verstreut, denn wir würden jetzt sämtlich in die Schule kommen, und zwar in ganz verschiedene Schulen. Es gab uns nicht mehr, Tante Ilse, die kleinen Stühle am niedrigen Tisch, der zerrupfte, von uns bei jedem Wetter geliebte und malträtierte Garten würde anderen Kindern gehören. Jeder von uns mußte wieder dorthin, wo sein Anfang gewesen war, ins Glasscherbenviertel, an den Stadtrand oder in die feine Altstadt. Die klassenlose Gesellschaft des Kindergartens war vorbei.

Mit Erwachsenen über den Tod der Schauspielerin Anna zu sprechen hatte keinen Sinn, sie verstanden einen nicht, und wenn sie so taten, wollten sie in Wirklichkeit nur ihre Ruhe haben. Ich machte sie nervös mit meiner Überzeugung, der richtige Tod und der Theatertod müßten unbedingt auseinandergehalten werden; sie konnten nichts miteinander zu tun haben, dessen war ich sicher. Anna war Schauspielerin, sie mußte beide irgendwie durcheinandergebracht haben. Ich hatte doch oft genug mit eigenen Augen gesehen, wie Er sich auf der Bühne aufspielte und dann einfach außer Kraft gesetzt wurde. Insgeheim wuchs in mir die Frage, ob ich mich vielleicht irrte, ob das beim anderen Tod auch so sein könnte und keiner davon wußte.

In der Kirche wurde für den kleinen mutterlosen Harry

unter den ungerührten gemalten Augen des Gekreuzigten und seiner Mutter gebetet.

Gebetet wurde auch oft für einen anderen Jungen, der so alt war wie ich, aber wie es hieß, viel schlauer, ja, viel schlauer als die meisten Kinder überhaupt. Er war eine Legende. Man sah ihn nur auf den Armen seines Vaters oder seiner Mutter, er war klein wie ein Baby, ein sonderbar verdrehtes Baby mit einem großen Kopf und klugen, untröstlichen Augen. Sein Name war Peter. Wenn im Kindergottesdienst alle schon saßen und ergeben auf die folgende Stunde Langeweile warteten, erschienen Peters Eltern. Sein Vater trug ihn, aber nicht, wie man ein Baby trägt, sondern auf Händen, wie eine Opfergabe, und dann gingen sie langsam durch den düsteren Mittelgang der Kirche zum Altar. Wir verfolgten sie mit unseren Blicken, bis sie sich gesetzt hatten. Dann konnte es losgehen. Peters Eltern waren auch beim Theater, als was, weiß ich nicht.

Viele Jahre später sah ich ihn im Fernsehen, er war Schauspieler geworden und ziemlich berühmt. In seinem Fall hatten die Gebete offenbar geholfen.

Kinder fragt man nicht, wofür sie beten wollen. Gebete wurden befohlen und vorgesagt, die Erwachsenen mit ihren verwirrenden Glaubensgeschichten, zu denen auch gehörte, überhaupt nichts zu glauben, betrogen uns. Sie ließen uns etwas tun, was sie selber für sinnlos hielten. Es kann ja nicht schaden, sagten sie.

Bete für Oma, bete für den Herrn Müller, bete fürs Geschäft, für genügend Kohlen und Fleisch, für den Herrn Oberbürgermeister. *Laßt uns beten. Dein Reich komme, dein Wille geschehe.* Wie kamen wir dazu? Wir wollten nicht, daß irgendein Reich käme, das wir gar nicht kannten, es war uns recht, dort zu sein, wo wir waren. Und daß ein Wille geschah, der nicht der unsere war, das kannten wir, da brauchten wir nicht noch einen.

Beten und sich etwas wünschen schienen zusammenzugehören, nur daß wir für fremde, unverständliche Wünsche eingespannt wurden und unsere eigenen stumm irgendwo hinbeten mußten. Frieden. Die Heidenkinder. Die Vermißten. Was ging uns das an? Wir fügten uns aber und leierten die Wörter herunter. Stumm blieben unsere echten Gebete, zum Beispiel um einen Hund, um blonde Locken, um den Tod jemandes, den wir nicht leiden konnten, oder um den rosa Pullover aus der Auslage vom Kaufhaus Rothdauscher.

Ich sage *wir*, weil ich weiß, daß die Sache mit dem Beten für alle Kinder zutraf, die ich kannte.

Mit der Schule wurde alles anders. Aus dem Wir wurde ein ziemlich einsames Ich, und es brauchte Zeit, um das zu begreifen. Ich war aus verschiedenen Gründen in der Schule der Englischen Fräulein angemeldet worden. Da war zuallererst die Katholikensehnsucht meines protestantischen Großvaters, der mit dem Bischof Schach spielte und eine unglückliche Liebe zum Klosterleben hegte. Dazu kam das totale religiöse Desinteresse meiner Großmutter, die es schön fand, daß die Schule, diese Trutzburg, nah bei unserem Haus lag, an den Park des Taxisschlosses grenzend. Dort könnte sie mich oft hinbringen, das wäre doch ein herrlicher Morgenspaziergang. Mein Vater war genauso agnostisch wie sie und fand die Nonnen ästhetisch interessant, wegen der Kostüme. Sie würden mir schon nicht schaden.

Entscheidend waren aber wahrscheinlich die hygienischen Bedenken meiner Mutter gegen die normale Volksschule. Man hatte von ihr einen Entlausungsschein für mich verlangt. Das ließ sie ihren mißtrauischen Frieden mit den Nonnen machen. Man konnte wenigstens sicher sein, daß sie nicht verlaust waren. Sie versuchte mir die Sache zu erklären. Englische Fräulein, das bedeute nicht englisch wie französisch, sondern den Engeln verpflichtet, erklärte sie mir, und daß ich für die Englischen die falsche Religion habe, mache nichts. Der Bischof von Regensburg halte seine Hand über mich. Das konnte ich nicht recht glauben.

Meine Verwirrung behielt ich für mich. Lesen konnte ich schon ganz gut, ich langweilte mich aber nicht und hörte den wie zufällig in den Unterricht gestreuten Weisheiten und Gesetzen der schwarzen Frauen zu. *Eine Hose darf man nur mit einem Rock drüber tragen. Gott ist nicht in jeder Kirche. Maria ist das wichtigste. Man darf nicht unkeusch sein.* Alle außer mir würden bald richtige Gotteskinder sein, dann, wenn sie die heilige Kommunion erhalten hätten. Wenn man die nicht hatte, führte leider kein Weg in den Himmel, und wenn man sich noch so viel Mühe gab.

Gott hat die Kartoffeln erschaffen, den Kartoffelkäfer aber nicht.

Man darf den Satan nicht unterschätzen.

Mit dem Satan war eine neue Figur ins Spiel gekommen, von dem war in meiner grade beendeten Kindheit eigentlich nie die Rede gewesen. Ich war sechs, und die Welt, in der ich mich auskannte, verblaßte und veränderte sich unheimlich schnell.

Gott hatte ich noch irgendwo weit weg einordnen können, zumal die meisten Erwachsenen um mich herum
nicht viel Gebrauch von ihm machten. Mal hielt ich ihn
für möglich, mal nicht. Es gab keine verläßlichen Bilder
von ihm. Er war ein Auge in einem Dreieck oder hinter Bart-
wolken versteckt, die auch zum Nikolaus hätten gehören
können. Der Satan, der Teufel, da Deifi, der Leibhaftige,
Luzifer, Gottseibeiuns, zu ihm gehörten viele Namen und
viele Bilder. Im Kasperltheater gewann er nie, aber er war
immer dabei. Aus steinernem Maul spuckte er Regenwas-
ser vom Domturm herunter, er wand sich als Schlange unter Heiligenfüßen. Als ich endlich von seiner Existenz durch
die Nonnen erfahren hatte, verstand ich nicht, wie er mir
so lang hatte entgehen können. Schließlich hieß es Tod
und Teufel, nicht Tod und Gott.

Daheim führte meine neue Bekanntschaft nur zu Verlegenheit. *Na, den Teufel, den haben wir grade überlebt* – auf
diesen farblosen Spruch konnten sie sich einigen, gegen
die große Gewißheit der Nonnen in ihrer Trutzburg war
das aber gar nichts. Mir schien, als müsse ich nun ganz allein
darüber entscheiden, was mein Leben bestimmen sollte.
Das angenehm Ungefähre, mit dem ich gut klargekom-
men war, als ich noch nicht in der Schule war? Dieses Ungefähre hatte mich schon von meinen Kindergartenfreun-
den unterschieden, das wußte ich. Die waren sich ihrer
Sache mit Gott sicher. Aber jetzt war es Zeit, eine Entscheidung zu treffen, für die meine Familie zu feige war. Mein
Vater hatte sein Theater, meine Mutter ihre Bücher und die
langen Stunden, in denen sie sich in den Schlaf flüchtete,
meine Großmutter ihre Witze, ihre entschlossene Lebens-

freude und die Weigerung, sich die von irgend jemandem verderben zu lassen, schon gar nicht von Gott oder dem Teufel. Mein Großvater, der einzige, der beide mindestens für möglich hielt, träumte sich auf harten evangelischen Kirchenbänken in die Rolle eines Fürsterzbischofs von Salzburg. Ich mußte mich also mit sechs Jahren ganz allein für Gott und den Teufel entscheiden, damit der Tod endlich einen ordentlichen Platz zwischen beiden bekam.

Ungeahnte Widerstände tauchten auf. Es stellte sich heraus, daß meine Seele, auch wenn ich bereit war, sie trotz großer Liebe gegen meine schlampige Familie zu wenden, überhaupt nicht wichtig war. Sie zählte nicht.

In deiner Kirche ist leider gar kein Gott, sagte die Mater Gerarda lächelnd zu mir, und wie immer versuchte ich, am weißen Rand ihrer Haube wenigstens ein einziges Härchen zu entdecken. Wahrscheinlich stimmte es, was die anderen Mädchen erzählten, daß die Nonnen kahl geschoren seien.

Eine Heilige Mutter Gottes habt ihr auch nicht.

Die war eine Zentralfigur im richtigen und alleinseligmachenden Glauben, man kam mit allem, was man auf dem Herzen hatte, erst mal zu ihr, bevor man Gott selber in seiner Ferne belästigte. Sie hatte offenbar immer Zeit, wenn man sich ordentlich an sie wandte, *gegrüßet seist du, Maria*; Perle für Perle. Jesus spielte eher eine Nebenrolle. Der Rosenkranz klapperte leise am Gürtel der Mater Gerarda. Sie war dünn und ihre Haut fast so weiß wie das Leinen der Haube, ein hart gestärktes Leinen. Sie hatte auch harte, weiße Hände, die zupackten, Nonnenhand gegen Kinderhand.

So hält man den Stift!

Ich habe mir nie die Frage gestellt, ob sie eigentlich Kinder mochte.

Seltsam war, daß sich daheim niemand für diese Ungeheuerlichkeit zu interessieren schien. Wir hatten keinen Gott und konnten nichts dagegen machen. Da lebten nun alle, die ich liebhatte und die mir vertraut waren, wie es ihnen paßte, ohne sich um die drohende Verdammnis zu scheren. Sie würden zur Hölle fahren, und wie es da zuging, konnte man auf Hunderten von Bildern sehen.

Die Sache bedrückte mich nicht besonders lang, man konnte ja nichts ändern, wie es schien. Obwohl es sinnlos war, ging ich morgens mit den künftigen Himmelsbewohnerinnen in die Schulkirche, sang ihre Lieder mit und beteiligte mich an den Gesprächen über die Kommunion, der eine Beichte vorausgehen mußte, sonst half sie nichts.

Das Beichten faszinierte mich. Ich hatte mich schon öfter in einen der vielen Beichtstühle geschlichen, die in der Kassianskirche gegenüber von unserem Haus auf Sünder warteten. Wie man es machte, das Beichten, wußte ich, kniete mich auf das harte Brett und flüsterte irgendwas in das Gitterchen hinein. Dahinter war niemand, oder doch? Ein blauer Samtvorhang verdeckte den Oberkörper des Beichtenden, aber seine Füße konnte jeder von draußen sehen. Die des Priesters nicht, der hatte eine Tür, die er zumachen konnte. Im Dämmer des Holzhäuschens roch es nach Staub, altem Weihrauch, Holzpoliermittel und Pisse. In der Kassianskirche habe ich nie einen Priester gesehen, auch keine Füße unter den blauen Samtvorhängen. Es war alles nur ein Vorschlag, eine Möglichkeit. Manchmal lagen besoffene Spätheimkehrer, Kriegsstrandgut, auf den Bänken und schliefen. Den Spätheimkehrern hatte der Tod ihre Gesichter gegeben, er hatte ihnen die Augen in den Schädel gedrückt, die Backen ausgehöhlt und die Lippen weggeschnitten, damit sie ihm glichen.

Mein Vater erzählte mir, sie hätten als Buben Tusche ins Weihwasserbecken geschüttet und dann vor der Kirche gewartet. Die Frommen, die sich – Stirn, Brust, linke Schulter, rechte Schulter – beim Rauskommen wie schon zuvor beim Reingehen bekreuzigt hatten, seien mit schwarzen Flecken aus der Kirche gekommen. Nein, vor der Verdammnis hätte er keine Angst gehabt, schon als Kind nicht, als er sie sich noch gar nicht hätte vorstellen können. Jetzt, wo er mittendrin gewesen sei, erst recht nicht.

Mußt nicht verstehen. Aber besser nicht nachmachen.

Ich war immer noch nicht sicher, ob an all dem, was ich in der Schule hörte, wirklich nichts dran war. Wenn in unserer Kirche kein Gott war, kamen wir vielleicht dadurch um die ewige Verdammnis herum. Es konnte doch nicht sein, daß der Teufel bei uns zu Hause war, Gott aber nicht, dafür der Tod, den kannten wir nämlich genau im Unterschied zu den beiden anderen.

Früher hatte ich an nichts geglaubt, da war es mir bessergegangen. Was aus Menschen wie uns werden würde, beschäftigte mich. Jeden Morgen bei der Schulandacht wurde mir deutlicher, daß meine Familie wie eine Insel der Gottlosigkeit in einem Meer von Frömmigkeit schwamm. Das konnte schiefgehen. Die Nonnen waren dessen sicher, das gaben sie mir immer wieder zu verstehen. Daran würde nicht einmal der Bischof was ändern können, mit dem mein kryptokatholischer Großvater so gern über Gott und die Welt sprach. Und wenn ich übertreten würde? Die Nonnen deuteten die Möglichkeit an, beiläufig, sie wollten es sich mit niemandem verderben.

Leider lebten fast alle Erwachsenen um mich herum in einer unbegreiflichen Sorglosigkeit. Der Teufel und der liebe Gott, das waren Theaterfiguren, Marionetten, die man in die Ecke werfen konnte, wenn sie nicht mehr gebraucht wurden. Ohne jede Gottesfurcht stellten die Theaterleute Heiliges und Unheiliges auf unsere Bühne, oft gab es in der Zeitung Ärger deswegen. Sie würden sich aber nichts mehr sagen lassen, meinte mein Vater. Das seien die richtigen, die jetzt mit einem Heiligenschein auftauchten.

Man machte sich über die alten Weiblein lustig, die schwarz und krumm jeden Morgen die Stufen zur Kassianskirche hinunter humpelten, um ihre Seele jederzeit bereit fürs Jenseits zu halten.

Was die nur zu beichten haben, fragte meine Großmutter amüsiert. *Das muß doch seit Jahren immer dasselbe sein.*

Es wäre sinnlos für mich gewesen, zum Glauben zu finden. Kaum einer von denen, die ich gern hatte, wäre mir gefolgt. Mutterseelenallein wäre ich auf dem rechten Weg herumgeirrt, dazu hatte ich keine Lust. Der Gedanke daran, in einem weißen Kleid, wie die von mir beneideten Kommunionkinder, öffentlich in der Schulkirche Zeugnis meiner Bekehrung abzulegen, war zwar verführerisch, ich hütete mich aber, jemandem davon zu erzählen. Ich ahnte, was sie sagen würden:

Mach kein Theater!

In dieser Zeit muß es gewesen sein, daß der andere Religionskranke in unserer Familie, mein Großvater, sich auf eine besondere Glaubensreise machte. Schon seine häufigen Ausflüge zu den Klosterschwestern von Mallersdorf sorgten bei seiner Frau für hochgezogene Augenbrauen.

Schmeckt's dir daheim wieder nicht?

Den Mallersdorfer Schwestern wurde eine besonders gute Küche nachgesagt, die auch den Herrn Bischof öfter dorthin führte.

Er hielt also über seine Fahrt in den kleinen Ort Konnersreuth den Mund und erzählte erst davon, als er sich über seine Erlebnisse wieder beruhigt hatte. Ein verläßlicher Zeuge war dabeigewesen, ein Agnostiker, unser Haus- und Theaterarzt Walther Reinemer. Sie hatten durch Bischof Buchbergers Vermittlung einen Besichtigungstermin bei der stigmatisierten Resl bekommen. Wenn meine Mutter nicht nach dem Tod ihres Vaters 1966 weisungsgemäß alle seine Tagebücher verbrannt hätte, in einem stundenlangen grausamen Autodafé in unserem Garten, wüßte ich heute mehr über diesen für ihn so wichtigen Besuch als die aufgeschnappten Gesprächsfetzen.

Resl von Konnersreuth war ein Star, eine Heilige aus Fleisch und viel Blut, die angeblich niemals aß oder trank und freitags, wenn Christi Wunden und seine blutigen Tränen sich an ihr zeigten, in Zungen redete, sogar Aramäisch, der Sprache Jesu. Mein Großvater und Dr. Reinemer hatten ihr so nah kommen dürfen wie kaum jemand anderer. In der großen Zeit ihrer Verehrung standen freitags Hunderte von Menschen vor dem Bauernhaus, in dem sie auf ihrem Schmerzensbett lag, mit einem weißen Kopftuch. Die Nazis hatten sie gehaßt, sich aber nicht getraut, ihr etwas anzutun. Deswegen galt Konnersreuth als Widerstandsnest, als immun gegen die Braunen. Davon redeten die beiden Wallfahrer, vom gemeinsamen Zweifel und davon, wie sie ihn verloren.

Ich bin doch Arzt, sagte Reinemer immer wieder erschüttert, es war echtes Blut, kein Zweifel. Sie blutet aus den Wundmalen.

Ich war indessen acht Jahre alt, und das mit dem Blut erschütterte mich weniger als das mit dem nicht essen.

Gar nichts?

Auch mein Großvater schien sich das nur schwer vorstellen zu können, aber er hatte die Frau und das Blut gesehen und wollte nun alles andere auch glauben.

Die übrige Familie lächelte über seinen neuen Glaubensanfall, man nahm das hin wie ein etwas merkwürdiges Hobby. Die Zeit damals war für Ungläubige gar nicht schlecht. Nicht einmal in einer so weihwasserdurchnäßten Umgebung wie der unseren traute man sich sieben Jahre nach der Katastrophe mit Leidenschaft und den notwendigen Drohungen zu missionieren. Manche mochten sich gedacht haben, wenn das mit Müh und Not überstandene *Tausendjährige Reich* in zwölf Jahren dahin war, seien andere Verheißungen auch nicht verläßlich.

Wenn man aber an eine Welt voll Glauben gewöhnt ist oder auch nur an seinen allgegenwärtigen Geruch und die Bilder, kommt man nicht gut ohne ihn aus, man braucht ihn gar nicht selbst zu haben, man will ihn nur spüren, wie das Wetter.

Zur Resl mit den Wundmalen pilgerten Tausende, und das blutähnliche Zeug auf den Backen und in den Handflächen einer Bauernmagd schien Menschen wie meinen Großvater und unseren ironischen, etwas geheimnisvollen Arzt Reinemer über einen Verlust hinwegzutrösten. Ich blieb neugierig auf die Halbheilige von Konnersreuth und wollte unbedingt mitgenommen werden, wenn sie wieder hinfahren würden.

Kommt absolut nicht in Frage, sagten meine Mutter und meine Großmutter in seltener Einigkeit.

Wieder einmal wurde mir ein Geheimnis vorenthalten. Als Trostpflaster kamen neue Mythen ins Gespräch, in den zehn Jahren nach Kriegsende, den ersten zehn Jahren meines Lebens, wimmelte es davon. Da waren zum Beispiel die angebrüteten Eier, die, obwohl sie ekelhaft rochen, plötzlich jeder aß, der auf sich hielt. Auch unser Arzt, der durch sie eine deutliche Lebensverlängerung versprach. Was eintrat, war eine deutliche Verbesserung der Gewinne von Hühnerbauern, die jetzt ihre alten Eier teuer los wurden. Ein Seim, angeblich aus Bienenköniginnen gewonnen und *Gelée royale* genannt, wurde zum nächsten Wunder, er versprach eine ewig junge Haut und war furchtbar teuer. Überhaupt, die Rezepte, um jung zu bleiben. Ungeborene Lämmer und Kälber wurden mitsamt ihren Müttern geopfert, das hieß dann Frischzellen.

Am sechsten Tag unserer alljährlichen Ferien in Berchtesgaden 1952 sollte die Welt untergehen, hieß es. Wir fuhren trotzdem.

Im Haus am Kalkwerk, in dem meine Tante Hansi wohnte, sprangen Schränke von allein auf, und Geschirr segelte ohne menschliches Zutun durch die Luft, eine Art dämonischer Polterabend, der vielfach bezeugt wurde. Tische verschoben sich, Stühle fielen um. Der zu Hilfe gerufene katholische Pfarrer, der sich auf Teufelsaustreibungen verstand, konnte nichts ausrichten. Die Familie hatte den falschen Glauben. Der richtige Pfarrer, der evangelische, hatte sich geweigert zu helfen, weil es solche Erscheinungen nicht gab. Er wollte sich die Sache auch nicht anschauen, um dem Irrglauben nicht noch Vorschub zu leisten.

Die Schwester meines Vaters mit ihren zwei Töchtern zog dann weg und überließ den Geistern das Haus. Ich weiß nicht, ob danach jemand mit ihnen fertig geworden ist.

Wenig später lasen alle das Buch eines falschen buddhistischen Mönchs und suchten nach ihrem Dritten Auge, das sich unsichtbar auf der Stirn befinden sollte. Die ganze gebildete Gesellschaft war verrückt mit ihrem Guru, der damals noch nicht so hieß. Die Stigmatisierte von Konnersreuth verblaßte inmitten all dieser Wunder, immer wieder gab es neue.

Ich hatte Fragen, auf die mir niemand eine Antwort gab, weil ich sie gar nicht stellte. Von den angebrüteten Eiern war längst keine Rede mehr, aber das mit dem verlängerten Leben ließ mich nicht los. Woher wußte man, daß es so und so lang gedacht war, und von wem, und daß man es verlängern konnte? Da hätte man ja das festgesetzte Ende kennen müssen.

Der Arzt Reinemer wäre für Fragen dieser Art offen gewesen, ich traute mich aber nicht, sie ihm zu stellen. Er war Junggeselle und hatte eine dominante Mutter, wie sie daheim erzählten, er war Leibarzt des Fürsten und trug Diamantringe, die ihm dieser aus Dankbarkeit geschenkt hatte. Der Fürst und das Theater, beides waren Märchenbuchwelten, in denen er sich bevorzugt aufhielt, weil ihn die andere, die er kennengelernt hatte, in tödlichen Schrecken versetzt hatte. Er versteckte sein Gesicht hinter einem braunen Bart und umhüllte sich mit Zigarettenrauch. Niemals trug er einen Arztkittel. Er liebte Antiquitäten, Hunde und meine Mutter, die viel jünger war als er. Eines Tages erfand er eine Blutwaschmaschine, deren Wirksamkeit zweifelhaft war. Die Idee als solche war aber richtig gewesen. Er war befreundet mit Klabund und Zuckmayer und schrieb selber Theaterstücke. Ob er ein guter Arzt war, weiß ich nicht, der Fürst und ich haben sein Tun jedenfalls überlebt.

Er lehrte mich, Krankheiten gelassen und neugierig anzunehmen, das war gut, denn ich fing mir alles ein, was im Angebot war. Nachdem er meine lebensbedrohliche Diphtherie behandelt hatte, als spielte ich die Hauptrolle in einem besonders interessanten Stück, ließ ich vertrauensvoll auch meine Mandeln und meinen Blinddarm in seinen Händen. In dem Krankenhaus, in dem er mich von meinen ewig vereiterten Mandeln befreite, gab es einen zahmen Wellensittich, der die Patienten in ihren Zimmern besuchte, sich nach ihrem Befinden erkundigte: *Wia geht's da denn?*, und mit dem Schnabel Fransenmuster in Bücher hackte. Die Schwestern hatten ihm beigebracht, den Oberarzt zu beschimpfen. Vor Reinemer hatte er Respekt, vielleicht wegen des Bartes.

Ich wollte gar nicht mehr heim.

Wenig später erwies sich auch mein Blinddarm als überflüssig, den ließ ich in einem anderen Krankenhaus, auch wieder mit Hilfe unseres geheimnisvollen Doktors. Man versprach mir, daß die Fürstin zu Pferde vorbeikommen würde, das Krankenhaus stand unter ihrer Obhut, und sie besuchte es gelegentlich. Als man mir ohne Betäubung die Klammern rausriß, war der Satz, der mich tröstete: *Sie kommt bestimmt! Sie reitet im Damensattel!* Was das war, wußte ich, und daß es sehr schwierig ist, beide Beine auf der gleichen Seite vom Pferd und dazu noch einen langen Rock zu haben.

Bis ich begriff, daß sie nicht kommen würde, war der Schnitt schon fast verheilt, zu einer ziemlich langen roten Narbe auf meinem Bauch. Das sei was Besonderes, sagte der Arzt.

Du bist die einzige aus eurer Klasse, die man an ihrem Bauch erkennen kann, das schwöre ich dir!

Es gab keine Mobiles oder bunten Bilder in diesen Krankenhäusern, ich erinnere mich auch nicht an irgendwelche beängstigenden Maschinen oder Geräusche. Die Schwestern waren weiße Nonnen, der Wellensittich hatte sich auf ihren Flügelhauben in die Krankenzimmer tragen lassen.

Manchmal machten sie Aufgaben mit mir.

Armes Kind, sagten sie, obwohl ich viel Besuch hatte. *In eurer Kirche ist kein Gott. Es erbarmt einen.*

Was konnte ich schon machen, dann war halt keiner da.

Die vulkanischen Jahre

Zwischen zehn und zwanzig entscheidet sich, ob man Stern wird oder nur Schnuppe oder ob man sein Leben lang in der großen Suppe herumschwimmt. Das weiß man aber erst viel später. Die ganze Entwicklungsgeschichte poltert durch diese zehn Jahre, während man zu hören kriegt: *So jung müßte man noch mal sein.*

Die das sagten, Statisten in meinem Kinderleben, hätten es besser wissen können. Viele davon waren Theaterleute und teilten ihr Leben mit dem Kind, dem Teenager, der Halbstarken, dem Backfisch, der Göre, der Landplage, dem Schätzchen. Was man eben so war für die. Nicht, daß man über uns Kinder, die bald keine mehr sein würden, nachgedacht hätte. Wir waren auch nicht unter ständiger Beobachtung oder Begutachtung, Hauptsache, wir störten nicht. Den Dank für die Vorführungen des Erwachsenseins, für die schönen Rollenmodelle, mußte ich später den Darstellerinnen und Darstellern hinterhertragen. Als mir klar wurde, wie wichtig die miteinander und gegeneinander Spielenden für mich gewesen waren, lebten viele schon nicht mehr.

In meinen Jahren zwischen zehn und zwanzig gab es zu Beginn der Reise eine Menge wichtiger Menschen, das waren vor allem die, die mit Kindern nichts anfangen konnten. Sie taten auch nicht so, sie biederten sich nicht an. Egal, was sie waren, Apothekerin oder Schauspieler, Tabakfabrikant, Kutscher oder Näherin: Ihre eigene Kindheit zu verklären und ihr in mir, der Kleinen, gerührt wiederzubegegnen wäre ihnen im Traum nicht eingefallen.

Mindestens ein Krieg hatte sie um das Rosa und Hellblau des Lebens gebracht, sie hatten früh das Erwachsensein lernen müssen, um durchzukommen. Also behandelten sie mich Zehnjährige, als sei das bei mir genauso. *Hamstern und Schwarzhandel, das war die schönste Zeit meines Lebens,* erzählten sie verträumt. *Und Buntmetallklauen. Schnapsbrennen und das Zeug, wenn es gut war, selber trinken. Gut war es, wenn es beim Anzünden ein blaues Flämmchen gab. Sonst konnte man blind davon werden, verstehst du?*

Sie kümmerten sich nicht darum, ob man ihre Geschichten verstand oder guthieß. Tragödien und Skandale, Mord und Betrug, alles vor dem Hintergrund des tausendjährigen Jahrzwölfts oder zwölfjährigen Jahrtausends, das bildete einen schönen, fetten Geschichtenhumus. Ich hatte das alles nicht erleben müssen, bekam aber viel davon zu hören. Davon profitiere ich bis in mein altes Jetzt. Um all diese aufgetürmten, ineinander verwickelten, verwinkelten Geschichten zu erzählen, lebe ich nicht lang genug.

Wir hatten indessen das nach Weihrauch und Alter riechende Regensburg mit seiner Glockenmusik und seiner unveränderlichen Gesellschaft verlassen und waren nach einem kurzen Wiesbadener Theaterintermezzo meines Vaters in der Weltstadt Frankfurt gelandet. Glocken hörte man hier keine, und mein Vater arbeitete jetzt beim Fernsehen. Die Großeltern waren im alten Regensburger Haus geblieben, man konnte sich jederzeit dorthin retten, wenn man es für nötig hielt.

Man darf sich das Regensburg der fünfziger und sechziger Jahre nicht als die bunt lackierte Antiquitätenshow voll fähnchentragender Touristengruppenführer vorstellen, die es heute ist. Es war grau, dunkel, voll von halb verfallenen Gängen in die Unterwelt und von tausendmal mehr Toten als Lebenden bewohnt. Unter der Stadt lauerten viele Städte, und jeder wußte das. Fast alle Häuser hatten unter der Erde so viele Stockwerke wie darüber, dunkle, nasse Keller und unter denen weitere Keller, in die kaum je einer stieg. Da unten in tausend Hadessen fanden sich gefaßte Wasserquellen und zugemauerte Nischen, in denen Silbertaler aus dem Dreißigjährigen Krieg schliefen. Oder versteckte russische Kriegsgefangene. Noch weiter unten lagen römische Knochen.

Sie mochte sich selbst nicht, diese uralte Stadt am Strom. Aber sie ließ sich lieben. Dagegen war in Frankfurt nichts als neues Zeug, wohin man schaute. Als wir hinzogen, war es von Trümmern fast befreit und übersichtlich wiedererstanden. Nur die Schule, in die ich ging, war eine stolze Halbruine geblieben.

Von diesem Jahrzehnt zwischen 54 und 64 und seinen wilden Sprüngen ist hier die Rede, von den Jahren zwischen meiner Einschulung in die Bildungsburg, humanistischer Sandstein mit dummen eingemeißelten Sprüchen. Wie bestellt wurde am Tag meines mündlichen Abiturs das *Non scholae sed vitae discimus* in die Luft gesprengt, das der Krieg verschont hatte. Hier in diesem Gebäude hatte sich noch ein bißchen alte Vorkriegsbosheit gehalten, aber sonst war in Frankfurt erst mal von Unterwelt keine Rede, und ihre Toten hatten sie irgendwo sicher verwahrt, damit sie einem nicht in die Quere kamen. Nicht einmal alte Leute gab es, jedenfalls sah ich keine.

1955 machten sie eine Dokumentarsendung im Fernsehen, die *Zehn Jahre deines Lebens* hieß.

Diese Sendung, das sind genau die ersten zehn Lebensjahre von eurem Kind, sagten Freunde meiner Eltern, die zum Schauen gekommen waren, weil Fernseher damals noch etwas Seltenes waren.

Laßt sie aufbleiben, schlafen kann sie in ihrem Leben noch genug. Sie muß sie doch sehen, ihre ersten eigenen zehn Jahre!

Aber die interessierten mich nicht im geringsten, diese endlich überwundenen Babyjahre. Ich habe an die Sendung, der ein Dutzend gerührter Übriggebliebener heulend in unserem kleinen Wohnzimmer zuschaute, nicht die geringste Erinnerung. Zweistelligen Alters nahm man mich endlich ernst und zog mich ins Vertrauen. Um das ging es, ums Ernstgenommenwerden, um diese erste Hürde zum Erwachsensein. Geständnisse wurden mir freimütig gemacht, wenn grade kein anderer zum Zuhören da war. Ich hörte sehr gern zu, wobei mir nicht wichtig war, ob ich das Gehörte auch verstand.

Schauspielerinnen erzählten mir ihre Liebesgeschichten, Regisseure fragten mich nach meiner Meinung über Drehbücher. Ich bekam sogar eine Rolle, in der ich umgebracht werden sollte und nur knapp überlebte. Die Geschichte war von Agatha Christie, ein Fernsehspiel, und hieß *Das Spinnennetz*.

Gegen die Zeit mit den Schauspielern im Studio erschien mir die Schule läppisch, was war schon Latein gegen die Eifersuchtsdramen zwischen Regisseur und Hauptdarstellerin. Eine, die im Film eine Mordverdächtige spielte, Trude M., war eine dürre Alkoholikerin, die eine Karriere bei der Ufa hinter sich hatte und sich immer unterbrach, wenn sie eine ihrer komplizierten Geschichten erzählte.

Davon will ja keiner mehr was hören.

Ich erinnere mich an ihre mageren blauen Hände.

Mein Gott, war das mal eine schöne Frau, sagte meine Mutter.

Nicht zu glauben. Aber besser, sie hält die Klappe, sonst läßt sie noch ein paar peinliche Namen fallen.

Ein anderer Darsteller kam öfter aus dem Studio zu uns zum Mittagessen, im Kostüm, als englischer Landedelmann. Er hatte ein graues Menjoubärtchen und zwei tiefe Falten, die rechts und links daran vorbei in Richtung Kinn liefen.

Ich habe jahrelang kein Fleisch zu essen bekommen, sagte er, *ich bin so frei!*, und nahm noch einen Löffel Gulasch und noch einen und noch einen, immer nur halb voll.

Ich war aus der Schule gekommen und ging nach dem Essen mit meinem neuen Kollegen ins Studio. Mit mir drehten sie nur nachmittags, meiner Erinnerung nach lag ich die meiste Zeit reglos auf einem Kanapee und starb vor mich hin. Ideal zum Zuhören. Im Stillhalten war ich gut.

So war der Beginn meines vulkanischen Jahrzehnts. Mein Anfang war endlich vorbei, nicht schade drum. Mit dem Krimi hatte meine TV-Karriere begonnen und fürs erste wieder geendet, aber das machte mir nichts aus, ich verschwendete keinen Gedanken dran. Anderen zuzuschauen war mir wichtiger.

Seit ich denken konnte, war ich mit Menschen zusammengewesen, die möglichst sichtbar sein wollten. Die Frauen gaben mir Tips, wie man was aus sich macht. Was aus sich machen war ein energisch verfolgtes Ziel, sie verstanden nicht, daß mich das nicht interessierte.

So jung sollte man noch mal sein. Ich wurde elf und zwölf, aber das kriegte ich immer noch zu hören.

Das alles wirst du schon noch verstehen!

Das alles. Ich wußte nicht, ob sie die Vorzüge von Leichners Fettschminke oder den Krieg oder ihre Liebeskaleidoskope meinten. Das alles.

Wir lebten als vierte Familie in einem Dreifamilienhaus, in drei notdürftig ausgebauten Dachkammern, im Sommer heiß, im Winter kalt. Meine Eltern waren zum ersten Mal nicht mehr unter der Aufsicht von Familie, Stadt, Kirche. Vom Patrizierhaus in die Dachkammerbohème. Wahrscheinlich hatten sie ihre letzte Chance vor der endgültigen Gefangennahme genutzt. Ich nahm alles, wie es eben kam, und vermißte nichts. Im Winter saßen meine Eltern mit ihren Gästen und mir im Badezimmer, es war der einzige Raum, der warm wurde. Von innen wärmten sie sich mit *Zigeunerglut*, einem erschwinglichen Rotwein, oder mit Faßcognac, den es in einem dunklen Laden im Westend gab. Ich stellte mich unsichtbar.

Sie waren endlich befreit, geflohen vor der Regensburger Gesellschaft. Woraus die bestanden hatte? Ärzte, Rechtsanwälte, Apotheker, Geschäftsleute. Die sah man nicht oft, dafür ihre Frauen, die eine Art Schwurgericht bildeten, das sich jeden Nachmittag bei einer anderen traf. Sie tranken Kaffee und sogenannte Ponyfläschchen Sekt, verglichen die Dicke und Länge ihrer Perlenketten und fällten Urteile. Die wurden dann den Männern beim Abendessen verkündet. Wer erst mal nicht mehr eingeladen werden sollte. Wer gesellschaftlich auf Bewährung war. Wer seine Kinder falsch erzog. Wer unter Stand heiratete. Wer wem was schuldig war. Es ging immer um aktuelle Vergehen, die schnell geahndet werden mußten. Es ging um die Fünfziger, die man sich nicht kaputtmachen lassen würde. *War alles schlimm genug. Jetzt ist Ordnung.*

Jetzt ist Kunst, war die Devise meiner entkommenen Eltern und die ihrer Freunde, das Heilmittel gegen alles, ein Krieg gegen Dummheit und Engstirnigkeit, einer, der gewonnen werden konnte, wenn man sich nur anstrengte. Ehrgeizige Anfänge mit berühmten Regisseuren und großen Autorennamen.

Ach, aber die Leute sollen doch auch ihren Spaß haben, was macht ihr denn immer für düsteres Zeug, sagte meine Großmutter Kitty. Sie hatten jetzt auch im Regensburger Haus Fernsehen.

Ich konnte nicht wissen, daß nach allen großen Katastrophen die Verrücktheit zu blühen beginnt. Ich hielt sie für normal, all die verschiedenen Geheimnisträger, Rosenkreuzer, Prediger, tibetanischen Wundermönche.

Als hätte sich der *Highway to Hell*, auf dem sie noch bis vor ein paar Jahren entschlossen dahingewandert waren, in unzählige kleine rettende Feldwege aufgeteilt, an deren Ende jeweils ein goldener Topf stand. Oder das ewige Leben. Nichts konnte so irre sein, daß es nicht Anhänger gefunden hätte. Mein vulkanisches Jahrzehnt war ein Dorado für Scharlatane, Lebensgaukler, Wahrsagerinnen und Betrüger, ein riesiger Zirkus. Es waren schöne Zeiten der Anarchie, die sich überall austobte, wo es grade keine Diktatoren mehr gab. Leider dauerte es aber nicht lang, bis neue kamen oder bis einer der bisher verschworenen Freunde und Kollegen plötzlich seine Herrschertalente entdeckte. Bald gab es wieder Führer, überall.

Mich haben Geschichten von Aufstieg und Untergang und Wiederaufstieg immer sehr interessiert, dafür ist wohl damals der Grundstein gelegt worden. Und die Keller, die vielen düsteren Keller in meiner alten Heimatstadt, die konnte ich nicht vergessen.

Etwas begann mir aufzufallen, dessen ich nicht recht habhaft werden konnte. In der Schule, bei den Mitschülern, begegnete man verschiedenen Welten, die nichts miteinander zu tun hatten. Wir waren einander vollkommen fremd. Die Druckereibesitzerstochter wußte alles über Druckereien, wie viele es gab, wo sie waren und ob sie eine Konkurrenz für ihren Vater darstellten. Vom Theater hatte sie keine Ahnung. Der Anwaltssohn kannte die Namen aller Frankfurter Amtsrichter, aber keinen einzigen Schauspieler. Die von einem Stützpunkt der U. S. Army in unsere halbzerbombte Schule geratene Amerikanerin verstand überhaupt nichts, hatte furchtbares Heimweh nach Connecticut und verlor später ein Bein bei einem Straßenbahnunfall. Keiner von uns besuchte sie, wir wußten ja nicht mal, wo sie wohnte.

Die bleiben lieber unter sich.

Jeder hatte sein Terrain und hielt es für die Welt. Trotz-

dem rauchten wir in einer Schulhofecke zusammenge-
drängt unsere ersten Zigaretten und redeten miteinander.
Man wurde zu den Druckereibesitzern und Anwälten
nach Hause eingeladen, deren Kinder auch zu uns. Diese
Einladungen, es ging immer um Geburtstage, waren in
Wirklichkeit gut vorbereitete Spionageunternehmungen.

Wie sah es bei den anderen aus? Wie viele Zimmer hatten sie? Schliefen die Eltern in Ehebetten? Was für Möbel
standen dort, alte oder neue?

Ich war begeistert von einer Art Schnapstabernakel, den
ich bei den Eltern einer Schulfreundin sah. Eine verspie-
gelte Grotte in einem Schrank, sie war hell erleuchtet, und
die Flaschen funkelten darin bunt und kostbar wie Reliquien. Auch bei uns wurde sich umgeschaut und über
das Gesehene draußen berichtet.

Die denken wohl, wir hätten den Kamm in der Butter,
sagte meine Mutter.

Damit meinte sie, weil wir für Künstler gehalten würden, traute man uns kein ordentliches Leben zu. Sie kriegte
dergleichen durch die Blume zu hören, es sei interessant
bei uns, war noch das harmloseste. Unsere Küche war blau
gestrichen, an mehr Exotisches kann ich mich nicht erinnern. Bei uns gab's kein innen beleuchtetes Barfach und
auch keinen Partykeller. So was hatten aber immer mehr
Leute.

Vielleicht sind wir ja arm, sagte ich.

*Du brauchst keinen Partykeller zu haben, es reicht, wenn
du Leute kennst, die einen haben,* sagte meine Mutter, und
ich feierte die letzten Kindergeburtstage, die schon keine
richtigen mehr waren, in holzverkleideten Heizungskel-

lern mit Reitsätteln und Moulin-Rouge-Plakaten an der Wand, Chiantiflaschen mit Kerzen drin und ein bißchen Schmusen.

Als ich zwölf war, starb der Vater meines Vaters. Auch er war einem der tausend nachkriegsmodischen Heilsversprechen aufgesessen, hatte sich die Zellen ungeborener Lämmer einspritzen lassen und offenbar so seinem Lungenkrebs ein Festessen bereitet. Sein Testament umfaßte mehrere Seiten, obwohl er absolut nichts zu vererben hatte. Auf sein Grab sollten drei Rosenbüsche gepflanzt werden, ein weißer, ein gelber, ein roter.

Jahrzehnte später entdeckte ich Gedichte von ihm, in einer winzigen Schrift, auf dem dünnen Papier einer sudetendeutschen Zeitung der dreißiger Jahre. Ganz klein zusammengefaltet hatten sie in der Geldbörse meiner Großmutter die Zeiten überdauert. Es waren etwas schwüle Liebesgedichte, die offensichtlich nicht an sie gerichtet waren.

Alle würden sterben, früher oder später, ob sie eine Apotheke oder eine Druckerei hatten, Anwälte oder bloß Künstler waren. Katzen starben, Großväter, manchmal auch Kinder. Es war ganz sinnlos, sich hienieden häuslich einzurichten und sich dafür anzustrengen, besser, man ließ es ruhig angehen und brauchte nicht zu viel Platz. Den müßte man ja verteidigen, wozu denn?

Ich versuchte, das zur Sprache zu bringen. Warum ich das wollte, weiß ich nicht. Es gelang mir auch nicht, und meine Erkenntnisse sanken wieder dahin zurück, woher sie gekommen waren, und störten mich nicht weiter.

Unser gesellschaftliches Ansehen verbesserte sich gewaltig, je mehr Leute Fernsehen hatten. Fernsehen war nämlich in allen Welten, die ich ausgemacht hatte, zu Hause, und jeder wollte etwas damit zu tun haben. Wir zogen in eine größere Wohnung an einer Hauptverkehrsstraße, im ersten Stock, nur einen Steinwurf vom Sender entfernt.

Um dort hinzukommen, konnte man entweder die Straße nehmen oder sich durch jenen Dschungel schlagen, an den sich die altgewordenen Kinder vom Alleenring noch heute erinnern. Brombeeren und gelb blühende Wälder von kanadischer Goldrute, geheime Feuerstellen, Liebeslager und die Cannabisversuchsfelder der GIs vom IG-Farben-Hochhaus. Dem versuchten die Amerikaner seine düstere Geschichte auszutreiben. An der Allee stand der *Topper Club*, in den man am Wochenende fette Mädchen mit kurzen Tanzröckchen verschwinden sah. Der Dschungel gehörte beiden, Besatzern und Besetzten. Wir liebten diesen Platz, wir, das heißt wir Jungen.

Ich hatte mir die Erwachsenen abgewöhnt. Das war ganz unmerklich passiert, ihre Geschichten hatten begonnen, einander zu gleichen, immer wieder Liebe und Geld, und wie man an beides so einfach wie möglich kommen konnte. Beides interessierte mich nicht, das sollte noch dauern. Ich war mit jeder Menge Liebesdramen, echten und gespielten, aufgewachsen. Das machte mich zum Spätzünder.

Wir erörterten in den sicheren Verstecken unseres Großstadtdschungels existentielle Fragen. Immer wieder der Tod, vom Tod konnten wir gar nicht genug kriegen. Ein Dutzend Elf- bis Vierzehnjährige, ich mittendrin. Kinder aus der Gegend, die gar keine war, sondern eine Verkehrsachse mit Wohnblöcken und Ämtern und ein paar schüchternen gutbürgerlichen Nebensträßlein. Lebensmittel kaufte man in einer Bretterbude und Alkohol und Zigaretten an einem hübschen, luxuriös gestalteten Wasserhäuschen.

Todesgeschichten hatten alle zu bieten, und ich stellte fest, daß es auch in Frankfurt allerlei Dunkelheiten gab. Das hätte ich, als ich vor undenklichen Zeiten, vor gut drei Jahren, hergekommen war, nicht gedacht. Aber da war ich ja noch ein kleines Kind gewesen. Ein Mädchen namens Gitta hatte zwölf Stunden neben ihrer toten kleinen Schwester gesessen und ihre schreiende Mutter daran zu hindern versucht, das Kind immer wieder umzudrehen, um die Totenflecke anzuschauen. Sie erzählte sachlich und anschaulich zugleich und beantwortete geduldig unsere Fragen. Ein Junge, an dessen Namen ich mich nicht erinnern kann, berichtete von einem ganzen Frankfurter Straßenzug, in dem man die Keller mit den Erstickten einfach zugemauert habe.

Es ist rausgekommen, sagte er, *deswegen werden die da die Häuser nicht los.*

Ich hatte meinen grade gestorbenen Vatersvater zu bieten. Nicht mal zur Beerdigung hatten sie mich mitgenommen, von seiner Existenz als Dichter hatte ich in diesen fernen Tagen noch keine Ahnung. Todesgeschichten bildeten ihren eigenen Dschungel, in dem wir versuchten uns zurechtzufinden. Den Erwachsenen war in der Sache nicht zu trauen. Vielleicht versuchten wir nur, uns auf das, was passiert war, unmittelbar bevor wir die Erde betreten hatten, einen Reim zu machen, auf den Krieg, den Spuk, auf das *Es ist doch vorbei* der einen, auf das *Es geht nicht vorbei* der anderen.

Ohne daß ich es gemerkt hätte, zogen Wolken auf. Meines Vaters Vater hatte ich ohne großen Gram aus meinem Leben verabschiedet, er war mir immer alt und fern vorgekommen. Die Mutter meines Vaters, meine Oma, schien gut klarzukommen und hatte sich in ihrem Witwenleben eingerichtet.

In den Sommerferien 1956 war ich mit meiner Freundin Tine und ihrer Familie an den Staffelsee, den warmen, undurchsichtigen Staffelsee, gefahren. Wir Mädchen wohnten im Bootshaus, alles war Wasser und Sonne und Schiffchenfahren, genauso, wie es bis zum heutigen Tag millionenfach verklärt wird. Langweiliges, träges Glück. Wir ließen uns beim Dorffotografen ablichten und kamen uns vor wie Schauspielerinnen, die eine Autogrammkarte von sich bestellen. Man sieht auf den Bildern sehr ernste Gesichter, Bobfrisuren und beginnenden Busen.

Es war verabredet, daß Kitty und Kurt, die Eltern meiner Mutter, uns abholen würden, damit wir die letzten Ferienwochen in Regensburg verbrächten.

Selbst für jemanden, der gern abgebrüht tat, also für mich, gab es Tabus. Eins davon war meine Großmutter mütterlicherseits, die keine Großmutter war, keine Oma, keine Freundin, auch keine Ersatzmutter oder ein Vorbild. Sie war einfach eine Konstante, vielleicht die einzige in meinem Leben. Jetzt bin ich viele Jahre älter, als sie geworden ist. Ich habe immer wieder über sie geschrieben, ich habe sie verkleidet, auch Rollen spielen lassen. Es ist mir aber nie gelungen, sie mir älter vorzustellen, als sie werden durfte. Sie ist die Wiedergängerin in meinem Leben. Ohne sie komme ich bis heute nicht aus. Sie ist mein Mythos, ohne daß sie dafür auch nur das geringste Talent gehabt hätte.

Als sie uns, Tine und mich, abholen kamen, aus diesem Feriensommer am See, als der breite Opel über die staubige Schotterstraße zu unserem Bootshaus gerasselt kam und Kitty in ihrem bunten Sommerkleid ausgestiegen war und die Arme ausbreitete, während ihr Mann, von dem ich damals noch nicht wußte, daß er gar nicht mein echter Großvater war, einen Schattenparkplatz suchte, spürte ich, daß etwas nicht stimmte.

Du stinkst, sagte sie zärtlich, als sie mich umarmt hatte, Toscaduft wie eine Aura um sich.

Wascht ihr euch hier nicht?

Und was habt ihr überhaupt an? Sind das deine Sachen? Völlig verwildert!

Sie begrüßte Tine, mit der ich in den vergangenen Wochen immer wieder die Klamotten getauscht hatte, und dann den Rest der Familie. Da war ein winziges Fremdeln, kaum spürbar, als wären die ihr zu laut, zu fordernd, zu lebendig.

Ich betrachtete sie und versuchte herauszufinden, was sich verändert haben könnte.

Haben Sie ein bißchen abgenommen? fragte die Mutter von Tine, *steht Ihnen gut! Und was für ein hübsches Kleid! Bestimmt aus München.*

Indessen hatte mein unechter Großvater, den ich nach der Aufklärung über die wahren Verhältnisse genauso gern mochte wie zuvor, Tines und meine Siebensachen in seine Staatskarosse geladen und drängelte. Er hatte Hunger, und in seinem Reiseführer war ihm ganz in der Nähe ein großartiges Wirtshaus versprochen worden. Aber vor dem Essen mußte noch die Dorfkirche angeguckt werden, das gehörte dazu, obwohl wir nicht dazugehörten. Kitty machte Bemerkungen über die verrückten Votivbilder und die vielen kleinen Arme, Beine und Brüste aus getriebenem Silber, die an den Kirchenwänden hingen und von gelungenen Heilungen von Armen, Beinen und Brüsten zeugten.

Wie würden sie eine Lunge aus Silber machen?

Oder einen Gehörgang?

Ihr erster Mann, mein echter Großvater, war mit Ende Zwanzig an einer Mittelohrentzündung gestorben. Das wußte ich in diesem schönen Sommer 1956 inmitten all dieser gemalten und silbergetriebenen Zuversicht noch nicht.

Mein zweiter Großvater kniffelte einen Zehnmarkschein zusammen und steckte ihn in den Opferstock.

Es soll rascheln, nicht scheppern! Das habe der Bischof zu ihm gesagt.

Ab wieviel kann man sich drauf verlassen, daß es hilft? fragte Kitty, sie lachte dabei, wie immer, wenn es um Religion ging.

Die restlichen Ferienwochen in Regensburg waren wunderbar ereignislos. Diese Sommertage liegen irgendwo weit unten im Gedächtnis, unsichtbar, aber sie bleiben lebenswichtig. Lang schlafen, nachmittags ohne Aufsicht über die Maximilianstraße flanieren und Buben anschauen, Klamotten gekauft kriegen, viel essen und an der Donau liegen. Es war mein letzter Kindersommer, und mir fiel nichts auf.

Daheim war Schule und immer wieder neues Zeug, das

man lernen sollte, wir kamen nicht auf die Idee, Griechisch, Trigonometrie oder die Lippenblütler auf ihre Nützlichkeit hin zu befragen. Gelebt wurde nach der Schule, in unserem räudiger werdenden und zunehmend bedrohten Dschungel, im Kino, in der Stadt, in unseren zu eng werdenden Kinderzimmern vor dem Plattenspieler. Eltern lebten ihre Leben und wir die unseren, natürlich gab es Begegnungen, aber sie gingen über gemeinsame Mahlzeiten und das Unterschreiben irgendwelcher schulischer Unannehmlichkeiten nicht hinaus. Wir waren in jeder Hinsicht unbeaufsichtigt, lauter kleine Planeten, die sich ihre Umlaufbahnen suchten. Wenn Rat gebraucht wurde, fand sich schon jemand.

Als ich meine erste Periode hatte, die weder unerwartet noch schreckenerregend war, bekam ich einen Brief von Kitty, eine Art Gratulation von Frau zu Frau. Ich war fast dreizehn, sie sechsundfünfzig.

Meine Mutter brach in Tränen aus, als sie mir den Brief gab.

Warum heulst du denn? fragte ich.

Wegen gar nichts, antwortete sie und zog sich zurück. Sie zog sich gern zurück, manchmal schien es ihr zu gelingen, in unserer sehr übersichtlichen Wohnung unsichtbar zu werden, in ein dunkles Plaid gehüllt, wie eine Raupenpuppe, unbeweglich am hinteren Rand der Couch, bei geschlossenen Vorhängen.

Abends wurde sie sichtbar, vor allem, wenn mein Vater aus dem Sender interessante Leute mitbrachte. Ich schlief fünf Meter neben dem Tisch, an dem die Zukunft des Theaters, die unglaublichen Möglichkeiten des neuen Mediums, Unterhaltungsabende oder Politik verhandelt wurden, hinter einer sehr dünnen Rigipswand. Leise war das nie, aber beruhigend. Wörter wurden so in meinen Schlaf geschwemmt, Namen, Wünsche.

Verfremdungseffekt, Ungarn, Tennessee Williams, Bungalow, Swimming-Pool, Gastspiel, Kulenkampff. Ich schlief über alldem ein und hatte nicht das geringste Bedürfnis, mich meinerseits mitzuteilen. Aber der Ton änderte sich, die Wörter auch, und sie wurden beunruhigender.

Pankreas, das hörte sich nach einem unguten griechischen Gott an. *Untersuchung. Sie kommt schon klar.* Sie, das war ich.

Meine Mutter verschwand zu ihrer Mutter ins alte Regensburger Haus.

Kitty war krank, das hätte keiner für möglich gehalten. Sie, die ihr kurzes Leben lang jünger schien als ihre eigene Tochter, leuchtend unbeschwert, trotz allem, was ihr in jungen Jahren widerfahren war, die Frau mit den Bally-Schuhen Größe 36 und den Seidenkostümen, die Frau, der jeder Abend des Lebens ein Fest wert war, mußte in die Klinik, und sie mußte untersucht werden von all den Ärzten, die normalerweise weintrinkend in unserem Regensburger Wohnzimmer saßen. Keinen davon hatte ich je im weißen Kittel gesehen außer dem, der mich vor undenklichen Zeiten um Mandeln und Blinddarm gebracht hatte.

Alle früheren Krankheiten hatte ich längst vergessen, meine eigenen und die anderer Menschen. Und mir schien, als sei zum ersten Mal so was wie eine Krankheit überhaupt aufgetaucht. Sie schlich sich ganz vorsichtig in unser aller Leben, bis sie schließlich so nah herangekommen war, daß man sie riechen konnte.

Damals waren Krankheiten noch nicht so abgeschottet und gezähmt wie heute. Man kriegte mehr mit, man verstand die Apparaturen, mit denen die Kranken umstellt waren, man fand sie gruselig, aber begreifbar. Es war hunderterlei Magie im Spiel, aber gleichzeitig viel mehr Klarheit. Sogar Ärzte wußten, wann sie zu kapitulieren hatten, und taten das auch. Aber die Scharlatane der Nachkriegszeit witterten hilfloses Fleisch. Blutwäsche. Talismane und heilkräftige Kräuter aus dem Bayerischen Wald. Besuche weiser Frauen mit gierigen Augen.

Wie müßte eine Bauchspeicheldrüse aus Silber aussehen, die man an eine Votivwand hängen könnte?

Mich hatte man die ganze Zeit, dieses ganze verdammte Jahr, im unklaren gelassen, mehr als ein halbes Jahrhundert später sind die Monate zwischen dem Sommer 56 und dem Herbst 57 immer noch nichts als ein löcheriger Flickenteppich, ein Gebilde aus Legenden, Hoffnungen und Lügen. Ich war sicher in Frankfurt untergebracht, in meiner ausbrechenden Teenagerzeit mit Verabredungen und sonderbaren Sportarten, die als chic galten und für die mir jedes Talent fehlte. Tine und ich gingen fechten und starrten auf die Nebenbahn, wo Verbindungsstudenten mit Säbeln herumklirrten. Durch ihren älteren Bruder lernten wir interessante Unterprimaner kennen, die sonst sternenweit von uns entfernt gewesen wären. Geld hatten wir keins, aber Phantasie. Wir nähten uns Röcke, in denen wir wie Kaffeewärmer aussahen, und schminkten uns die Lippen mit Penatencreme weiß.

Immer wieder fuhr meine Mutter nach Regensburg.

Damit kommt sie schon klar, hieß es, also: Ich würde schon keinen Blödsinn machen, was immer sie darunter verstanden.

Viel später begriff ich, daß sie mir alles zutrauten, was sie selber in meinem Alter getrieben hatten. Sehr zu Unrecht, ihre Art Wildheit war eine Kriegswildheit gewesen, ein tägliches Jetztgrade, ein Heutenoch, das kannte ich nicht. Ich konnte mir Zeit lassen.

Fünf Meter von meinem Bett entfernt hatten sich die Wörter wieder verändert. CA hieß eines.

Sie haben mir tausendprozentig versichert, daß es kein CA ist.

Sie will nach Hause.

Es liegt in der Familie.

Er ist DER Spezialist.

Wie war Weihnachten 1956? Ich weiß es nicht mehr. Kitty war müde und schlief viel. Unser Baum wird sein Lametta wie immer militärisch ausgerichtet getragen haben, wie immer wird es Königinpastetchen gegeben haben, wie immer werden nach der Bescherung Freunde gekommen sein, wie immer werde ich zu viel geschenkt bekommen haben. Vielleicht war es das Weihnachten der letzten Puppe.

Manchmal saß ich bei Kitty am Bett. Sie fragte nach meinen Angelegenheiten und verschwieg die ihren. Unsere Arztfreunde, es waren eine ganze Reihe, legten ihre Morphiumbestände für sie zusammen, Opioide waren damals rationiert. Davon erfuhr ich erst viel später.

Der Sommer 1957 war schön. Zu meiner Aufsicht war

meine andere Großmutter angereist, aber sie traute sich nicht, mir irgend etwas zu verbieten. Ich war ihr unheimlich und beschäftigte mich mit vielen Dingen, von denen sie nichts verstand.

Sogar mein Vater war ihr irgendwie fremd, die ganze Künstlerei war ihr ein Rätsel. Ehe sie etwas Falsches dazu sagte, sagte sie lieber gar nichts. Ich verbrachte ganze Nachmittage in den Werkstätten des Hessischen Rundfunks, dem Fürstentum meines Vaters. Im Malersaal hielt ich stundenlang still, während ein Ballettkostüm nach dem anderen auf meinem dreizehnjährigen Leib bemalt wurde.

Muß noch trocknen! Mußt noch stehen bleiben!

Um mich entstanden und vergingen die Welten, Alpen wurden mit Meeren übermalt und aus einem römischen Streitwagen entstand die Bütt für die Heddernheimer Fastnacht. Paris und Klaa Paris, in den Malersälen und der Requisite waren das Nachbarorte.

Paris gehörte Juliette Gréco, Zizi Jeanmaire und Josephine Baker, Lucienne Boyer und Colette Mars. Die waren dagewesen, leibhaftig, im Studio, und ich hatte sie anschauen können. Damen waren das, sehr damenhafte Damen und keine Girlies. Manche benahmen sich nicht so damenhaft, darüber wurde geklatscht, sie hatten ja viel nachzuholen, die Showleute der Fünfziger. Die ganze Welt wollten sie für sich haben, vor allem die vor wenigen Jahren noch verbotene.

Ich wurde mit dreizehn sehr frankophil und blieb es für Jahre. Da war dann die Schule ganz nützlich, wobei mein erster Französischlehrer mit einem deutlichen Frankfurter Zungenschlag sprach, während der zweite seine Berliner

74

Herkunft auch im Französischen nicht verleugnete. Wahrscheinlich klang er wie Friedrich der Große. Egal, den Akzent würde ich mir anderswo herholen, Hauptsache, ich lernte die Wörter.

Wenn ein fremder Weltstar ins Frankfurter Studio kam, durfte ich die Schule schwänzen. Regensburg war weit weg. Mir machte es nichts aus, daß meine Mutter immer öfter hinfuhr. Daß Unglück im Kommen war, ruhig, unerbittlich, unaufhaltsam, wollte ich nicht wahrhaben. Ich suchte und fand Gesellschaft, wir gingen ins Theater und in Konzerte, bei den Proben des Schulchors durfte ich mit den Jungs singen, weil die Tenöre schwach auf der Brust waren und ich eine tiefe Stimme hatte. Unvergeßlich das erleichternde Geschrei in den *Carmina Burana*, wir ließen unserem fein angezogenen Publikum, Eltern, Onkel, Tanten, Geschwister, Großeltern, beim Schulkonzert diesen wunderbar ordinären Krach förmlich in die Ohren platzen.

Swaz hie gat umbe, das sind alles megede, die wellent an man, und dann das herausgeplärrte *Ah!* zum Schluß.

Aus meiner Familie war keiner da, also sang ich besonders laut, es gab ja niemanden, dem das hätte peinlich sein können. Auch nicht, daß ich bei *Blanziflor et Helena* heulte, weil die Sopranmelodie mir schmerzlich zeigte, daß das Wünschen nicht hilft. Ich würde niemals so singen können, obwohl ich alles dafür gegeben hätte.

Wieder Sommer, mein dreizehnter Sommer. Ich hatte ein paar lausige Klassenarbeiten geschrieben, aber der Ärger daheim war unkonzentriert und ohne die sonst übliche Leidenschaft. Wie für viele Menschen damals, die kein Abitur hatten und dafür die Weltgeschichte ins Feld führen konnten, war auch für meine Eltern das Abitur heilig, ein goldenes Tor, die einzigen Flügel, die einen in ein dauerhaftes Glück tragen würden. Es war noch Zeit bis dahin, ganz andere Herausforderungen wollten bestanden sein.

Reifeprüfung! Mein Vater hatte einen höhnischen Ton, wenn er das Wort aussprach, aber auch einen bewundernden. Er war als Kriegsgefangener in Cambridge gewesen und wußte seither ein für allemal, wie das richtige Bühnenbild für den Akademikerstand auszusehen hatte. Englische Backsteingotik mit Türmchen, Kaminfeuer, kalte Zimmer und alte Sprachen, Schuluniformen und Schülertheater mit Shakespeare. Nichts anderes kam für seine Tochter in Frage. Wahrscheinlich hatte er mir schon die Rollen ausgesucht.

Mein dreizehntes Jahr. Die Verpuppungshaut wurde langsam dünn und durchsichtig, aber noch konnte niemand sehen, was sich drunter regte, ob es schön oder scheußlich war oder eine Mischung aus beidem. Ob es kriechen oder fliegen würde. Der erste BH, die ersten Binden, alles ohne großes Tamtam erledigt. Abgehakt. Das war eben jetzt so. Kein Gesprächsthema mehr.

Gegen die dämlichen Sprüche und Kommentare der Jungs in der Klasse hielten wir wenigen Mädchen würdevoll zusammen. Kichern und hohe Absätze waren was für die aus der sogenannten reinen Mädchenschule. Gleich um die Ecke war eine, heil geblieben, keine verwegene Halbruine wie unsere. Sie liehen sich bei uns die Jungs aus, die sie für die Tanzkurse brauchten.

Im Spätsommer verschwanden meine Eltern nach Regensburg, die Oma kam wieder, aber ihre Anwesenheit war wie ein verschärftes Alleinsein. Sie versuchte vergeblich, mir Nähen beizubringen. Etwas sollte uns verbinden, sie hatte nur das Nähen. Alles wartete auf irgend etwas. Das geschah dann Ende Oktober. Kitty war gestorben. Siebenundfünfzig Jahre alt.

Oma suchte einen schwarzen Popelinemantel aus dem Kleiderschrank meiner Mutter und ersetzte den buntkarierten Kragen durch einen schwarzen.

Umsichtig und schnell wurde die Totenreise nach Regensburg vorbereitet. Nachbarn kümmerten sich um Kater, Post und Pflanzen, das Fernsehen mußte ohne meinen Vater auskommen, und ich bekam schulfrei.

Tine nahm mich mit zu sich nach Hause. Ihre Mutter weinte und sagte, *Es kommt mir vor wie gestern, daß sie euch zwei am Staffelsee abgeholt hat.* Ihr Vater sprach mir sein Beileid aus wie einer Erwachsenen und hatte keine Ahnung, daß er selber nur noch wenig mehr als zwei Jahre vor sich hatte. Er war ein schlanker, eleganter Mann, Anwalt und aus großer Familie. Noch heute kann ich ihn mir nicht anders vorstellen als mit langen Buchreihen, Lederrücken und Goldschnitt, hinter sich.

Wir fuhren mit dem Zug, die Koffer mit den schwarzen Klamotten über uns im Gepäcknetz. Alle fünfzig, sechzig Kilometer sagte Oma stoisch:

Mir sinn bald da.

Ich kam mir älter vor als sie. Auf der ganzen Fahrt dachte ich darüber nach, wie das Haus, Regensburg, die Welt ohne Kitty sich anfühlen würden. Noch kein einziges Mal hatte ich geweint, ich versuchte es zu erzwingen, indem ich an die *Carmina Burana*, an das eine Lied dachte. Aber es kam nichts.

Unser Haus und der Laden waren in den wenigen Monaten meiner Abwesenheit, meiner Untreue, alt und schäbig geworden. Außer mir schien das aber keiner zu bemerken. Mein Großvater hielt Trauerhof, schwarz, zart und sehr schön neben ihm, ihm näher als jemals zuvor, meine Mutter. Es war ein ständiger Menschenstrom in dieser Wohnung, ein stetiges Kommen und Gehen, anschwellend, abebbend, unterbrochen von regelmäßigen Mahlzeiten, zu denen die Familie sich zurückzog.

Sie sei gestorben, sagte mir in einer stillen Ecke mein Vater, als grade alle geschlafen hätten, am Nachmittag. Er allein sei wach gewesen.

Ich fragte nicht nach.

Die Frau Doktor ist tot, die Frau Doktor ist tot.

Die ganze Stadt schien das vor sich hin zu murmeln, auf dem Markt, in den Gassen, vor dem Haus, die einbeinigen, einarmigen, blinden Bettler und die schwarzen Nonnen aus meiner alten Schule schienen alle das gleiche Lied zu summen, *Die Frau Doktor ist tot, die Frau Doktor ist tot.*

An die Beerdigung habe ich nur wenige Erinnerungen. Der blöde schwarze Mantel mit dem angeflickten Kragen war mir peinlich, und meine Schuhe drückten. Menschen standen dicht an dicht zwischen den Gräbern. Ihres lag und liegt noch heute am Rand eines kleinen Rondells mit einem Brunnen in der Mitte. Er sieht römisch aus und ist wahrscheinlich auch so gemeint, ein rundes Marmorbecken mit dem Wasserstrahl in der Mitte, der sich hebt und senkt und diskreten Lärm macht.

Danach gab's Leichenschmaus im *Grünen Kranz*, einem Wirtshaus der gehobenen Kategorie, das die bürgerliche Klasse Regensburgs seit je von der Geburt bis zum Tod für ihre entsprechenden Festlichkeiten aufsuchte. Eine U-förmige Tafel war gedeckt, und mein amtierender Großvater sagte zu mir, *Kind, kümmere dich ein bißchen um die Gäste. Deine Mutter kann nicht, das siehst du ja. Wir wollen dafür sorgen, daß es kein Gelage wird, nicht?*

Ich hatte keine Ahnung, was ein Gelage ist, bei solchen Details waren wir in der Schule noch nicht angekommen. Aber wenn er, der Witwer, sagte, daß es das nicht werden dürfte, dann mußte dem Einhalt geboten werden. Ich hatte meine Rolle, einer muß ja schließlich spielen.

Kittys Tod, der für mich immer noch unvorstellbar war, hatte mir diese Rolle verschafft, ich war jetzt ihre Zweitbesetzung. Sie selber, mit Seidenkostüm und Wildlederschühchen, schien sich hinter einem Vorhang versteckt zu haben, oder vielleicht war sie in irgendeinem unsichtbaren Souffleurkasten verschwunden. Auf jeden Fall würde sie ein Auge auf alles haben und notfalls mit Stichworten aushelfen.

In meinem dreizehnten Jahr wurde ich also erwachsen, überholte altersmäßig meine Mutter und trat an die Stelle meiner Großmutter, bis die von woher auch immer wiederkommen würde, woran ich keine Sekunde zweifelte.

Es wurde also kein Gelage an diesem Nachmittag im *Grünen Kranz*, ich ging von Gast zu Gast und nötigte zwischendurch meine Mutter zum Essen. Sie war sehr durchsichtig geworden in den Wochen am Bett ihrer Mutter, ein dreiunddreißigjähriges Waisenkind, das mir zum Aufpäppeln anvertraut war.

Ihre Mutter und meine Kitty waren zwei völlig verschiedene Personen, also trauerten wir auch verschieden und konnten uns nicht einigen. Sie kapitulierte, ohne je gekämpft zu haben.

Irgendwann waren wir wieder in Frankfurt, ich ging weiter zur Schule, mein Vater machte Fernsehen, und meine Mutter lebte ihr rätselhaftes Pflanzenleben mit Büchern und Stille. Wir verstanden uns gut, es gelang uns auf kleinem Raum, völlig voneinander getrennt zu sein. Abends in meinem Bett hörte ich wieder wie früher die Stimmen aus dem Wohnzimmer, und es ging wie früher um Kunst, Geld und Liebe in wechselnder Reihenfolge.

In Regensburg aber war die Zeit in der Todesstunde meiner Großmutter angehalten worden. Kerzen, die sie angezündet hatte, blieben mit rußigen Dochten in den Leuchtern stecken und wurden nicht mehr berührt, ihre Seidenkostüme hingen wie Stoffleichen in den Schränken. Im weißen Schuhschränkchen standen, für immer zur Ruhe gekommen, ihre kleinen Schuhe. Früher hatte man sie den ganzen Tag laufen gehört, taktaktak, hin und her mit den harten Absätzen, und als meine Mutter ihr mal Schuhe mit Kreppsohlen geschenkt hatte, sagte sie, die seien nichts für sie, sie könne die verdammte Schleicherei nicht leiden.

Ihre Betthälfte mit dem Paradekissen stand bezogen für die Nacht bereit, der Keramikfisch, in dem sie Fünfmarkstücke gesammelt hatte, wurde nicht mehr geleert, und das Buch auf ihrem Nachttisch, Anne Morrow Lindbergh, *Muscheln in meiner Hand,* blieb für immer auf der zuletzt gelesenen Seite aufgeschlagen. Die Cremetöpfchen im Bad bewahrten ihren sacht eintrocknenden, einst teuren Inhalt, *Helena Rubinstein*, was anderes hatte ihr nicht ins Gesicht gedurft.

Jeden Mittag kam der Fahrer, Herr Küther, und es wurde zum Friedhof gefahren. Jeden Mittag, sieben Tage die Woche.

Ich war jetzt in allen Ferien dort, und es gefiel mir gut. Frankfurt und das Fernsehen vermißte ich nicht, ich fühlte mich alt und todeserfahren und genoß es. Tagsüber war ich viel allein, ging zum Schwimmen an die Donau oder besuchte die Freundinnen meiner Großmutter, die nach kurzer Zeit vergaßen, daß ich erst vierzehn war, und mir Portwein anboten. Sie erzählten mir von ihr, und ich erkannte sie in den Geschichten oft nicht wieder, meine Großmutter Kitty.

Dann wurden meine Noten richtig schlecht. Und als sollte ich dafür getröstet werden, machte mein Großvater mit mir eine Reise nach Rom. Er wollte wohl nicht nur aus seinem selbsterschaffenen bürgerlichen *Tadsch Mahal* flüchten, sondern endlich einmal gründlich katholisch sein. Danach würde ich ins Internat kommen, das wußte ich aber zu dem Zeitpunkt noch nicht. Viel Veränderung auf einmal nach der Todesstarre, und es war mir recht. Vorher aber wurde noch meine Konfirmation gefeiert, bei der meine Mutter weinte. Bald danach trat ich aus der Kirche aus, als allererste in meiner so vielfältig gläubigen und ungläubigen Familie. Keiner von denen glaubte aber, daß man das mit vierzehn schon darf. Ich war sehr stolz auf meine erste Rechtshandlung, die für Jahre die letzte sein würde.

Und dann kam Rom, eine wuchtige Breitseite gegen meine vom Glauben leergeräumte Seele. Zweimal würde ich die Ewige Stadt zwischen meinem zehnten und meinem zwanzigsten Lebensjahr sehen, dann für ein halbes Jahrhundert nicht mehr.

An kaum einen Ort der Welt erinnere ich mich so genau wie an das Rom von damals. Bis zu Fellinis *La Dolce Vita* war noch ein Jahr Zeit. Nicht die Kirchen und die übereinandergeschichteten Epochen beeindruckten mich, das kannte ich alles von daheim. Unterirdische und überirdische Heiligtümer hatten wir in Regensburg genug. Was mich in Rom durcheinanderbrachte, war die Schönheit der Menschen, besonders der Frauen. Auf der Straße saßen Damen, sie hielten Zigaretten in den Händen, der Rauch ringelte sich hinauf zu ihren silbernen Haaren, die ihnen jemand frisierte. Überall sah ich kleine Freiluftsalons, und niemand trug diese für Wochen betonierten Haare, die die Friseure bei uns daheim den Frauen auf die Köpfe setzten. Niemals wäre es bei uns einer alten Frau eingefallen, sich morgens mit Pelzstola und Krokotäschchen, langen Perlenketten, Ohrringen und roten Lippen auf einen Stuhl mitten auf den Gehsteig zu setzen und sich die Haare kämmen und stecken zu lassen, so daß jeder zuschauen konnte.

Und die jungen Frauen erst – lange, glänzend braune Haare fielen über Seidenblusenrücken, und tolle schwarze Teufelskappen sah ich, millimetergenau geschnitten, Pony exakt bis zum unteren Augenbrauenrand und hörnchenförmige Locken vor den Ohren zu ärmellosen Shirts aus Goldfäden. Ganz viele Blondtöne, Tizian bis Botticelli, langes Rapunzelhaar, Engelslöckchen, nachlässige Knoten, an denen Stunden gearbeitet worden war.

Ich begriff, daß ich ein Trampel war, eine dicke *Tedesca*, aber unsichtbar. In Italien wurde mir zum ersten Mal klar, daß das kein Widerspruch ist. Ich beschloß, nicht zu hadern, sondern meine Unsichtbarkeit auszunutzen. Meinem Großvater schien es zu gefallen, daß ich zwischen Vatikanischen Museen, Pantheon, Kolosseum, Mund der Wahrheit und hundert Kirchen immer wieder zum Menschenanschauen auf die Piazza Navona, die Piazza del Popolo oder in die Via del Corso wollte. Ich war indessen fünfzehn und trank Campari Soda wie eine, die dazugehört.

Wir könnten dir was zum Anziehen kaufen, sagte er.

Ich fürchtete mich vor den Verkäuferinnen, die ich durch die Scheiben der Modeläden sah. Sie standen anmutig herum und schienen sich für nichts und niemanden auf der Welt zu interessieren. Bei uns daheim trugen Modeverkäuferinnen Kostümröcke und stämmige Absätze, sie waren meist älter, jedenfalls machten sie einer wie mir keine Angst. Außerdem war ich dort jemand und hier nicht. Wir kauften ein silbernes, seidengefüttertes Lurexjäckchen für meine Mutter.

Abends aßen wir bei *Alfredo – Il vero re delle fettucine –* und saßen an einer Wand, die mit gerahmten Autogrammfotos von Hollywoodstars und ein paar Ufa-Größen bedeckt war. Man sah kein Stück Mauer zwischen all den

Bildern, viele von denen waren schon tot, als ich geboren wurde. Wir konnten uns drei Gänge lang einbilden, dorthin zu gehören, der frisch verwitwete Kaufmann aus Regensburg und seine dicke Stiefenkelin.

Ob ihm die Reise gegeben hat, wonach er sich sehnte, weiß ich nicht. Ich habe ihn nicht danach gefragt, auch viel später nicht, als das Regensburger Haus abgerissen war und er bei uns wohnte. Seine katholischen Träume hatten jedenfalls neue Nahrung bekommen, das würde sich Jahre später herausstellen. Wie allein er gewesen war mit seinen hundert Bibeln und seinen verstohlenen Ausflügen ins Münchner oder Frankfurter Nachtleben. Ob er sich ins römische getraut hatte, weiß ich nicht.

Die erste Hälfte des zweiten Lebensjahrzehnts war geschafft, aber immer noch fühlte es sich an, als würde ich über Bande gespielt, stieße an meine Kindheit und gleich darauf ans Alter, ohne es beeinflussen zu können. So behandelten einen die Erwachsenen auch, vereinnahmend und im nächsten Augenblick abwehrend. Alle Stellungen, die ich mir in ihrer Welt eingerichtet hatte, mußten neu befestigt werden, je ähnlicher ich ihnen wurde. Früher hatten sie mir Geständnisse gemacht und in meiner Gegenwart ihr Leben erörtert, weil sie dachten, ich würde sie nicht verstehen. Jetzt waren sie plötzlich verschlossen, weil sie mich im Verdacht hatten, ich hätte mich heimlich in ihr Leben geschlichen.

Es gab zu viele Schauspieler in meinem Leben, ich fing an, darüber nachzudenken. Sie machten es einem leicht, mit ihnen umzugehen, und für ein Kind hatten sie eine Menge Vorteile. Sie fanden nichts dabei, Kumpane zu sein, vergaßen, wie klein man war. Sie spielten eben, immer. Aber meine große Korrigiererin Kitty war nicht mehr da, mehr noch, sie schwieg. Kein wegweisendes Geflüster von irgendwoher erreichte mich, ich hatte sie zwischen den vielen eleganten Frauen von Rom gesucht und nicht gefunden. Möglich, daß es meinem Großvater genauso gegangen war, aber darüber redeten wir nicht.

Ich kam also heim in die neue, alte Zirkuswelt, traute ihr aber nicht mehr über den Weg und sah meine alten Freundinnen und Freunde mit anderen Augen. Schauspieler haben kein Gefühl für Zugehörigkeit, sie drängen sich fortwährend irgendwo hinein, wo sie im Grunde nichts verloren haben. Die Fürsten auf der Bühne waren im Leben dauernd besoffen und konnten ihre Miete nicht bezahlen, und die Salondamen im Studio hatten Löcher in den Schuhsohlen und jammerten, wenn sie zugenommen hatten. Ich glaubte ihnen nichts mehr.

Eine Zeitlang schien es so, als habe das Fernsehen für mehr Wirklichkeit in den Leuten gesorgt, in denen, die es machten, und in denen, die zuschauten. Das erwies sich als Trugschluß, aber darüber brauchte ich nicht mehr nachzudenken. Ich war in der Schule schlecht und schlechter geworden und blieb schließlich sitzen. Eine Schmach. Sie wurde etwas abgefedert durch das schlechte Gewissen meiner Eltern, die sich Schuld an dem Desaster gaben. Sie hatten keine, aber das sagte ich ihnen nicht, und ich wehrte mich auch nicht gegen den Beschluß, die nächste Zeit in einem Internat am Rande der Welt zu verbringen. Am Rande der Welt war wörtlich zu nehmen. Nichts von dem, was ich kannte, war dort zu finden, keine Gesellschaft, keine Schönheit, weder Gespräche noch Musik, noch irgendeine der liebgewordenen Scharlatanerien, die unser Leben ausgemacht hatten.

Wahrscheinlich hatte mein Stiefgroßvater diesen merkwürdigen Platz gefunden, er paßte zu ihm. Eine protestantische Enklave mitten im üppigsten Katholizismus. Im Land der Wallfahrtskirchen, Herrgottswinkel, Märtyrerstatuen und Stigmatisierten lag das evangelische Wohnheim für Jugendliche mitsamt einem angeschlossenen evangelischen Altersheim. Eine marode Idylle, barackenartige Gebäude in einem bezaubernden, stillen Tal, in dem ein klares Flüßchen murmelte und Pferde auf den Wiesen grasten. Gleich hinter der nahen Grenze lag das Städtchen Braunau am Inn.

Hier war jetzt mein neues Zuhause. Man schlief zu viert in einem Zimmer. Ich wußte wenig von den drei anderen Mädchen, und die wußten fast nichts von mir. Jede hier blieb für sich, keine bekam je Besuch. Kleine Schwarzweißfotos mit gezackten Rändern bewachten unsere Betten. Wir hätten sie auch untereinander austauschen können, so ähnlich sahen sich die Leute, die drauf waren. Wir hießen Winhild und Gisela, Kerstin und Eva. Kerstin war schon sechzehn. Gewaschen wurde sich nebeneinander, im kalten Waschraum roch es nach klammen Handtüchern und Lux-Seife.

Die Schule war extern. Das hieß, es war ein normales Kleinstadtgymnasium, und die Einheimischen mußten sie mit uns, den Fremden, teilen. Das war sehr fortschrittlich, Rechtgläubige und Evangelische zusammen zu unterrichten, aber die Evangelischen galten nichts und die aus dem

Heim noch weniger. Meine endgültige Religionsabkehr verschwieg ich erst mal. Bei der Anmeldung hatte das auch niemand erwähnt, mein revolutionärer Akt zerbröselte still, als hätte er nie stattgefunden. Dabei wäre ich, noch Wochen nachdem ich ihn begangen hatte, nicht erstaunt gewesen, wenn mich ein Blitz zerschmettert oder wenigstens ein Bus überfahren hätte. Daß nichts passiert war, bedeutete ja nicht unbedingt, daß es Gott nicht gab. Es konnte heißen, daß ich ihm nur egal war.

In meiner neuen Heimat sprach niemand über Religion, man lebte unangefochten sein richtiges Leben im falschen oder das falsche im richtigen und schien damit zufrieden zu sein. Hier spielte auch niemand, es gab nicht mal eine Theater-AG in der Schule, Kino war zu weit weg und zu teuer. Das Fernsehen war noch nicht bis in unser Tal vorgedrungen. Im Aufenthaltsraum stand das einzige Radio.

Ein ganz neuer Planet war das, von Unbekannten bewohnt, ohne irgendwelche Verbindungen ins alte Leben. Man kann sich, angeschlossen ans digitale Adernsystem, überhaupt nicht vorstellen, wie weit man damals im eigenen Land voneinander entfernt sein konnte. Papua-Neuguinea ist heute näher an Frankfurt, als es dieses Kaff an der österreichischen Grenze mit der verdächtigen Nachbarstadt damals war.

Ich hatte nie Heimweh und entdeckte ein bißchen unschuldige Liebe, sicherheitshalber mit zwei Jungen, zwischen denen ich mich nicht entscheiden konnte. Unsere stille, scheue Dreierromanze war umgeben vom Geruch nach Hagebuttentee, alten Leuten und gekochten Eiern.

M. und N. waren siebzehn und befreundet. Wir drei schauten einander an, im Speisesaal, vom Mädchentisch hinüber zu den Bubentischen, nachher würde N. im Jungenhaus Klavier spielen, nur für mich, und alle würden an den Fenstern im Mädchenhaus hängen und zuhören.

In der hintersten Ecke des Speisesaals standen die Tische für die Greise, die nickend vor ihren Tellern saßen. Manchmal hörte man einen von ihnen schimpfen, heiseres Granteln von den Männern, die Frauen greinten mit hohen Stimmen.

Ich marschierte täglich den langen Schulweg hin und wieder zurück, ein schmales, sandiges Band zwischen den Feldern hindurch, die unmerklich ihre Farben änderten.

Natur war mir bis dahin ziemlich egal gewesen, im Theater gab es sie nicht, und in der Stadt war sie nichts weiter als grüne Garnitur. Die Regensburger Parks, ja. Aber die waren mir fremd geblieben, obwohl es so geheimnisvolle und majestätische gab. Sie sollten unzugänglich und einschüchternd sein und waren das auch, ein Blick ins Fürstenleben durch verrostete Gitter hindurch.

Unsere Kinderbrache, die schöne Wildnis am Frankfurter Alleenring, war keine Natur für mich gewesen, sondern Rückzugsraum. Ich beobachtete nichts und hätte keine Pflanze, kein Tier benennen können, wozu auch. Naturschwärmerei war verdächtig, das machte man nicht. Naturverehrung oder auch nur die Liebe zu ihr war kontaminiert.

Jetzt, am kleinen Fluß Rott, entdeckte ich sie, mit Hilfe meiner beiden Verehrer, die mit mir spazierengingen und auf mich und einander aufpaßten, einer rechts, einer links.

Bald brauchte ich sie nicht mehr und fand für mich allein eine Welt, die ganz ohne Kunst auskam.

Ich war fünfzehn. Höchste Zeit, Bäume und Tiere kennenzulernen, die verschiedenen Arten, wie sich Baumrinde anfühlte oder Salbei und Kamille rochen, wie Ampfer schmeckte und Nesseln bissen. Am Rottufer verging mir die Zeit, ohne daß ich auch nur eine Buchseite umblätterte. Hirsch und Reh, Fuchs und Hase, Maus und Wiesel, Falter und Raupe. Zuwider war mir eigentlich gar nichts, nicht einmal Asseln.

Auch Totes oder Sterbendes gehörte zum neuen Kosmos, immer schrie irgendwo ein kleines Tier um sein Leben und hörte irgendwann auf, während Bussard oder Fuchs es davontrugen. Wir liefen in den Nächten vor Treibjagden laut rufend durch den Wald, damit die Tiere fliehen konnten. Dennoch hörte man an vielen Nachmittagen die Babyschreie angeschossener Hasen, bis die Hunde sie holten.

Reiher verschlangen Fische, von denen ich nicht begriff, wie sie durch die dünnen Hälse passen konnten. Fischbrut wimmelte um meine nackten Beine, während ich über die flachen Steine im Wasser stieg. Es gab Libellen in allen Farben, schwarz, blau, grün, golden. Ich merkte, daß ich jeden Tag besser mit dem Alleinsein zurechtkam.

Romantisch war das alles überhaupt nicht. Ich hatte fast immer denselben Pullover an und redete nicht viel. Die Schule erledigte ich irgendwie, ich kann mich an nichts erinnern, was ich in dieser Zeit gelernt oder gelesen habe. Nur daran, daß sich ein Junge irgendwann im Sommer, kurz vor den Ferien, im Fahrradschuppen aufgehängt hat.

Wir zeigten einander mit ernsten Gesichtern den Dachbalken.

Ich bin direkt in seine Füße hineingelaufen, sagte der Bub, der ihn morgens gefunden hatte, als er sein Rad holen wollte.

Die einen behaupteten, er habe es getan, weil er nicht nach Hause durfte. Die anderen, weil er um keinen Preis nach Hause gewollt habe. So oder so, es kam aufs gleiche raus.

Es gab keinen extra Gottesdienst, keine Erklärungen, keine Betreuung, das ganze gewaltige Kindertröstungsritual war noch nicht erfunden worden. Nach kurzer Zeit wurde der Fahrradschuppen wieder aufgesperrt, und alles ging weiter wie bisher. Einer weniger. Das war's.

Meine beiden Freunde und ich saßen am Ufer und rauchten.

Mein kleiner Bruder, sagte N. nach einiger Zeit, *ist auf dem Schulweg verschwunden, einfach so. Sieben Jahre ist das jetzt her.*

Warum hast du mir das nie erzählt? fragte M. *Wir sind doch Freunde.*

Was soll man da groß erzählen, antwortete N., *es ist ja nicht weitergegangen. Er war eben weg, bis heute. Mit meiner Mutter ist es halt danach immer schwerer geworden.*

Daß sein Vater im Krieg vermißt war, hatte ich gewußt. Aber das war nichts Besonderes. Ein verschwundener Bruder schon. Mehr als ein Satz war trotzdem nicht herauszubekommen aus dem übriggebliebenen großen Bruder: *Er ist halt weg.*

Hättest du auf ihn aufpassen sollen?

Keine Antwort. Später redeten die beiden Freude über sichere Themen wie Autos und Stereoanlagen. Ich wußte, daß ich nicht mehr lang bleiben würde in diesem Grenzland mit seinen Pferdeweiden, einer einzigen Dorfdisco und den an allen katholischen Fronten verzweifelnden Evangelischen, zu denen man automatisch gezählt wurde, wenn man in diesem Internat war. Die Sechziger hatten angefangen, und die zweite Hälfte meiner vulkanischen Jahre, die wollte ich in der Stadt erleben, wo es mehr Auswahl an Leben gab als meine beiden Paladine und wo man den Tod nicht so deutlich hören konnte wie in den Wäldern.

An Ostern packte ich meinen Kram zusammen und fuhr mit dem Zug den langen Weg nach Hause, ohne Zwischenstation in Regensburg. Ich hatte entschieden, meine Leben selber in die Hand zu nehmen, was erstaunlich leicht ging, denn meine Eltern hatten beschlossen, ein Haus zu bauen, und waren froh, wenn ich dabei nicht störte.

Da bin ich wieder, sagte ich in unserer schon in Auflösung begriffenen alten Wohnung.

Schön, sagten sie zerstreut, *du hast uns gefehlt*.

Sie warfen einen Blick auf mein miserables Zeugnis und meldeten mich wieder in meiner alten Schule an, eine Klasse tiefer. Das war nicht schlimm, denn dort traf ich meine indessen auch sitzengebliebenen Freunde wieder.

Wir waren eine Clique, und Klebengeblieben-Sein war kein Mangel, sondern zusätzliche Lebenserfahrung. Im Unterricht gingen über manchen böhmischen Dörfern von einst plötzlich Lichter auf, und vorher fremde Fächer machten mir sogar Spaß. Altgriechisch! Vielleicht deswegen, weil die meisten einem erklärten, wie überflüssig das sei.

Was willst du denn damit anfangen?

Von all den Katastrophen, die mit dem Hausbau einhergingen, bekam ich nichts mit. Das Erwachsenwerden wird einem sehr erleichtert, wenn die Eltern ein Haus bauen, ohne zu wissen, wie sie es bezahlen sollen.

Ich rechne es ihnen hoch an, daß sie, als eine Klassenreise anstand, das nötige Geld dafür irgendwie organisierten. Wahrscheinlich meinten sie, es käme darauf auch nicht mehr an und daß eine Dosis schöne Fremde mir guttun würde. Vielleicht hatten sie auch ein schlechtes Gewissen, weil sie in ihre legendenumblühten Urlaube nach Italien immer ohne mich gefahren waren.

Mit der Klasse sollte es immerhin nach Südfrankreich gehen, 1962 war das, und Deutschland ein Tal der Ahnungslosen. Niemand war weltläufig, auch und grade unsere Lehrer nicht.

Das Italien meiner Eltern war keine Erfahrung irgendeiner Ferne gewesen, sondern ein Märchenbuch voll Sonne und Kunst, das sie einander vorlasen, während sie Wein, Nudeln und unfaßbar gute Süßigkeiten in sich hineinstopften. In Italien gab es keine Armut, nichts war politisch, Land und Meer schienen ihnen vom Rücksitz eines Käfers aus – vorn saßen als Autobesitzer, Fahrer und Reiseleiter ihre ebenso entzückten und staunenden Freunde Milo und Elisabeth, genannt Hasch – wie direkt vom Himmel heruntergefallen. Die Italiener hatten offenbar keinen Krieg gehabt und nichts, was ihnen leid tun mußte. Für ein Kind wäre bei diesen Reisen – es gab nicht nur die eine, 1950, sondern viele danach – kein Platz gewesen. Auch als sie nicht mehr Mitfahrer, sondern Besitzer eines alten Opel waren, blieben sie lieber zu zweit.

Gleichwohl glaubten meine Eltern offenbar zwölf Jahre später, es sei für mich an der Zeit, auch so etwas zu erfahren, halt nicht auf dem Rücksitz eines Käfers, sondern hinten in einem Bus.

Von dem und von uns, wie wir einsteigen, gibt's ein Foto. Was für ein armseliges, schlecht angezogenes Grüppchen mit ebensolchen Lehrern wir waren! Das wußten wir aber nicht und kamen uns vor, als seien wir Alexander von Humboldt oder die Merian, mindestens. Man hatte uns gewarnt, daß wir im Elsaß angespuckt werden könnten. So waren wir nicht verwundert, als das tatsächlich passierte. Es war ja wohl berechtigt, irgendwie, jedenfalls waren die meisten von uns dieser Meinung, dachte ich damals. Wie viele beinharte Nazis unter den Eltern meiner Mitschüler und unter unseren Lehrern waren, erfuhr ich erst Jahrzehnte später.

Wenn ich zurückdenke, habe ich den Eindruck, als hätte ich die ganze lange Reise vollkommen allein gemacht, allein mit unzähligen eisernen Reifen um mein Herz, die einer nach dem anderen zersprangen. Lyon war mein erstes Stück Frankreich mit seinen Cafés und Plätzen, offenbar hatten sie dort kein einziges ihrer heroischen Denkmäler abräumen müssen. Die Republik zeigte uns ihre hochmütigen Paläste und Boulevards, auf denen jeden Tag Paraden hätten stattfinden müssen, mit Pferden und bunten Uniformen.

Wir nahmen ahnungslos und begeistert auf den Kaffeehausstühlchen Platz, immer vier von uns an einem Tisch und betrachteten unsere französischen Altersgenossen, die *garconnes* und *copains*. Neiderregend lässig waren sie und, wie wir später in unserem Quartier, der INSA, dem Lyonnaiser Studentendorf, feststellen konnten, wundervoll ungezogen. Wir, ein Haufen grauer Spatzen zwischen diesen zwitschernden und gurrenden französischen Vögeln, staunten. Im Speisesaal bewarfen sie sich gegenseitig mit Baguettestücken, die offenbar nicht mehr wert waren als Konfetti und die wir gern eingepackt und nach Hause geschickt hätten, so herrlich fanden wir das Brot. Den Morgenkaffee gab's in einer Art Hundeschüsselchen, die *bol* hießen. Ich beschloß, nie wieder aus einem anderen Gefäß zu trinken.

Wahrscheinlich bekam auf dieser Reise jeder von uns einen vom Schicksal extra ausgedachten Schubs ins Leben. Wir unterhielten uns nicht darüber. Die aus der Klasse, die im Chor sangen und sich auf ihr französisches Gastspiel vorbereiteten, kamen sich als die wahren Erleuchteten vor, andere wunderten sich, daß sie mittags einfach Rotwein bestellen konnten, wieder andere erkundeten Delikatessenläden oder Buchhandlungen und fühlten sich dabei sehr französisch.

Ich hörte dort zum erstenmal einen Twist. Es war eine Offenbarung, Petula Clarks *Ya-Ya-Twist* aus einem französischen Kofferradio zu hören und sich dabei zu schütteln, in einer Art Ellenbogen-Knie-Paßgang. Mit Tanzkurstanzen hatte das nichts zu tun.

In die Tanzstunde war ich gar nicht erst gegangen, ein vorgezogener Emanzipationsakt. In Wirklichkeit ertrug ich den Gedanken ans Sitzen-gelassen-Werden, Nicht-aufge-fordert-Werden, die Vorstellung, als eine Art Restposten bei Musik irgendwo verrotten zu müssen, nicht. Twist war wie für mich erfunden. Man tanzte ihn so gut wie allein, ein paar Kilo mehr hinderten einen nicht, im Gegenteil, um so mehr war zum Schütteln da. Es war nur wichtig, daß man ihn konnte. Aufgefordert werden war gestern. Wir übten verbissen in unserem kleinen Zimmer in Lyon und gaben abends im Studentenkeller an, Knie auseinan-der und hintenrüber biegen, bis die Haare den Fußboden wischten.

Es waren nur ein paar Tage in Lyon, und es sollte noch viel besser kommen. Der Süden. Jener schläfrige Süden mit den endlosen Mittagsstunden, Todesstunden, Stun-den des Pan. Inmitten der Stille ein paar deutsche Schü-ler, die die römischen Trümmer bestaunten, als sei ihnen der Sinn aller Lateinquälerei plötzlich aufgegangen. In je-dem Kaff gab es ein *Musée lapidaire*, das schön kühl und völlig vereinsamt war. Ich entdeckte steinerne Gesichter, an die ich mich noch heute erinnern kann, Götter, Tiere und Menschen, und manchmal eine Mischung aus al-lem. Nichts war kommentiert, erklärt, beschrieben, kei-nen gab's, den man hätte fragen können. Die Dinge waren einfach nur da und hatten seit ewigen Zeiten auf uns ge-wartet.

Unser klappriger Bus trug uns tapfer durch enge, holp-rige Gassen Jahrhunderte zurück, niemand sah uns nach, und die Häuser hielten sich hinter dunkelgrünen Fenster-läden fest verschlossen. Ab und zu tauchte ein kleines Am-phitheaterchen auf, da konnte man sich auf die Marmorstufen setzen, Gitanes rauchen und den Zikaden dabei zuhören, wie sie die Zeit in kleine Stücke zersägten.

Unsere Jugendherberge sollte in Fontaine-de-Vaucluse sein, da war sie auch, aber man hatte vergessen, ihr ein Dach aufzusetzen. Feldbetten und der gestirnte Himmel über uns, ich kann mich nicht daran erinnern, daß sich irgend jemand beschwerte, nicht einmal die Klassenspießer. Es gab gutes Essen, nur unseren Lehrern war mulmig, und sie machten unserem Rendezvous mit der Antike ein baldiges Ende. Die Fontaine besuchten wir aber und schauten in ihr tiefes, völlig unbewegtes Wasserauge. Eine Kneipe in der Nähe hieß *Petrarque et Laure*. Mehr als ein halbes Jahrhundert lang haben sich alle, die dabeigewesen waren, ihre Sehnsucht nach diesem Ort aufgehoben, irgendwo tief im Gedächtnis, dessen bin ich sicher. Manche machten den Fehler, später in ihrem Leben, wenn die Sehnsucht zu groß geworden war, nach ihm zu suchen. Natürlich haben sie ihn nicht gefunden, sondern nur einen Platz, der so hieß. Ich habe ihn nie wiedersehen wollen, so sehr liebte ich ihn von der ersten Sekunde an.

Das zweite Wunder hieß Les-Saintes-Maries-de-la-mer. Einer unserer Lehrer muß gewußt haben, daß am 24. Mai das Dorf am Meer Ziel der Zigeuner, der Gitanes, für ihre alljährliche große Wallfahrt war. Die Statue der schwarzen Sara, Heilige der Fahrenden, Handleser und Tarotlegerinnen, überhäuft mit bunten Tüchern, wird von Zigeunern aus der Kirche ans Meer getragen und gesegnet.

Ich war dabei. Ich konnte den Umzug sehen, der wie die Fronleichnamsprozession meiner Regensburger Kindheit war, mit der über den dunklen Köpfen schwankenden dunklen Statue. Ich schaute zu, wie die Fahrenden Bretter in den Sand vor ihre Zelte legten, nicht größer als ein Backbrett, damit Mädchen und Großmütter darauf tanzen konnten. Es war eine ganz andere Art Tanzen als der von mir neuentdeckte Twist, aber es gefiel mir. Jede der Frauen war so konzentriert, als müsse sie einen inneren Text auswendig sagen, Befehle von der Musik entgegennehmen und an Füße und Hände und vor allem an den Hals weitergeben. Der Hals mußte sich recken und dann wieder voll Demut nach unten biegen, jede von ihnen machte das anders und war in dem Gewimmel auf ihrem kleinen Brett im Sand ganz bei sich. Männer sah ich nicht tanzen. Ich erinnere mich auch nicht an Instrumente, Geigen, Tamburins, Gitarren, ich weiß es nicht mehr. Ungehindert streunte ich zwischen den Zelten am Strand herum, ein farbloses, unsichtbares Schulmädchen, neugierig wie eine Elster.

Riesige amerikanische Autos umgaben das Lager wie eine bunte Elefantenherde. Überall war die Musik zu hören, dieses trotzige, kratzige Heulen und Jubeln. Bis zum heutigen Tag ist sie mir immer wieder begegnet, an vielen Orten, und es war jedesmal wie Heimkommen.

Saintes-Maries ist heute eine Touristenattraktion, damals kannten es nur die, die dazugehörten, und solche glücklichen Versprengten wie wir, die weder Geld noch Angst hatten. Wir waren nur ein paar Stunden da, aber die waren Jahre wert.

Die Jugendherberge von Tarascon, in die wir danach gebracht wurden, hatte ein Dach, war aber sonst nicht bemerkenswert. Eigentlich war sie nichts weiter als der Anfang vom Heimweg.

Gab es eigentlich Liebesgeschichten, heimliches nächtliches Ausreißen, Fraternisation mit provenzalischen Bauernbuben oder -mädchen? Ich habe keine Ahnung. Vielleicht. Wir Mädchen waren in der Minderheit, in der Klasse, in der Schule sowieso. Das brachte aber keine Vorteile, unsere Jungs waren noch zu jung, irgendwie, und an Fremde kamen wir nicht so leicht. Wir hätten nicht gewußt, wie man das macht. Dabei waren wir unkindisch, kannten Petrarcas Liebespein und die fast sämtlicher römischer Kaiser und Dichter und wußten um die schwarzen Seiten der Liebe. Stand ja schließlich alles in den klassischen Texten.

Ich kann mich an keine einzige von den üblichen Teenagerreibereien und hitzigen Zickigkeiten erinnern. Möglicherweise war ich zu blöde, um sie zu bemerken. Man teilte einander überhaupt wenig mit, daran muß man in diesem Jahrtausend immer mal wieder erinnern.

Fotos mußten drauf warten, entwickelt zu werden, und waren bis dahin unsichtbar. Man las oder redete ein bißchen und hoffte darauf, daß irgendwo irgendwer Musik machen würde. Die Welt war noch kein Bild, außer auf der eigenen Netzhaut. Ich entschied, daß die Klatschmohnfelder in den Bergen der Vaucluse außer mir noch niemand gesehen hatte. Nach mir würde sie auch niemand sehen, nicht so wie ich. Ich war nicht bereit, sie zu teilen.

Zu Hause war ich nun eine, die die Welt kannte. Rom hat nicht gezählt, die hilflose Trostreise nach Kittys Tod, und das Internat hatten sie einvernehmlich vergessen, verdrängt, es war eine Art falscher Abzweigung gewesen. Jetzt erst hatte ich bewiesen, daß ich allein weg- und wieder nach Hause fand. Ob ich verändert war, interessierte keinen.

Sie freuten sich, daß ich wieder da war. Mein Stiefgroßvater, den ich jetzt Kurt nannte, erwog, Regensburg zu verlassen und zu uns ins neue Haus zu ziehen. Dafür sollte er Geld zum Bau beisteuern, natürlich. Sie machten aber ein großes Geheimnis draus und redeten drum herum. Wahrscheinlich ahnten alle, daß nichts mehr zu holen sein würde. Geld war in meiner Familie ein merkwürdiges Thema. Sie waren daran gewöhnt, so zu leben, als sei welches da. Das war aber nie der Fall. Mit großer Zärtlichkeit wurde verschwundener, falsch vererbter, durch späte Ehen verspielter oder durch Schlamperei vernichteter Vermögen gedacht. Die waren in meiner Familie tatsächlich unerschöpflich.

Der Opa! Die Kassette voll brauner Tausender einfach im Schreibtisch vergessen, bis sie nichts mehr wert waren!

Die beeindruckenden braunen Scheine wurden immer wieder bestaunt und nachgezählt, weil sich bis in die sechziger Jahre hartnäckig das Gerücht hielt, sie würden wieder aufgewertet. Statt dessen machten sie in irgendeinem Fernsehspiel eine letzte Karriere und verschwanden danach spurlos.

Die wollen einen alten Baum verpflanzen! seufzte Kurt und flirtete mit sämtlichen zukünftigen Nachbarinnen. Das konnte er sehr gut, nichts ist unwiderstehlicher als ein ansehnlicher Witwer. Mir fiel nicht auf, daß meine Mutter noch schweigsamer wurde. Heute denke ich, sie hatte sich das Haus als uneinnehmbare Festung gewünscht, in der sie endlich allein sein konnte mit ihren Büchern und ihrem Schlaf und das Echsenleben führen würde, für das sie geboren war.

Sie brauchte eigentlich nicht viel. Einen Platz, wo sie über Stunden nackt in der Sonne liegen konnte, ohne daß jemand sie sah. Katzen. Regelmäßig neue Bücher. Ein bißchen Wein. Vor allem: keine Menschen. Niemanden, der Apfelkuchen vorbeibringen, über den Gartenzaun rufen, Grillparties geben oder mit ihr Karten spielen wollte. Sie hatte keine Ahnung, wie schwer das auf dem Land sein würde. Mit stillen, gesellschaftlich bedeutungslosen Menschen unterhielt sie sich gern. Es gibt kaum ein Foto von ihr, auf dem sie in die Kamera schaut, und wenn sie es tut, sind ihre Hände verkrampft. Dreißig Jahre würde sie in diesem Haus an ihrer Unsichtbarkeit arbeiten. Sie würde ihr Schlafzimmer auf die Gartenseite verlegen, von der aus niemand sehen konnte, ob ihre Vorhänge noch zugezogen waren. Ihr Mann und ich, ihre Tochter, waren Wächter, Vorposten. Sie war wohl froh, als ich alt genug war, sie in der Außenwelt zu vertreten. Das ging ganz unmerklich, auch mir war es lange nicht bewußt.

So kam das Theater zu mir zurück, oder die Kunst, oder das fahrende Volk.

Die Stadt, in der das von neuem begann, war Brüssel, und der König in diesem Reich hieß Maurice Béjart. Da war wieder der Tanz, und mein Ausflug zum Twist und zu den selbstvergessenen Brettertänzerinnen im Sand von Saintes-Maries erwies sich als brauchbare Schule. Ich hatte Béjarts *Orphée* schon als Kind gesehen, das war nicht lang und doch sehr lang her, sein Foto hatte in meinem alten Kinderzimmer am Bretterhimmel meines Klappbetts geklebt, als sei er aus der *Bravo*. Jetzt begriff ich, warum er das machte und was das Ganze mit bröseligen Marmorstufen in der Camargue und steinernen Tierköpfen in vergessenen südfranzösischen Provinzmuseen zu tun hatte.

Brüssel vor der EU und vor dem Terror war eine großartige Stadt, eine fette Stadt, in der niemand sich für Verfressenheit schämte. Die Tänzerinnen und Tänzer von Béjarts Compagnie gingen natürlich nach den Vorstellungen essen, sie brauchten so viel Essen wie ein Ferrari Treibstoff. Bis lang nach Mitternacht wechselten sie die Lokale, Vorspeisen nur in diesem und Austern im nächsten und das Dessert wieder in einem anderen, man fraß und trank sich rund um den herrlichen Grand Place, dessen Häuser damals noch schwarz waren, ein öliges, rußiges Patinaschwarz, erleuchtet von goldenen Ornamenten. Es wurden ein Dutzend Sprachen durcheinander gesprochen, ich dolmetschte für meinen Vater, und wenn ich etwas nicht verstanden hatte, erfand ich einfach was. Auf der Bühne, beim Regieführen, fiel es ihm überhaupt nicht schwer, sich verständlich zu machen. Danach schwieg er lieber und beobachtete. Meine Mutter verbrachte irgendwann eine qualvolle halbe Stunde damit, mir zu erklären, daß es ziemlich sinnlos sei, mich in Maurice Béjart zu verlieben.

Sie hatte das gleiche Problem mit mir Jahre zuvor im Fall Oscar Wilde schon einmal gehabt, aber damals war ich ein Kind gewesen und hatte nicht geglaubt, daß der

Schöpfer des *Gespensts von Canterville* all das getan hatte, was in einer häßlichen Biographie über ihn stand.

Nie im Leben! hatte ich empört gesagt.

Aber jetzt war ich erwachsen, auch wenn das außer mir noch keiner richtig wahrnahm, Béjart war kein toter Dichter, und ich konnte sehen, wie er Patrick Belda, einen seiner Tänzer, ansah.

Vielleicht würde er sich ja noch besinnen. Ich setzte mich still an den Rand dieser Brüsseler Welt, um abzuwarten, ob meine Zeit in ihr noch kommen würde. Sie waren freundlich zu mir, ich störte nicht, das hatte ich gelernt. Wie schon früh in meinem Leben waren da wieder Götter, neue Götter in einem neuen, winzigen Olymp, und ich begriff, daß es gleichgültig ist, ob der Götterhimmel Regensburger Stadttheater oder Wiesbadener Staatstheater oder Hessischer Rundfunk oder eben Monnaie in Brüssel heißt. Hauptsache, die Sterne waren zählbar und hell genug. Und es gab genügend Mondexistenzen, die ihr Licht reflektierten, Fans, das Publikum oder eben solche wie mich, die der Geburtszufall in diese kleinen Umlaufbahnen geschleudert hatte.

Warum ich nichts über den Tanz schreibe? Es hat keinen Sinn, ihn auf dem Papier zum Stehen zu bringen. Bei Béjart gab's keine Tutus, sondern Leggins, Jeans, nackte Oberkörper und Füße – und viel Pathos. Er nahm sich die Antike vor wie jemand, dem man sie für Jahre vorenthalten hat und der sich jetzt mit ihr alles erlaubt, was ihm in den Sinn kommt.

Er war der schönste Mann, den ich bis dahin gesehen hatte, dunkelhaarig mit fast weißen Huskieaugen, nicht groß, fast stämmig. Er tanzte damals noch, hieß eigentlich schlicht Berger mit Nachnamen und kam, aber das erfuhr ich erst viel später, aus kleinen Verhältnissen. Mein Vater und er liebten einander wie Brüder, heute glaube ich, das war so, weil sie sich beide als Betrüger fühlten. Vielleicht hat der große Tänzer Béjart deswegen so früh mit dem Tanzen aufgehört, vielleicht hatte mein Vater sich deswegen nie in die neue Welt getraut. Sie gehörten nicht wirklich dazu, sie kannten, glaube ich, einfach zu viel andere Welt drum herum. Der Mikrokosmos war ihnen vielleicht ihr Leben lang unheimlich. Wie brachte man es fertig, sich einzigartig und wichtig zu fühlen? Ohne das aber funktioniert Kunst nicht, das wußten beide.

Trotzdem oder vielleicht grade deswegen vermochten beide, Menschen ihren Vorstellungen zu unterwerfen. Manchmal war das sehr komisch. Mein Vater machte damals, in den Sechzigern, Bühnenbild und Regie für den *Ring*, den er haßte. Sein Verhältnis zu Wagner war hoch kompliziert, er nahm dem Komponisten sein Genie übel und verzieh sich selber nicht, wenn er überwältigt war.

Ich bräuchte eine schalldichte Regiekabine.

Sebastian Feiersinger sang den Siegfried, während einer Probe kam ein Hilferuf aus Brüssel, vom Regieassistenten Jo Dua.

Es war ein Wochenende, und ich konnte mit, damals fand ich Rennen fahren auf der Autobahn wunderbar, und wir waren in sehr kurzer Zeit in Brüssel.

Feiersinger, von der Statur ganz alte Wagnerschule, stand am Fuße des futuristischen Bühnenbildes und sagte:

I geh da ned nauf. I bin zum Singa engagiert und ned zum Bergsteign.

Schaust, daßd naufkommst, wamperter Feigling, wamperter!

sagte mein lieber Vater, und der göttliche Tenor machte sich schnaufend auf den Anstieg.

Oben lag die nicht mehr ganz junge Brünnhilde in einem roten Strickkostüm und wartete. Beide erinnerten an ein Rentnerpaar auf einem Alpenausflug.

Aus dem dunklen Zuschauerraum beobachteten wir zu dritt das Geschehen, und Jo Dua seufzte:

Und jetzt müßte sie erblühen wie eine schöne Blume.

Wenn ich mich richtig erinnere, wurde es ein magischer und ziemlich erfolgreicher *Ring*.

Béjart lachte, als wir es ihm erzählten. Die Brüsseler Oper, das schöne, königlich vergammelte Prachthaus, mußte auch durch ihn manche Theaterfrechheit ertragen, wann immer sie sich über das Theater der Vorväter amüsieren konnten, taten sie es. Aber soweit ich mich erinnern kann, haben sie es nie denunziert.

Wieder meldete sich der Tod. Der göttergleiche junge Patrick Belda kam bei einem Autounfall ums Leben, und Maria Fris, die Béjart geliebt hatte, trotz allem, sprang in Hamburg vom Schnürboden in den Tod. Aus alldem wurde Tanz, was sonst. *Eros Thanatos* war wieder das Thema, und ich glaube, das Spiel ging so: Du nimmst welche von uns weg. Wir nehmen dir den Zauber weg und nutzen ihn für uns selber. Wo ist also, verdammt noch mal, dein Schrecken, Tod, wenn du uns immer wieder dienst?

Theatererinnerungen sind Konfetti, Momente, irgendwo in der Seele abgespeichert, einzigartig, weil sie nicht mehr nachprüfbar sind. Die gleiche Vorstellung, hundert verschiedene Erinnerungen. Anekdoten haben unendlich viele Varianten, und sie sterben nicht, solang sie erzählt werden, völlig gleichgültig, was sich an einem längst vergangenen Abend auf der Bühne wirklich ereignet hat. Es gibt ja dieses *wirklich* im Theater nicht. Deswegen haben fast alle Theaterfotografen eine Liebe zur Unschärfe, zum Wischer, zum Gemäldehaften.

Kabale und Liebe, München, Kammerspiele, Regie Fritz Kortner. Er war der König der Anekdoten, sie wuchsen um ihn wie die Hecke um Dornröschen.

Mein Vater und er kannten einander, und es gab Leute, die behaupteten, sie sähen einander ähnlich. Das taten sie in gewisser Weise auch, Kortner war der viel Ältere, der Häßlichere, der Gezeichnete und völlig Bedingungslose. Diese Bedingungslosigkeit, diese Brutalität und Grausamkeit war meinem Vater völlig fremd. Immer wenn er Gelegenheit hatte, schaute er bei Kortners Proben zu. Ob er sehnsüchtig war nach dem Berserkertum? Ich weiß es nicht. Kortner war zu ihm nachsichtig liebenswürdig, wie zu einem Welpen.

Und wenn Sie sich Veilchen um Ihr Arschloch pflanzen, ich krieche Ihnen nicht hinein, sagte Norbert Kappen, der Darsteller des Wurm in *Kabale*, bei einem wilden Krach zu Kortner. Ganz München redete davon, und man fand es großartig. Allerdings half dem Revolutionär keiner, man setzt sich nicht zur Wehr gegen Gott, schon gar nicht in München. Norbert Kappen hat sich 1984 übrigens erschossen, in Wien.

Nach Theaterausflügen hatte es die Schule nicht leicht mit mir, ich mit ihr auch nicht. Aber das Ende kam ja unaufhaltsam in Sicht, das Ende der vulkanischen Jahre, von denen ich erst jetzt, als alte Frau, weiß, daß sie es waren, die alles bestimmten. Sie waren dafür verantwortlich, daß mich eine Theaterkarriere nie interessierte, daß ich immun war gegen die sich selbst behauptenden Welten der Kunst. Das habe ich den Jahren zu verdanken, die ich unter einer Teenagertarnkappe zwischen all den Aufführungen verbrachte.

Am Bühnenrand war immer ein guter Platz, aber dann nichts wie raus in die Wirklichkeit, mit ein, zwei kleinen schönen Liebesgeschichten und möglichst lebensnahen Jobs.

Daß wir immer zu wenig Geld hatten, war mir längst klar geworden, und ich beschloß, mir etwas Unabhängigkeit zu verschaffen. Das war damals nicht so gut organisiert wie heute, daß jede Handreichung Geld kostete, hatte sich noch nicht herumgesprochen. So geschah es am Anfang immer wieder, daß meine Kundschaft, für die ich Kinder hütete, Bäder putzte oder Hunde Gassi führte, es mit einem fröhlichen Dankeschön und der Verabredung für einen neuen Termin bewenden ließ.

Ihr habt so eine nette Tochter!

Ich mußte andere Geschäftsfelder finden.

Nachhilfestunden waren ganz gut, aber nur, wenn sie fremden Kindern gegeben wurden, allerdings kosteten sie Zeit und Nerven. Ein Job auf dem Frankfurter Hauptfriedhof, in einer großen Friedhofsgärtnerei, war da besser. Nicht finanziell, aber was die Erfahrungen angeht. Ich habe es später öfter beschrieben, das hilflose Lästern derer, die dafür sorgten, daß andere unter die Erde kamen. Man hält es anders nicht aus, das Würdegetue und das Versteckspiel mit dem Tod, nicht einmal die Erde sollte sichtbar sein, in die einer nach dem anderen gesteckt wurde. Grüne Matten drüber, Tannenzweige, Blumen, Blumen, Blumen. Mütze abnehmen, Spaten stillhalten, wenn der Trauerzug hinter der hoppelnden Kiste auf dem Wagen herschleicht. Da mußte man furchtbare Witze machen, wenn die vorbei waren. Oder bei Verbrennungen dem fetten Rauch aus dem Krematorium hinterherschauen und sagen, *da fliegt sie hin, die dicke Frau Professor. Mann, hatten wir an der zu schleppen. Braucht die doppelte Zeit da drin.*

Als Sechzehnjährige, einziges Mädchen zwischen den wilden Gesellen auf diesem ziemlich gottlosen Gottesacker, fühlte ich mich wie Jack Kerouac und Hemingway auf einmal. Das Theater war gegen den Friedhof ein harmloser, künstlicher Ort und das Fernsehen sowieso. Mein Stundenlohn betrug, wenn ich mich recht erinnere, eine Mark vierundachtzig. Die Arbeit fiel mir nicht leicht, es wurde noch viel von Hand gemacht, gerupft, gesägt, gegraben. Die Friedhofsarbeiter waren vorher alle etwas anderes gewesen, manche sogar das, was man etwas Besseres nannte. Aus dem Besseren hatte man sie verjagt, wegen Alkohol, wegen Verrücktheit, wegen Menschenhaß. Manchmal erzählten sie mir ein paar Scherben ihres Lebens und zeigten Fotos vom Besseren. Ich hütete mich, daheim davon zu erzählen.

Windest du da Kränze? hatte mein Vater etwas verlegen gefragt. Eine kleine Trostromantik mußte sein. Wenn es nach ihm gegangen wäre, hätte Geld keine Rolle gespielt, es wäre einfach genug da gewesen für Haus und Autos und schöne Kleider für meine schöne Mutter.

Von meinem zusammengerupften, zusammengegrabenen ersten Ferienjobgeld hatte ich mir ein Kostüm gekauft, in dem ich zehn Jahre älter aussah. Braun, mit Faltenrock und Ausschnitt. Ich habe es nicht oft getragen, weil es meinem ersten Freund nicht gefiel und einen dicken Hintern machte. Meine Uniform bis zum Ende der vulkanischen Jahre und weit über sie hinaus wurde ein gemäßigter Existentialismus, viel Schwarz, lange Hemden und noch längere Rollkragenpullover, die nach Jungs rochen. Ich strickte auch selber, mit seildicker Wolle, und hörte dazu Folk und Blues, aber vor allem Chansons, Brel, Piaf, Brassens, Aznavour. Ich sang die Texte mit, dachte an Fontaine-de-Vaucluse, einen der wenigen richtigen Plätze auf dieser Erde, und fühlte mich heimatlos.

Es war also alles normal, bis meine Mutter entschied, nicht mehr leben zu wollen.

Das war vor Weihnachten. Sie hatte beschlossen, dem alljährlichen Grauen ein für allemal zu entfliehen und nicht mehr zu ertragen, daß ihr Dinge, Tätigkeiten und Menschen zugemutet wurden, vor denen sie nichts als Abscheu hatte. Die Sinnlosigkeit des Lebens manifestierte sich für sie in den Mahlzeiten. Scheinbar unablässig für sich und andere etwas herbeischaffen und dann die Reste wieder wegräumen zu müssen, um kurz darauf wieder von vorn anzufangen, erschien ihr als schwarze Absurdität. Die bürgerlichen, durch die Jahre der Entbehrung noch angefeuerten Freuden Frühstück, zweites Frühstück, Mittagessen, Nachmittagskaffee, Abendessen waren für sie Dantes dritter Kreis.

Der Anblick der unvermeidlichen gerupften Gans war für sie wie der eines toten Säuglings. Ich erinnere mich, daß sie sie mit weit von sich gestreckten Händen in den Garten legte und flüsterte: *Warum gibt es hier keine Füchse?*, was ich sehr lustig fand.

Der Gedanke, Schwiegermutter, Stiefvater und wer sonst noch an Gästen auftauchte, mit Tellern, Gläsern, Essen, Tischdecken versorgen, das ganze Gesindel, uns, unablässig füttern zu müssen, Tage ausweglos ausgeliefert zu sein, ließ sie verstummen. Daß sie schon Wochen vor dem Fest einen großen Schrecken in den Augen trug – ich habe es nicht gemerkt.

Mein Vater wollte es, denke ich, nicht sehen. Er tat sonst alles dafür, daß sie in ihrem stillen Kosmos nicht gestört wurde, aber Weihnachten war eben *Macht hoch die Tür, die Tor macht weit.*

Für meine Mutter waren weit geöffnete Tore, durch die sich ihr jeder nach Gutdünken nähern konnte, die Hölle. Weihnachten war ihre Hölle, ein Feuer nach dem anderen, es begann schon damit, daß morgens jemand mit ihr reden wollte. Und natürlich frühstücken. Oder sich, wie die Mutter meines Vaters, in ihrer Küche zu schaffen machte.

Ich tu dir gern helfen.

Meiner Großmutter Anna war ihre Schwiegertochter fremder, als es ein Saurier hätte sein können, während meine Mutter zitterte vor Abscheu und jeden Teller, den meine Großmutter gespült und abgetrocknet hatte, nochmals spülte und abtrocknete.

Eine sudetendeutsche Gastwirtstochter, die ihre Gedanken für sich behielt, nicht richtig Deutsch konnte, dafür aber willig und perfekt Knödel drehen, Baum schmücken, Gans braten und vor allem eine tagelange Zwangsgesellschaft genießen, und meine Mutter, die einsame Königin Ohneland – das ging nicht. Alle Jahre wieder ging es nicht, aber früher war man zu den diversen Eltern gefahren und konnte wieder abhauen. Jetzt war jeweils nur noch ein Elternteil übrig, der eine wohnte sowieso im Haus, als wachsende Bedrohung meiner Mutter, und um die andere mußte man sich kümmern.

Ich bin doch der einzige Sohn, sagte mein Vater hilflos.

Er mochte seine Mutter und konnte nicht begreifen, wie man in so eine kleine, läppische Familienunverträglichkeit wie in einen See der Verzweiflung sehen konnte, schwarz und zäh wie Teer.

Die Damen der feinen Vororte kannten sich fast alle sehr gut mit Medikamenten aus, man genoß und schwieg. Oder sammelte, wie es offenbar meine Mutter getan hatte. Sie hatten ihre Dealer, das waren meist Arztgattinnen, die über neue Psychopharmaka und Neuroleptika gut Bescheid wußten.

An jenem Abend hatte es Streit gegeben, worüber, weiß ich nicht mehr. Sie verschwand, mein Vater ging einige Zeit später nachschauen und fand sie schlafend. Er hatte wohl gleich begriffen, daß es ein böser Schlaf war. Ein Notarzt kam, und wir fuhren hinter dem Krankenwagen her in die Klinik, wo wir saßen, bis man ihr den Magen ausgepumpt hatte. Spät in der Nacht konnten wir sie wieder mit nach Hause nehmen. In meinem Beisein wurde nie wieder davon geredet. Soweit ich mich erinnere, fand Weihnachten samt Gans wie gewöhnlich statt. Die beiden Alten hatten nichts von allem mitbekommen. Vielleicht irre ich mich da aber auch.

Ich habe nicht nachgefragt und hätte das, was ich über diesen Verrat an mir dachte, nicht benennen können. Ich habe es auch nicht versucht, sondern sachte und allmählich meine inneren Taue gekappt, eins nach dem anderen.

Längst hatte ich begonnen, Berufe auszuprobieren, was ich von meinen diversen Jobs, in denen es um Arbeit für ein wenig Geld ging, sorgfältig trennte. Arbeit bei der schweigsamen Gärtnerin von nebenan mit den Katzen zum Beispiel, das machte ich gern. Gelegentlich auch Aushilfe bei Kunstauktionen in einer kleinen Galerie, die dem Bruder meiner Freundin gehörte. Büroarbeiten, Nachhilfe, noch einmal auf den Friedhof, da war ich schon ein Profi und ließ mich von nichts mehr schrecken. Gelassen sah ich die schwarzen Grüppchen hinter der wankenden Kiste herziehen, wir schlossen Wetten ab: Mann oder Frau? Alt oder nicht so alt?

Dann mußte man auf das provisorische Holzkreuz mit dem Namen und den Jahreszahlen warten. Einen polnischen Wodka für den Gewinner, den mit dem Grashalm in der Flasche.

Viele dieser Holzkreuze blieben, bis sie zerfielen. Junge Tote bekamen fast immer einen Stein, und noch lange fanden sich brennende Grablichter und Gestecke für sie. Ich habe nie jemanden gesehen, der die Lichter anzündete.

Aber das alles waren keine Berufe. Früher hatte ich Sonderschullehrerin werden wollen, weil ein kleiner behinderter Junge in unserer Nähe wohnte, der mich mochte. Dann Tierärztin, als unser Kater sich das Bein gebrochen hatte. Dann Ärztin, wegen Kitty. So ging das weiter, Probleme tauchten auf und wiesen einem den einzig richtigen Weg in die Zukunft. Dann verschwanden sie wieder und machten neuen Verlusten, neuen Perspektiven, neuen Pflichten Platz. Immer ging es darum, was zu ändern.

Zu keiner Zeit aber hatte ich Schauspielerin oder Bestatterin werden mögen, da kannte ich mich zu gut aus.

Ich war nicht mehr so viel zu Hause wie früher und verscheuchte den Gedanken, wegen der Geschichte mit meiner Mutter Psychiaterin werden zu wollen, sehr schnell. Die Sechziger hatten sich grade warmgelaufen, die Musik! Die Parties!

Für jemanden, der vom dritten Jahrtausend aus in diese Zeiten schaut, wären sie wahrscheinlich schwerfällig und langweilig, denn sie bildeten sich nicht ab. Alles war schwebend, ungewiß, in der Nacht des Geschehens schon Erinnerung, für immer unbeweisbar und verloren. Niemand verglich sich mit anderen, jeder versuchte, selber so nah wie möglich ans Leben zu kommen. Die Mauer im fernen Berlin war eine Chimäre, und als an unserem Theater ihretwegen kein Brecht mehr gespielt werden sollte, hatten wir wütend protestiert. Aber niemand wäre auf die Idee gekommen, mit uns eine Klassenfahrt dorthin zu machen, damit wir sie mit eigenen Augen sähen. Wir fuhren kurz vor der zu erwartenden Reife lieber nach Rom. Mit den dortigen Mauern kannten sich unsere Lehrer besser aus.

Dennoch war für junge Menschen mit ihren feinen Nasen ein leichter Duft nach Revolte zu spüren, schon ein paar Jahre bevor es richtig losging.

Heute, ein halbes Jahrhundert später, fällt mir auf, daß diese Zeit von denen, die nicht dabeigewesen sind, ähnlich inbrünstig gehaßt und verfemt wird wie von denen, die damals wegen ihres Alters nicht mitmachen durften. Ihre Ansichten, den Konservatismus, den Abscheu vor Haaren, Dreck und Lärm schoben sie seinerzeit ja nur vor. Sie hätten wahrscheinlich gern mitgespielt, hatten aber zu viele Sünden auf dem Buckel. Ihre Enkel nehmen heute den Faden auf und machen für sämtliche Wirrungen des Jetzt *Achtundsechzig* verantwortlich. An ihrer ganzen riesigen modernen Ängstlichkeit sollen die angeblich wilden Jahre schuld sein.

Ab den beginnenden Sechzigern hörte man ein Geräusch, von dem man nicht wußte, woher es kam. Es waren nicht die *beats*, die auch, aber nicht nur. Es war, als rieben Schollen aneinander, der Ton in den Schulen und an den elterlichen Tischen änderte sich. Béjart reagierte mit neuen, rauhen Choreographien auf das neue, rauhe Geräusch des Lebens. Überhaupt trauten sich die Künste mehr als vorher. Das mit dem Urteilen und Verurteilen funktionierte zwar noch, aber die Konservativen riskierten Lächerlichkeit, etwas, womit sie überhaupt nicht umgehen konnten. Verdammen war doch gestern noch einfach gewesen und endgültig. Jetzt kamen aus längst zugeschüttet geglaubten Löchern welche gekrochen, die sagten, laß sie doch, die begreifen sowieso nichts. Alles, was sie ein für allemal erledigt geglaubt hatten, die Alten, kam wieder und dazu noch eine Menge neue Schrecken und Unordnungen.

Wir spielten viel Theater in unserer Schule. Nichts wirklich Revolutionäres, aber doch Shaw, Georg Kaiser, Aristophanes, unanständig war in Ordnung, aber es mußte klassisch sein. Wir veranstalteten eine Menge Konzerte, ohne den heute üblichen hysterischen Elternapplaus. Meine sind jedenfalls nicht oft zu solchen Anlässen erschienen, ohne daß mir das etwas ausgemacht hätte.

Über dem Ausbruchsversuch meiner Mutter hatte sich das Leben wieder geschlossen, es gab keine sichtbaren Spuren. Heute weiß ich, daß da über Jahre ein Narbengewebe entstanden ist, eine Art Taubheit.

Abitur, das goldene Tor. Die Monate bis dahin ließen sich plötzlich zählen, richtig gefährdet war niemand von meinen Freunden, auch ich nicht. Wir polierten ein bißchen an unseren Kenntnissen herum und trafen uns zum Lernen. Das schwerfällige, nach Papier riechende analoge Lernen, das es so nie wieder geben wird.

Im Schülerzug frühmorgens wurden Wissensfunde ausgetauscht, manchmal aber auch nicht. Man sah es den Schmallippigen mit Wörterbuch vor dem Gesicht an, daß sie nicht teilen würden.

Ja, da mußt du dich schon selber kümmern.

Mir wird das Abi auch nicht geschenkt.

Erst aber, als Vorhof zur Freiheit, würde Rom kommen, das ich ja schon kannte und von dem ich wußte, daß es völlig neu sein würde. Ich war keine sich erwachsen aufführende Enkelin mehr.

Ob mir das leid tat? Nicht eine Sekunde. Ich hatte es eilig, weil ich wegwollte. So wickelte ich Stück für Stück mein bisheriges Leben ab, wie eine zu kleine, unmodern gewordene Firma. Was mir entbehrlich schien, kam in Schachteln oder wurde verschenkt, mit allen Spuren. Wer brauchte Schulbücher, Atlanten, Wörterbücher? Im Latein-buch klebte mit Tesafilm mein erstes weißes Haar. Land-kartenmuster von alten Butterbroten verteilten sich auf den Seiten, Nagellack, geronnene Milch.

Mir schien das alles schon armselig und verzichtbar, als ich über die letzte Hürde noch gar nicht gekommen war, weder schriftlich noch mündlich. Unsere Schule war in diesem Jahr die letzte, die sich von ihren reif gewordenen Kindern trennte. Als es dann endlich bei mir soweit war, sagte meine Mutter, nun hätte sie nach all den anderen, nach Martin und Rietz, nach Meta und Marianne und wie sie alle hießen, die aus der Nachbarschaft, für mich gar keine Kraft mehr zum Mitleiden.

Das Papier war dann endlich da, der Entlassungsschein ins Leben, was kümmerte mich irgendein Notendurch-schnitt. Meine Mutter schenkte mir einen kleinen Brillant-ring, der Kitty gehört hatte. Er war ein zartes, schüchtern wirkendes Ringelchen für artige Mädchen. Kitty hatte ihn bestimmt nie getragen, ich würde es auch nicht tun. Er paßte nicht zu uns beiden.

Man mußte damals nicht weit weg, um weit weg zu sein. Die britischen Träume meines Vaters, den Studienort sei-ner Tochter betreffend, hatten sich in nichts aufgelöst, so wurde es Mainz, das hatte ich mir ausgesucht, keine Ah-nung, warum. Die Stadt erwies sich als gute Wahl. Weder mein Großvater Kurt noch meine Eltern, noch die zahlrei-chen Freunde, Kollegen, Mitschüler und sonstigen Ratge-ber hatten sich eingemischt, man ließ einander einfach ziehen, nach München und Freiburg, Berlin und Göttingen, Tübingen und eben Mainz. Das war alles gleich weit weg. Die digitalen Marionettenfäden waren noch nicht vorstellbar. Fürs erste also verschwanden wir in alle Himmelsrichtungen, Freundschaften schwiegen, sie gehörten größtenteils zum alten Leben. Die Erinnerungen an römische Ruinen und Besäufnisse, unsere Initiation im Jahr zuvor, verblassten schnell.

Das Jahr 64 war schon von Revolte besonnt, in der Musik, in der Kunst, in der Liebe. Die Universitäten hielten sich die ganze Schlamperei noch vom Leibe, sie versuchten es zumindest, das würde aber nicht lang gutgehen.

Im Mai wurde ich zwanzig, als Studienanfängerin war ich ein wenig zu alt. Danach fragte aber keiner, genauso wenig wie nach Abschlußnoten, Berufswünschen oder Zielvorstellungen.

Mein erstes Mainzer Zimmer am Kaiser-Wilhelm-Ring war wie die Stadt: grau, heruntergekommen, laut und für mich vielversprechend. Es lag im ersten Stock, das Klo war im Erdgeschoß und diente vielen, was man im ganzen Treppenhaus riechen konnte. Die Zimmereinrichtung bestand aus einem Kohleofen, ein angeschlagenes Waschbecken hing an der Wand. Das war gut, da konnte man reinpinkeln, wenn man nicht runterwollte. Ein ausrangierter Küchentisch, unter dem ein Stück Teppichboden lag, zwei Stühle und ein Kanapee mit narbig aussehendem, graubraunem Samtbezug. Es war das klassische Damalshatten-wir-nichts-Bühnenbild, das sich in Erzählungen so gut macht und in der Realität schwer auszuhalten ist.

Das Bett war eine abgeschlagene Ehebetthälfte, wahrscheinlich war der Mann der alten Hexe von Vermieterin drin gestorben. Mir war das egal. Ich hatte einen eigenen Eingang und sah sie so gut wie nie. Komfort war mir nicht wichtig, ich wußte von früher, wie er sich anfühlt. Deswegen war Armseligkeit für mich keine Bedrohung, sondern ein Abenteuer. Ich fürchtete keine Sekunde, daß man mich und dieses erbärmliche Zimmer in irgendeiner Weise identifizieren könnte. Man hatte mich daheim über Jahre mit Schönheit gefüttert, deswegen konnte mir keine Bruchbude der Welt etwas anhaben. Das wußte ich damals natürlich noch nicht, aber ich spürte es.

Niemand hatte mich auf die Uni vorbereitet, niemand je mit mir darüber gesprochen, zu welchem Zweck ich studieren wollte. Wenn es heute heißt, *irgendwas mit Medien*, ist das überhaupt nichts anderes als mein damaliger Wunsch *Germanistik und Philosophie*.

Ratlos schaute ich in mein erstes Vorlesungsverzeichnis.

Wenn von acht bis neun Uhr *Minnesangs Frühling* stattfand, was würde der Professor dann in der nächsten Woche um die gleiche Zeit machen?

Und wer zum Teufel war Nikolai Hartmann?

Und *Anverwandlung*? Was war mit *Anverwandlung* gemeint?

Professorinnen gab es nicht, aber das fiel mir nicht weiter auf.

Eine Autostunde von meinem alten Leben entfernt lag hier ein völlig neues. Was daraus werden würde, wen ich hineinholen würde, das lag nun an mir.

Das überfüllte Jahrzehnt

Auf mich warteten im nächsten Jahrzehnt, zwischen 1964 und 1974, mehr Adressen, als ich je wieder haben würde, dazu eine Revolution, ungefähr ein Dutzend Lieben, davon zwei große und eine sehr große, ein Mordversuch, drei Selbstmorde und mehrere andere Tode, darunter ein sehr großer. Aber man weiß ja nicht, was einem blüht und wann, und so war ich zwanzig, ein bißchen zu dick und sehr neugierig, auf die neue Stadt, auf das versammelte Wissen, das die Mainzer Universität in einer alten Flakkaserne bereithielt, und auf neue Leute.

Das Wissen wartete geduldig, bis man es aufsuchte, und es dauerte einige Zeit, bis ich die erste Seminarbibliothek von innen sah. Die meisten Vorlesungen hießen *Einführung in ...*, und die Professoren langweilten sich dabei genauso wie ihre Studenten. Rankings, Beurteilungen und Shitstorms waren aber noch unabsehbar weit weg, ich glaube, damals, im letzten Jahrtausend, hätte sich niemand vorstellen können, fortwährend sichtbar und beurteilbar zu sein. Schrulligkeiten gediehen im akademischen Klima ganz wunderbar, es gab einen Professor für römisches Recht, der einen Oldtimer-Stall unterhielt und sehr gut aussah, wenn er mit seinem Maybach auf den Campus rollte. Es gab einen Expressionismusexperten, der regelmäßig während seiner Vorlesungen in Tränen ausbrach, meistens mit einem frühen Benn-Gedicht in den zitternden Händen, und einen adligen Philosophen, der zwei gro-

ße Hunde und einen chinesischen Diener mit sich führte und keine Mädchen in seinem Seminar zuließ. Und
den Märchenforscher mit der Märklineisenbahn auf dem
Schreibtisch, deren eines Waggönlein mit Mayonnaise beladen war, in die der Gelehrte beim Vorbeifahren jedesmal den Finger steckte, um ihn danach versonnen abzulekken, Sprechstunden bei ihm waren sehr beliebt. Viele der
Professoren hatten sich auch während der Nazizeit unangefochten mit Märchen, Mythen und dem *Handwörterbuch des deutschen Aberglaubens* in ihren hübschen, dunklen Büros beschäftigt und ungerührt zugesehen, wie ihre
Studenten verschwanden, dahin und dorthin. Die Professoren konnten ohne sie leben und fragten nicht, wo sie
waren und ob sie wiederkommen würden.

Uns Erstsemestern wurden diese Legenden bald erzählt,
wir wußten davon, ehe wir eine Ahnung hatten, was ein
Seminarschein ist, wie man an einen kommt oder die Bücherei benutzt.

Nichts von alldem erschien mir sonderbar. Meine lange
Lehrzeit mit Gläubigen aller Richtungen, Schauspielern
und Fernsehleuten hatte mir das Wundern von Geburt an
sanft und beharrlich ausgetrieben. Was für meine Kommilitonen aus Lüneburger Klosterschulen oder fränkischen
Provinzgymnasien schockierend war, nahm ich einfach
hin, wie das Wetter. Man könnte auch sagen, ich war eine
Stoikerin, aber es sollte noch über zwei Semester dauern,
ehe ich eine Ahnung davon hatte, was das war. Vielleicht
war ich einfach phlegmatisch. Schon als Kind war ich
skeptisch gewesen, was die Veränderbarkeit von Menschen
und Verhältnissen betraf. Lausige Voraussetzungen für je

de Art revolutionären Denkens, geschweige denn Handelns.

Indessen hatte das nicht von ihm selbst entworfene Bühnenbild, in dem ich hauste, meinen Vater nicht ruhen lassen. Hinter meinem Rücken suchte er für mich eine neue Bleibe, weil ihn die Häßlichkeit der alten beleidigte. Meine Eltern haben mich dort nie besucht, es genügte, daß sie es einmal gesehen hatten, als wir meine paar Sachen dort hinbrachten.

Nicht die Armseligkeit störte meinen Vater, denke ich, die kannte und billigte er, sie gehörte zum Jungsein. Die Unausweichlichkeit wird es gewesen sein, die ihn umtrieb. In der Bude war auch die prachtvollste Phantasie machtlos, das muß einen wie ihn, der gewöhnt war, aus Pappe, Gips ein paar Metern billigem Nesselstoff und Farbe Königreiche und Feenlandschaften zu erschaffen, verrückt gemacht haben.

Die Semesterferien nahten, ich hatte nicht das Gefühl, schon zu wissen, was Studieren eigentlich heißt. Es war noch immer, als stünde ich auf einem fremden Marktplatz und könnte mich nicht entschließen, in welche der vielen dunklen Gassen ich gehen sollte, die von ihm wegführten. Das war ein angenehmer Zustand. Aber Geld war wichtig, eigenes Geld, um das ich nicht bitten mußte, und so hatte ich mir für die Ferien einen Job in der Schweiz besorgt.

Mein Vater meinte, es sei doch nur vernünftig, dieses Zimmer des Grauens zu Ferienbeginn zu kündigen. Er habe da eine Idee, nein, er wolle sich keinesfalls einmischen, aber da sei dieser wirklich nette Bildhauer mit seiner wirklich netten Frau und dem ausgesprochen netten, großen

Haus nah am Bahnhof. *Die vermieten Mansarden, fünfter Stock, wie in Paris, weißt du. Blick über die Dächer. Unmöbliert, mit deinen eigenen Sachen. Nicht so braun.*

Ich stellte mich bockig und behauptete, mein Zimmer sei vollkommen in Ordnung. Er glaubte mir kein Wort, ich wußte das. Aber ich kündigte doch bei der alten Hexe, weil sich die Semesterferien wie ein großer, unbekannter Kontinent vor mir auftaten und weil mir der Gedanke an Mansarden mit Blick über die Dächer von Mainz gut gefiel. Der Bildhauer und seine Frau waren Cacheure, die ab und zu fürs Fernsehen arbeiteten, deren Hauptaufgabe aber die Herstellung von Fastnachtswagen und den sogenannten Schwellköppen war. Das gefiel mir auch, noch vor Ferienbeginn lernten wir uns kennen, und elf Quadratmeter unterm Dach würden zu Beginn des zweiten Semesters auf mich warten. Eines von zehn Kämmerchen.

Nadierlisch nur Meedscher, sagte der Fastnachtsbildhauer zu meinem Vater, den das überhaupt nicht interessierte.

Aber bis dahin würde noch viel Zeit vergehen, die Schweiz wartete, genauer gesagt, die Ostschweiz. Kennengelernt hatte ich den idyllischen Ort in den Alpen bei einem Kurzaufenthalt mit meinem Großvater Kurt kurz nach dem Abitur. Wieder war ich seine Reisegenossin gewesen, diesmal in den Kanton Appenzell, wo es ungewöhnlich kurzwüchsige Männer gab und kein Wahlrecht für Frauen. Ich hatte mich dort umgeguckt, nicht weil es mir besonders gefiel, sondern weil ich dachte, da lasse sich Geld verdienen. Es waren viele ziemlich alte Gäste dort, die lang blieben. Außer Bergen und Tälern gab es nichts, also auch nichts, wofür man Geld ausgeben konnte. Ohne Mühe würde ich alles Verdiente sparen können. Das Wirtsehepaar samt erwachsener Tochter schien freundlich, was sie redeten, verstand ich kaum. Der Patron sah gut aus, auf eine grauhaarig verschlampte Art. Die Patronne war ein bißchen älter als ihr Mann, nervös, sie hatte die Angewohnheit, an ihrem Blusenkragen zu zerren. Ihnen schien die Idee, ein junges Mädchen aus gutem Hause für den Service anzustellen, zu gefallen. Ohne Vertrag, ohne eine Ahnung, was man da tun mußte, los und frei fuhr ich zu Beginn der Semesterferien über Berg und Tal nach Innerrhoden. Ich kann mich nicht mehr erinnern, ob die Arbeitgeber mir ein Zugticket geschickt hatten, wahrscheinlich. Meine Eltern stellten keine Fragen, Kurt kannte den Laden, das genügte. Im Grunde war es wie das Kränzewinden bei den Bestattern. Um unter dem Radarschirm der Familie weg zu kommen, genügte ein Schritt, ein Wort, wie verlogen oder kitschig es auch sein mochte. Aus den Augen, aus dem Sinn, nicht für einen Rußlandfeldzug oder den Arbeitsdienst, sondern für einen feinen Job in der feinen Schweiz. Was sollte da schon passieren.

Unsichtbares, unkontrolliertes Leben fand ich großartig. Es hätte hundertmal schiefgehen können, es ging hundertundeinmal gut.

Es folgte ein schweizerischer Sommer, wirklich harte Arbeit von früh bis in die Nacht, aufdecken, servieren, abdecken. Immer wieder Tische decken, was die Leute alles essen konnten, wenn sie es nicht selber zu kochen brauchten. Ich nahm ein bißchen ab, auch von der Rennerei, bei schönem Wetter draußen, auf Kies. Seither ist für mich knirschender Kies ein Foltergeräusch. Man vertraute mir sogar die Bar an, ein dunkles, kleines Etablissement, dessen ausnahmslos männliche Gäste Mühe hatten, auf die Hocker zu klettern, so alt waren sie. Ihre Frauen lagen schon am frühen Abend in den Betten.

Die alten Herren erzählten mir Geschichten, aus den Lagern, aus der Emigration, sie unterbrachen sich oft und sagten, daß sie mich nicht belasten wollten und daß ich für all das nichts könnte. Das Appenzeller Hotel war für viele von ihnen eine Art Wartesaal, bevor sie sich ins furchtbare Deutschland zurückwagten, nach dem sie Sehnsucht hatten. Manche blieben wochenlang dort in den Bergen. Ich war eine Art Botin für sie, die ihnen Nachrichten von jenseits der Grenze bringen konnte. Sie tranken Whisky oder Wodka und luden mich ein. Ich hatte meine Spezialflasche mit Tee wie alle Barkeeper, darauf war ich aber ganz allein gekommen, nach einer bösen Nacht und einem verschlafenen Frühstücksdienst.

In einer *Roger & Gallet*-Seifenschachtel hortete ich meine Trinkgelder und zählte allabendlich, wenn ich endlich ins Bett konnte, meine Franken. Das war eine wunderbar kontemplative Tätigkeit, die alten jüdischen Herren waren großzügig und ihre Frauen auch. Daß ich meinen Tee aus der Flasche als Drink berechnete, machte mir ein schlechtes Gewissen, aber nicht lang. Vielleicht wußten sie Bescheid, oder es war ihnen egal.

Fürs Hochzeitskässeli!

Wenn sie dann endlich abreisten, gab es hübsch große Frankennoten.

Ich hatte mir gemerkt, wer keine Kerne in der Frühstücksmarmelade mochte und wer versuchte, koscher zu essen. Man machte ihnen das nicht leicht, niemand wäre auf die Idee gekommen, die Küche dem Glauben dieser Gäste entsprechend zu gestalten.

Jaaa, was au no? Da könnt ja ein jeder kommen. Überhaupt, bei uns ist es auch nicht leicht gewesen damals. War ja die Butter schon knapp!

Nehmen wir halt wieder einmal Forelle, sagten die alten Leute freundlich zu mir.

Meine Seifenschachtel füllte sich, das Ritual des abendlichen Zählens gefiel mir immer besser. Einen ordentlichen Zuschlag verschmähte ich allerdings, nämlich die Bitte der Hotelbesitzerin, als Scheidungsgrund für sie aufzutreten.

Machet Sie mir's Flagranti, es wird Ihr Schade nüt sei!

Wählen durften sie im schönen Appenzeller Land nicht, die Frauen, und wenn sie sich scheiden lassen wollten, brauchte es eine frische Tat, auf der sie ihren Gatten erwischten. Ich sollte die frische Tat sein.

Das war es nicht, was ich wollte, nicht wegen des Anstands oder so, der Hotelbesitzer hatte mir schon beim Besuch mit meinem Großvater gut gefallen. Ich fand nur die Vorstellung albern, etwas spielen zu sollen mit dieser Frau als einzigem Publikum. Ich hätte lachen müssen beim Flagranti. Außerdem, wie setzt man da die Gage fest?

Heutzutage wüßte man, daß einem die ganze Welt zuschaut bis über den Tod hinaus. Damals teilte man Geheimnisse nur mit sich selber, und nur man selber entschied, will ich das jetzt haben oder nicht?

Ich wollte nicht. Sie war richtig verzweifelt, wahrscheinlich liebte sie ihn und wußte nicht, wie sie ihm sonst weh tun konnte.

Ich verschenkte meine weißen Kellnerinnenschürzchen und meine Bauchtasche, verbrachte einen Nachmittag mit Waschen und Bügeln im Dampf der Waschküche, ging in der Nacht schwimmen und band am nächsten Morgen einen festen Gummi um meine kostbare Seifenschachtel. Dann packte ich meinen Koffer mit der frischen Wäsche voll, kassierte meinen Lohn, sagte *Adieu mitenand!* und machte mich auf den langen Weg nach Hause, mit vier- oder fünfmal Umsteigen. Die Reisetasche ließ ich keine Sekunde aus der Hand. Darin lagen gut verpackt ein paar Monate Freiheit, niemanden fragen, niemanden bitten, niemandem danken müssen. Keine Ahnung, warum mir das schon damals so wichtig war.

Die Rückfahrt dauerte ewig, der Sommer war zwischen Tischdecken, Kies und nächtlichem Geldzählen verschwunden, und die Stimmen der alten Männer, die sich noch immer nicht in ihre Heimat wagten, geisterten mir durchs Hirn. Sie mischten sich mit den Stimmen aus dem Frankfurter Prozeß, den wir als Schüler besucht hatten, das war noch nicht lang her. Sie mischten sich mit der Stimme der Patronne, die gesagt hatte, schließlich sei auch in der Schweiz die Butter knapp gewesen.

Es waren noch etliche Wochen Ferien übrig, ich hatte meine Wäsche gewaschen, also konnte ich einfach weiterreisen, Geld hatte ich ja genug.

Regensburg. Seit mein Großvater bei uns lebte, seit sein Haus, sein kleines Gründerzeitimperium für Eisen und Stahl, einem abscheulichen Volksbankbau hatte weichen müssen, in all den Jahren, die Kitty nun schon auf dem Oberen Evangelischen Friedhof lag, hatte ich mir für meine Geburtsstadt nach und nach eine neue Rolle ausgedacht, die ich spielen konnte. Als Exotin. Die aus der Großstadt, die Fernsehleute kannte, irgendwas studierte und mit der man gut reden konnte. Mein Onkel Hans aus der Tabakfabrik war dabei ein kundiger und begeisterter Begleiter. Er ging allabendlich zum Stammtisch, jeden Wochentag an einen anderen, anderes Lokal, andere Gesellschaft, von rustikal bis Hautevolee. Sonntag war stammtischfrei. Seinen Wohnsitz in der Patrizierburg mitten in der Altstadt umgab eine ganz besondere Aura.

Des is doch nix Bsonders, pflegte er zu sagen, und heute, ein halbes Jahrhundert später, denke ich, da war nicht wenig Koketterie dabei.

So lang schon versunken, die Burg, die nach dem Verlust meiner ersten Regensburger Heimat die zweite wurde, die ungewöhnlichste, die ich je hatte und haben werde. Nix Bsonders, von wegen.

Seit Jahren ist sie nun verkauft, endlich brauchbar gemacht und neuzeitlich zugerichtet, das ist ja auch nicht schlecht. Ihre jahrhundertelange Zwischenexistenz mußte sich nach dem Tod meines Onkels endlich nach einer Seite wenden, zum endgültigen Tod oder zum Leben.

Mehr als vierhundert unbewohnte Zimmer, in denen man die Jahrhunderte flüstern hören konnte, zerbrochenes Glas aus dem Mittelalter, schwarzgeräucherter zarter Deckenstuck aus dem Rokoko, Treppen in die Türme, denen man nur mit einem mutigen Herzen vertrauen konnte, weil man nicht wußte, wann jemand zum letzten Mal hinaufgegangen war – vor zehn oder vor hundert Jahren? Ab einem geheimnisvollen Moment wächst die Staubschicht nicht mehr, und Geister hinterlassen kaum Spuren. Durch die Keller konnte man bis zu den Römern hinuntersteigen. Auf dem Weg dorthin fand sich eine romanische Kapelle, in der Kohlensäcke lagerten. Innenhöfe gab es mit Ahornbäumen aus angeflogenen Samen, die sich ungestört hatten festhalten und wachsen und wachsen können, bis sie im dritten Stock zum Fenster hereinschauten. Da lag die Wohnung, die einzige im Gemäuer, ein nur mühsam heizbares Riesennest mit einem langen, kalten, schwach beleuchteten Weg zum Klo.

Nach meinem Schweizer Abenteuer fuhr ich hierher, bezog mein düsteres, großes Zimmer und begleitete meinen Onkel Hans zu seinen Stammtischen. Da waren Frauen eigentlich nicht zugelassen, aber ich war eine Art Alien und kam nicht oft. Über die Appenzeller, die ihre Frauen nicht zur Wahl ließen, regten sich die Stammtische aber sehr auf. Sie liebten Geschichten, und ich brachte ihnen welche mit. Damals wurde noch nicht viel gereist, so waren einheimische Themen der Hauptgesprächsstoff, und das in einer kleinen Stadt wie Regensburg. Da war man für alles, was von draußen aus der Welt kam, dankbar.

Hans war der Grandseigneur bei allen Stammtischen, ein zurückhaltender, würdevoller Gesprächspartner, dem jeder zutraute, viel mehr zu wissen, als er sagte. Mit der gleichen Selbstverständlichkeit, mit der er die größte Patrizierburg nördlich der Alpen bewohnte, trug er seine grauen Dreireiher, rauchte eine Zigarette nach der anderen und ließ sich überall mit mir, seiner jungen Nichte, sehen, die noch nicht einmal seine echte Nichte war. Damals war er Mitte Sechzig, Geschäftsführer der ehrwürdigen Schnupftabakfabrik *Gebrüder Bernard,* die einen sehr kleinen Teil der Burg mit Fabrikation und Geschäftsräumen innehatte. Der Geruch nach den Fermentsoßen, die dem Schnupftabak Geschmack und Duft gaben, kannte aber keine Grenzen, er hatte sich in all den Jahren bis in die höchsten Dachgiebel, bis in die Speicher und Zinnen verteilt. Orange, Minze, Bergamotte, Rosenöl. Der Geruch sollte viele Jahrzehnte später eins der Hauptprobleme auf dem Weg der Burg in die Moderne sein. Er und der geheime Schatz unzähliger Fresken, die unter dem Kalkputz zu finden waren, wenn jemand Lust hatte, zu suchen. Hotelkonzerne hatten keine Lust, und Kaufhausmanager befürchteten, daß Hosen und Röcke, die man dort kaufte, lebenslang nach Tausendundeiner Nacht duften würden. Viele Jahre lang wollte niemand das verwaiste Riesengemäuer haben.

Hans war hager. Er und mein Stiefgroßvater Kurt waren Cousins, und ich glaube, daß ihn mit meiner Großmutter Kitty eine geheime Liebesgeschichte verbunden hat.

Weil er aber doch heiraten wollte, nahm er sich eine anstrengende, exaltierte Frau, die ihn, während er im Krieg war, für seinen Onkel, den Besitzer der Schnupftabakfabrik, verließ. Als er heimkam, war sie mit dem Sohn in dessen Villa vor der Stadt gezogen, die eine der schönsten Kunstsammlungen Regensburgs beherbergte. Hans' Sohn ging für ein paar Jahre zu seinem Vater zurück, dann wieder zu seiner Mutter und seinem Stiefvater.

Hans wurde dennoch – oder deshalb – Geschäftsführer

der Tabakfabrik, Burgbewohner und fürderhin entschiedener Gegner jeder Art Aufregung. Arrangements, so merkwürdig sie waren, dienten dem Frieden und der Stille. Lebensunordnung, wo auch immer sie herkommen mochte, hießen bei ihm nur *Verdruß*.

Die Jahre, die ihm noch blieben, lebte er in einer ganz eigenen Zeit, mit seiner Haushälterin Klara, seinem jeweiligen Hund, immer einem Scotchterrier und seinen Stammtischen. Er hatte eine Freundin in Südtirol, die nur *Die Signora* genannt wurde. Manchmal besuchte sie ihn, manchmal er sie. Meine gelegentlichen Besuche mochte er gern. Das war genug Außenwelt für ihn. Außerdem konnte er mit mir seine Stammtischfreunde ein bißchen provozieren. Sie sollten ihn ruhig für hintergründig halten.

Für mich war die Burg etwas Ewiges, ein Rückzugs- und Rettungsort, wobei ich nicht wußte, wovor es mich zu retten galt. Es würde schon was kommen, dessen war ich mir sicher. Für den Fall wartete ein verläßlicher Platz neben dem Leben auf mich, Hunderte von leeren Zimmern mit ihren dicken Mauern.

Endlich zweites Semester, die Mansarde im Hause der Karnevalsleute, Mainz von oben, unten und allen Seiten. Die Stadt war noch kriegsgezeichnet und das Kneipenviertel hinter dem Dom von einer düsteren, ruppigen Lustigkeit, die mich faszinierte. So was hatte ich vorher nicht gekannt, und keiner paßte auf mich auf, während ich meine nächtlichen Erkundungsgänge machte. Tagsüber stopfte ich an Wissen rein, was angeboten wurde, kunterbunt durcheinander, egal, ob es paßte oder nicht. Epochen der Literatur, von denen ich keine Ahnung hatte, Philosophen, deren Namen ich nicht kannte, Kunstwerke, die ich nicht verstand. Römische Sarkophage und Gottfried Benns Lyrik, angefeuchtet von den Tränen des Professors, Weltgeist und Übermensch, alles mußte rein, und das möglichst gleichzeitig. Und in den Nächten war es eben die Nacht, die gelernt werden wollte.

In den Mainzer Altstadtnächten waren keine Schauspieler oder sonstigen Darsteller unterwegs, hier waren alle echt, mit echten Katastrophen im Kreuz und mit den dazu passenden Gesichtern. Ich suchte mir Rosel aus, deren Kneipe *Beichtstuhl* hieß. Rosel war eine ehemalige Hure und liebte Akademiker. Sie hatte eine fest zusammengezurrte Figur mit hohem Busen, sehr schöne, erstaunte Augen und führte ihre kleine Kneipe wie einen Staat. Dort war ich gern, obwohl Rosel Frauen nicht mochte und es überhaupt nicht gern sah, wenn man allein zu ihr kam. Allerdings war sie stellvertretend für mich wählerisch, was eventuelle Liebhaber anging.

Mach dich nicht billig, sagte sie. *Lieber einen Älteren, wo ordentlich was da ist.*

Aber ich hatte einen Jungen kennengelernt, zu dem sagte ich:

Du siehst aus wie Antinous.

Antinous hatten wir im Geschichtsbuch gehabt, das Bild, grade Nase und hochmütiger Mund.

Der war aber schwul, antwortete er.

Er setzte mich wenige Tage später in die Seminarbibliothek, legte die *Kritik der reinen Vernunft* vor mich hin und sagte: *Das mußt du lesen. Sonst kann ich nicht mit dir reden.*

Für ihn hätte ich sie auch auswendig gelernt. Verstanden habe ich nichts, aber was macht das schon.

Schwul war er nicht, das hatte ich bald rausgefunden. Oscar Wilde und die meisten meiner Jugendheiligen konnte er nicht leiden, nur Benn ließ er gelten, ziemlich unwillig. Über Religion konnte man gar nicht mit ihm reden, nur über Philosophie, die mir immer umständlicher erschien. Bei Hegel kriegte ich Kopfweh. Ich schämte mich sehr für das dekadente Leben, das ich offenbar bis dahin geführt hatte, ohne es zu wissen. Theater und Schönheit, Verstellung, Spiel, Ästhetik, das alles hielt einen vom Eigentlichen ab. Deswegen sollte ich Kant lesen, um des Eigentlichen habhaft zu werden. Benn mochte meine neue Liebe wahrscheinlich nur, weil auch in seinem *Elternhaus keine Gainsboroughs* hingen.

Er war der Sohn eines Bergmanns aus dem Ruhrgebiet. Seinen Vater hatte er kaum gekannt, er war früh der Staublunge zum Opfer gefallen.

Einmal spielten wir nachts in einer Bahnhofskneipe so lang am Automaten, bis wir unser Bier bezahlen konnten. Wir zweifelten keine Sekunde, daß das klappen würde. Er war nie bei uns zu Hause, meine Eltern haben ihn nie kennengelernt. Ich wollte meine Welten auseinanderhalten.

In unserem Dachgeschoß, meinem Mainzer Montparnasse, fanden sich viele Welten zusammen. Meine Freundin Lilo, zehn Jahre älter als ich, zwei kleine Söhne, zwei Dachkämmerchen und einen Job als Textilzeichnerin. Sie war eine große, dünne Frau, die wie wir alle viel rauchte und mich samstags an ihrem Gulasch teilhaben ließ. Wir kannten uns mit streckbaren Mahlzeiten aus, Gelberbsensuppe, die immer noch ein bißchen Wasser vertrug, Nudelsalat. Wenn man in der perfekten Bohème lebt, hat man, während man es tut, keine Ahnung davon. Ich wußte nicht, wie romantisch wir waren.

Lilo teilte ihre Zigaretten mit mir, dafür lernte sie meine Freunde kennen, einer davon wurde für sie was Ernstes. Ach, sie haben alle Karriere gemacht, diese anarchistischen Jungs, sind heute alte Wissenschaftler oder emeritierte Professoren und sitzen mir doch unveränderlich jung im Hirn, mit ihren Sprüchen und ihren Großtaten. Lilos Freund Hinz klaute erfolgreich, Lebensmittel und Cognac, aber von allem nur das billigste. Aus moralischen Gründen. Der Kaufhallen-Cognac hieß *C'est si bon*, er schmeckte scharf nach Seife. Unsere Vorhaltungen, wenn er schon klaue, könne er doch auch etwas Bekömmlicheres mitgehen lassen, ekelten ihn an.

Er war ein furchtbarer Calvinist und hatte einen stillen Zimmergenossen im Studentenheim, der Lilo und mich, glaube ich, für überdrehte Schlampen hielt. Ich versuchte vergeblich, mich mit ihm zu unterhalten, erzählte ihm aber nichts von meinen Kämpfen mit der *Kritik der reinen Vernunft*.

Jahrzehnte später traf ich ihn wieder, er war ein berühmter Dramaturg in Berlin geworden. In der Zeit, da es mich vom Theater weggetrieben hatte, zog es ihn hin, und keiner wußte vom anderen.

Waren wir eigentlich politisch? Wenn überhaupt, dann nur durch die dichten philosophischen Schleier hindurch, die Stunde um Stunde vor unsere Augen gezogen wurden, während um uns herum alles mögliche überlebt hatte und sich wieder wichtig fühlen konnte. Soweit ich mich erinnere, haben wir nicht danach gefragt, was unsere Professoren in der Jugendblüte ihrer Karrieren gelehrt hatten. Damals noch nicht.

Dafür kam Einer wieder in mein Leben, an den ich lange nicht gedacht hatte. Er kündigte sich durch eine Menge düstere Briefe an, die meine Freundin M. mir schrieb, M., die Empfindliche, Kluge, die in den Schulferien im Sender gejobbt hatte und die die gleiche Musik mochte wie ich. Sie kam aus der echten Taunuswelt, war zu den Nonnen in die Schule gegangen, hatte eine eisige, holländische Mutter und einen kriegsversehrten, schweigsamen Vater. Bei ihr lernte ich, wie sich Familie und die eisernen Reifen aus dem Märchen gleichen konnten und wieviel Kraft es kostete, sie zu sprengen. Bei uns war sie gern, und ich mochte sie sehr, obwohl sie zu einer mir fremden Spezies von Menschen gehörte. Vielleicht aber war sie mir grade deshalb so lieb. Für meine Eltern war sie wie eine Tochter, teilweise mehr, als ich es war. Ich spürte keine Eifersucht, sondern eine dünne, gefährliche Ähnlichkeit zwischen meiner Mutter und ihr, die ich nicht wahrhaben wollte.

Die Taumel der diversen Befreiungen, Abitur, weg von zu Hause, Zielsuche fürs Leben, waren sehr verschiedenen Alltagen gewichen, Alltagen, die nichts miteinander zu tun hatten. Die zum Studium nach Berlin gegangen waren, die Kühnsten von uns also, lebten auf einem anderen Planeten, von dem man wenig wußte. M. war aus Gründen, die ich nicht kannte, nach Freiburg gezogen, bis heute weiß ich nicht, was sie dort hingetrieben hatte. Über die

Universitäten wußten wir nicht viel, uns ging es mehr um die Städte. Mainz wäre ihr wahrscheinlich zu nah an zu Hause gewesen, Berlin zu beängstigend. Monatelang hatte ich nichts von ihr gehört, aber das war normal. Wir alle begnügten uns mit unserer neu zusammengestückelten Welt, wo immer die auch war. Die Lebensphasen blieben ordentlich voneinander getrennt, und es lag den meisten von uns nicht viel daran, zu erfahren wie die aus der Schule, die von früher, ihre Geschichte weiterspielen würden. Es gab Klammeraffen und Vergangenheitsverklärer, die beharrlich versuchten, das Gewesene wieder heraufzubeschwören, mit irgendwelchen Verabredungen oder nostalgischen Treffen, *Weißt du noch, die Chorfreizeit? Die Klassenreise?*

Aber das waren Verlierer, Sentimentale, man ging ihnen aus dem Weg.

Plötzlich begann M. also, mir Briefe nach Mainz zu schreiben, teures Briefpapier, braune Tinte, wie alles an ihr waren auch die Briefe ausgesucht ästhetisch. Das war einer ihrer Hauptwesenszüge: Was unästhetisch, chaotisch, ordinär war, egal in welchem Bereich, bedrohte sie ernsthaft. Ich glaube, sie wäre lieber gestorben, als Fleischwurst aus dem Papier zu essen. Antinous, dem ich die Briefe zu lesen gab, machte strenge Bemerkungen über bürgerliche Schwachheit, über Dekadenz und einen Mangel an Reflexion.

Ihr nehmt euch alle zu wichtig, sagte er.

Schon lang weiß ich, daß er keine Ahnung hatte. Daß wir alle keine Ahnung hatten, auch meine Eltern nicht, die sich vor dem einschüchternden Bollwerk von M.s

Familie fürchteten und Auseinandersetzungen mieden. Meine Eltern kamen sich denen gegenüber wie Zigeuner vor, die an einem verbotenen Platz kampieren. Wir hatten eigentlich dort nichts verloren, dort, im Taunus.

M.s Großmutter war die erste Juraabsolventin ihres Landes gewesen, sie kam alle paar Wochen aus Holland und saß dann in der makellosen Landhausküche ihrer Tochter am Tisch, ein stummer, grauer Felsen.

M.s Mutter mochte keine dunkelhaarigen Menschen.

Das geht nicht gegen dich! Aber die meisten sind mir unheimlich, sie wirken heimtückisch, man weiß nicht, was in ihnen vorgeht.

Meine Mutter hatte schwarze Haare, ich dunkle. M. war weißhäutig und blond, mit langen, täglich frisch gewaschenen Loreleihaaren.

Die Briefe, die Briefe. Ich weiß nicht, wo sie geblieben sind, diese zehn- bis zwanzigseitigen Konvolute, in denen eine disziplinierte Traurigkeit aufgeschrieben war, in einer Art Fremdsprache des Unglücks. Es waren Listen der Hoffnungslosigkeit, in einem trockenen, manchmal fast kanzleihaften Ton, dann wieder das eine oder andere poetische Aufleuchten, das sich selber schon in den nächsten Zeilen ins Wort fiel. Alles war Beweis für Unglück. Alles.

Sie schrieb auch an meine Eltern. Wir zeigten einander die Briefe nicht. Wir unternahmen nichts. Ich erinnere mich an einige wenige Sätze, sie werde *bald von Sand bedeckt sein*, schrieb sie, und einmal aquarellierte sie eine Art Comic, der mit einem unschuldig weißen, aufgeschlagenen Heft beginnt, dem Bildchen für Bildchen mehr dunkler Rauch entquillt.

Ich hatte bis zu diesem Zeitpunkt das Wort *Depression* noch nie gehört. Nicht im Zusammenhang mit dem Ausbruchsversuch aus dem Leben, den meine Mutter lautlos unternommen hatte, und auch jetzt nicht, bei M., die so dunkle Briefe schrieb und zeichnete.

An Ostern 65 war ich zu Hause und sah, wie zwei Polizisten in Richtung auf unser Haus den Berg heraufkamen. Sie hatten es nicht eilig, und wir konnten sie minutenlang beobachten. Alle waren da, meine Eltern, mein Großvater Kurt und ich, wir schwiegen und beobachteten die beiden Uniformierten. Keiner von uns hatte jemals vorher in dieser Gegend einen Polizisten gesehen.

M. hatte sich in Freiburg vor einen Zug gelegt, gelegt, nicht geworfen, mit dem Hals auf den Schienen. Sie hatte, ging aus Aufzeichnungen hervor, ihr Vorgehen mehrfach geprobt. So sagten die verlegenen Dorfpolizisten. Unsere Adressen seien bei der Durchsuchung von M.s Zimmer gefunden worden.

Die Musik, die sie vorher gehört hatte, und vielleicht tagelang immer wieder, war *Forbidden Games* von Miriam Makeba. Das erfuhr ich viel später von einem Freund, aber das war fast schon alles, was ich im Lauf der Jahre und Jahrzehnte über ihr Ende herausfand.

Es habe keinen Abschiedsbrief gegeben, sagten die Polizisten.

Wir schwiegen, wir wußten es besser. Es gab Dutzende davon, an uns alle, über Monate, an jeden von uns, und wir hatten einander und sie allein gelassen.

Die zweite kleine Prozession kam nur wenig später zu uns den Hügel hinauf, M.s Familie, vornweg mit energischem Schritt die Mutter, danach der sich schwer auf seinen Prothesen schleppende Vater, hinter diesem, als gehöre er nicht dazu, der jüngere Bruder. Ich kann mich nicht mehr daran erinnern, was gesprochen wurde, ob überhaupt gesprochen wurde, ich weiß nicht, ob es Vorwürfe gab gegen meine Eltern, bei denen M. sich mehr zu Hause gefühlt hatte als bei ihren eigenen. Weder die einen noch die anderen hatten ihr helfen können, und ich, die fremde Freundin, schon gar nicht.

Bald werde ich von Sand bedeckt sein.

Aber das war sie nicht, vielmehr wurde sie unter Tulpen begraben, das, was von ihr übrig war, Kopf und Körper als Asche wieder zusammengefügt und Tulpen, Tulpen, Tulpen, ordentliche, bunte, holländische Tulpen. So optimistische Blumen. M.s Mutter ließ uns, die Freundinnen und Freunde, beim Schmücken des Grabs mitmachen und sagte, als wir die Blüten in einem riesigen Kranz ordneten, es sei ihr sehr wichtig, daß die Obduktion ihrer Tochter ergeben habe, diese sei als *virgo intacta* gestorben.

So viel Latein konnten wir alle.

Ich beschloß, Mainz zu verlassen und nach Freiburg an die Uni zu gehen. Solche spontanen Entscheidungen konnte man zur damaligen Zeit viel leichter treffen als heute, die bürokratischen Hürden lagen niedrig, und Geld hatte sowieso niemand. Meinen Mainzer Montparnasse und die verwegene Altstadt verließ ich ungern, aber Antinous wollte auch nach Freiburg, und so gab es zwei Menschen, die mich dorthin zogen, ein sehr lebendiger und eine Tote.

Im nagelneuen Studentendorf Sundgauallee fand ich ein Zimmer, in dieser Retortensiedlung: Hochhaus – Flachbau – Hochhaus – Flachbau mit winzigen frischgesetzten Baumpinseln und einem wunderbaren kleinen See. Antinous lebte am anderen Ende der Stadt, und wir sahen uns selten. Wir hatten unsere Welten aufgeteilt, seine war ernster als meine. Er suchte weiter nach den Gründen des Lebens, offenbar gab es in Freiburg hilfreiche Philosophieprofessoren. Ich hatte aber beschlossen, daß ich keine Gründe zum Leben brauchte.

Die Universität liegt mitten in der Stadt, das war anders als in Mainz. Freiburg ist wasserdurchzogen, südlich ohne Leichtsinn, eher behäbig, der Wein war besser als der in Mainz. Gefälliger und heimtückischer, der Weißherbst ließ einen noch schlau und temperamentvoll reden, während die Beine längst unbemerkt ihren Dienst eingestellt hatten.

Ich fand schnell Menschen, mit denen man gut zusammensein konnte. Und obwohl wir Einheitszimmer im Brutalismus-Stil der Sechziger mit Sichtbeton und Baugitter, Plastiktisch und Stringregal hatten, machte meine Dekoration, daß man mich gern besuchte. Gottfried Benn als ein mal ein Meter riesiges Foto, dazu eine hochmütig grinsende javanische Puppe, ein leider echtes Ziegenfell auf dem Bett, das auch als Sofa dienen mußte, und eine blaue Tischdecke. Ich habe mir mein Leben lang kleine Bühnen gebaut. Wenn jemand von mir kam, erkannte man das leicht an den Ziegenhaaren auf seiner Kehrseite. Aznavour und Bécaud – ungefähr eine Million Male *Nathalie* – hatte ich in Mainz abgearbeitet, jetzt kamen Piazolla und Mercouri, bald auch Folk und die nächste von meinen vielen Zigeunermusikphasen.

Ich war nach Freiburg nicht zuletzt deswegen gezogen, um M. näherzukommen, um zu sehen, wo sie gelebt hatte, welche Bibliothek, welches Seminar sie besucht haben könnte. Sie hatte, wenn ich ihre Briefe richtig verstand, in Freiburg niemanden kennengelernt, der ihren Ansprüchen zu genügen vermochte. Manchmal stellte ich sie mir in ihrem Zimmer vor, allein, mit einem Meißner Teller, einem Kristallglas und Silberbesteck.

Aber ich ging lange nicht in die Rosastraße, obwohl die ganz nah bei der Uni lag.

Einen Katzensprung. M. hatte unsere Kater geliebt, besonders Amu, den schwerfälligsten und scheuesten der drei. Ihre Mutter fand Katzen ungefähr so schrecklich wie dunkelhaarige Menschen.

Nein, ich suchte nicht nach M., ich ging nicht zu der Stelle an den Bahngleisen, obwohl ich wußte, wo sie war. Ich hörte keine *Forbidden Games*, noch lange nicht. Obwohl ich ihretwegen in diese Stadt gekommen war, wollte ich sie vergessen, und den anderen Frankfurtern, die hier gelandet waren, erzählte ich nichts von ihr. Einer davon kannte sie, einer von der richtigen Taunusgesellschaft, aber auch mit ihm redete ich nicht über sie. Antinous war keine Hilfe mit seinen philosophischen Brocken, die er mit sich schleppte. Es kam mir immer so vor, als diene die Philosophie nur dem Einwickeln von Leben in Wörter. Übermut oder Angst, nachdem man sich an diesen Sätzen überfressen hatte, fühlte sich alles gleich an.

Schweres neukantianisches Trauma, sagte wenige Jahre später ein Freund und gab mir Schopenhauer und Epikur, den vor allem. Schon besser.

Aber ich ging brav zu den Vorlesungen und belegte Seminare, was man halt so machte, um eine akademische Existenzberechtigung zu haben. Gefragt bin ich eigentlich nie worden, was ich denn so täte und gelernt hätte und später oder besser möglichst bald werden wollte. Germanistik, Philosophie, Kunstgeschichte. Damit wurde man nichts, höchstens Lehrer, und das war schlimmer als nichts.

Viele von denen, mit denen ich damals zusammen war, sind in den folgenden Jahrzehnten genau das geworden, was für sie von der familiären Vorsehung bestimmt war, die mit den medizinischen Vätern wurden Mediziner, die Juristen blieben der Familiengeschichte treu und die Bankleute auch, es waren die letzten vorrevolutionären Jahre.

Aber schon kurz vor den Siebzigern traf man Hamburger Reedersöhne, die Rockmusiker wurden, oder Ministersöhne, die den Weg nach Kuba oder Nordkorea suchten. Oder Rechtsanwaltstöchter, die ihre schönen Leiber als Go-Go-Girls zeigten und sich in ihrer Freizeit dem Rauschgifthandel widmeten.

Es wurde alles ziemlich unübersichtlich, aber meistens war es lustig.

Man hatte damals erstaunlich viel Kraft, und ich fand meinen neuen Job als Nachtwache in der Freiburger Universitätsklinik, Abteilung Neurochirurgie gar nicht so fürchterlich, wie man denken könnte. Alle meine Jobs bisher hatten auf ihre Art mit dem Lebensende zu tun gehabt. Gegen den Frankfurter Hauptfriedhof war die Freiburger Neurochirurgie ein sehr lebendiger Platz. Eine Kommilitonin, deren Vater Arzt war, hatte mir diese Stelle besorgt, von abends um acht bis morgens um acht, als Sitzwache. Man bekam nicht besonders viel Geld, dafür tiefe Einblicke. Auch die Medizin war damals noch analog, man berührte den Patienten, der da vor einem lag, es hielten einen nur wenige Apparate von ihm fern. Die elektronischen Festungen mit ihren unverständlichen Geräuschen und Geräten gab es noch nicht.

Mein erster Patient – das Geschöpf da im Bett war so krank, daß man nicht ohne weiteres erkennen konnte, ob es ein Mann oder eine Frau war, es war ein Mann – hatte einen Luftröhrenschnitt, in dem sich blubbernd der Schleim sammelte, der in regelmäßigen Abständen abgesaugt werden mußte. Das war nun meine Aufgabe, mit einem dünnen Gummischlauch, an dem unten ein Maschinchen hing. Man mußte zur Vakuumerzeugung den Schlauch mit zwei Fingern zusammendrücken, in das Loch am Hals halten, dessen Ränder mit ein wenig Verbandsmull abgedeckt waren, und dann loslassen, damit das Maschinchen den Rotz rausschlürfen konnte. Ich bekam das einmal gezeigt, dann war das arme Geschöpf mit mir allein. Weder er noch seine Krankheit hatten für mich einen Namen, nur das Loch in seinem Hals. Es hieß *Tracheotomie,* ein Wort, das ich aus dieser Nacht behalten habe, obwohl ich es später nie mehr brauchte.

Ich horchte, ob sich das Röcheln veränderte, ob ich dran war mit dem Maschinchen. Handschuhe trugen wir nicht. Ich traute mich mindestens zwei Stunden nicht, dem Menschen im Bett in die Augen zu schauen. Es war eine unbegreifliche Macht, die mir da zugefallen war, in diesem nächtlichen Krankenhaus. Später wischte ich das ausgelieferte Gesicht mit einem feuchten Tuch ab und versuchte zu spüren, ob es das gern hatte. Sprechen konnte er nicht, nach Mitternacht erschien wie ein Gespenst ein Arzt und schaute nach ihm.

Habe ich was falsch gemacht? flüsterte ich.

Offenbar nicht, sagte der Gespensterarzt mit normaler Stimme, *er lebt ja noch.*

Ich wartete auf den Morgen, diese langen Stunden vor Sonnenaufgang, in denen, wie mir später gesagt wurde, die meisten sterben. Meiner nicht. Ich verabschiedete mich von ihm, als die Schicht zu Ende war. Die Sonne ging über der Stadt auf, und ein junger Typ fragte mich, ob er mich auf der Vespa mit nach Littenweiler ins Studentenheim nehmen sollte.

Ich fahr eh in die Richtung.

Erst eine rauchen, sagte ich und gab ihm auch eine Zigarette.

Die Fahrt über die menschenleere Straße, wie eine Äffin an einen wildfremden Jungen geklammert, im Wind, in diesem lebendigen Wind, war wunderbar. Ich hatte furchtbaren Hunger.

Ein paar Wochen, während ich zum Sitzwachenprofi wurde und mich wunderte, was alles mir nichts auszumachen schien, dachte ich darüber nach, auf Medizin umzusatteln. Aber bald wurde mir klar, daß ich von dem Weg nicht mehr runterkommen würde, war ich erst mal drauf. Viel Arbeit, viel Konkurrenz, viele Menschen, von denen man sich die wenigsten aussuchen konnte. Dazu diese unheimliche Macht, die ich in meiner ersten Nacht im Krankenhaus gespürt hatte. Ich tat, was ich gelernt hatte, und besetzte in Gedanken die Rollen um: Ich sah mich da liegen, Antinous oder meine Mutter. Oder M., wenn irgend jemand das, was sie aus dem Leben getrieben hatte, für operabel gehalten hätte. Das war damals gar nicht so selten.

Ich würde vielleicht auch diese Sprache annehmen, die ich von meinen Medizinerkommilitonen kannte, diese Mischung aus Lässigkeit und unterdrückter Angst. Man konnte nicht anders mit diesem Studium leben, als sein Gegenüber zu abstrahieren, als Präparat, Knochen, buntes Innereienbild oder Leichenteil. Alles abdecken, alles ausblenden, bis auf das Stück, mit dem man sich auskennt. Und überlebensnotwendige Witze reißen.

Das war nichts für mich, da trieb ich mich lieber in philosophischen Nebeln herum, vor manieristischen Bildern bei den Kunsthistorikern, die mir nicht gefielen, am liebsten aber in Texten. Ich machte eine heftige symbolistische Phase durch mit Huysmans und Maeterlinck und Niebelschütz, wobei der nicht dazugehörte, aber gut hineinpaßte. E. T. A. Hoffmann wurde eine lebenslange Liebe, die ich mir bis heute erhalten habe, weil ich ihn seit langem nicht mehr lese.

Das Numinose, Geheimnisvolle und das Ironische, Komische und Glasklare mußte ich für mich immer wieder neu verteilen, gewonnen hat letztendlich das zweite.

Mit Antinous hatte ich versucht über die Nacht in der Klinik zu reden, aber es ging nicht. Er taugte nur zum Lieben, zum Anbeten, zur Freude darüber, daß es einen wie ihn gab. Er war unwiderstehlich, nach wie vor, aber völlig unbrauchbar.

Zwischen ihm und meinen neuen Freiburger Freundinnen und Freunden gab es kaum Verbindungen, ich denke, er hielt mich für rückfällig, in die Dekadenz, ins Spiel, dahin, wo ich herkam und wo er nie heimisch sein würde. Kurz nach M.s Tod hatte ich ihn für zwei oder drei Tage zu Hause besucht, im tiefsten Ruhrgebiet, im dunklen Zechenland, bei seiner strengen, alten Mutter, in einer fast hochnäsig kargen Wohnung. Ich hatte das Gefühl von Überflüssigkeit nicht loswerden können, wir trauten uns nicht einmal zu vögeln, wenn niemand da war. Er hatte mich schon in Mainz nicht bei sich in seinem kleinen Bretzenheimer Zimmer haben wollen, als würde ich es entweihen. Ich wußte nicht, wie er lebte. Ihm war nicht wichtig, wie man lebte.

Wir bekamen Besuch im Studentenheim, Kurt Georg Kiesinger, den Bundeskanzler. Er war in dem Job noch relativ neu, aber wir wußten über seine Nazi-Vergangenheit Bescheid, obwohl es noch zwei Jahre dauern sollte, bis Beate Klarsfeld ihm eine knallte.

Durch die Straßen des Studentendorfs mit ihren mageren Bäumen bewegte sich ein Prozessiönchen von Anzugträgern. Man kann sich heute gar nicht mehr vorstellen, mit wie wenig Sicherheit man damals auskam. Zum ersten Mal sah ich den Leiter unseres Dorfs, von weitem, er sah neben dem riesigen Kiesinger dürftig aus. Wir hatten uns eigentlich nicht zu dem Schauspiel verabredet, aber die von uns, die da waren, gingen dann doch gukken und riefen probeweise *Buh* und *Hau ab*, was zu einer Schrittbeschleunigung bei den Offiziellen führte. Weiter passierte nach meiner Erinnerung nichts, wahrscheinlich hatte man dem Kanzler unsere schüchternen Rufe als

Taten irregeleiteter Einzelgänger verkaufen können. Ich habe nie erfahren, was er eigentlich in unserem Retortendorf wollte.

Meine Eltern besuchten mich nicht in Freiburg, was ich gut verstand. Auch die Eltern der anderen blieben weitgehend unsichtbar, man wußte nicht viel voneinander, nur die studienfachbestimmenden Väter schwebten bedrohlich, aber völlig körperlos in den kargen Buden herum. Im Flur hing ein Wandtelefon, und am Supermarkt vor der Bushaltestelle stand ein gelbes Häuschen, bis die Telefongesellschaft es abbaute, weil wir Schweizer 2-Rappenstücke als 50-Pfennigstücke hineinwarfen, ein ehrwürdiger Spartrick für alle Studenten in Grenznähe. Das heißt, wir waren so gut wie unerreichbar und lachten über die Heimwehkranken, die alle zwei, drei Tage das Flurtelefon belagerten. Auch mir fehlte niemand, dessen war ich gewiß. Ich führte Tagebuch und hatte Freundinnen und Freunde, das war genug. So entging mir wochenlang, daß mein Großvater Kurt krank war. Ich sah es erst, als ich in den Ferien nach Hause kam, er war dünner und leiser als vorher, wollte sich nichts anmerken lassen und fragte kundig wie immer nach meinen Fächern. Ein paar Scheine hatte ich vorzuweisen, was ihn ganz unverhältnismäßig freute.

Dann wollte er ins Krankenhaus, aber nicht bei uns, sondern in Regensburg. Ich brachte ihn zum Bahnhof, sein mächtiger Opel Kapitän mußte in der Garage bleiben. Sein Mantel umgab ihn, als hätte er ihm nie gehört, ich sah meinen Großvater kleiner werden, während ich ihn allein auf den Zug warten ließ, wie er es wollte. Aber bald fuhr ich ihm nach und bezog wieder meine andere Welt, die Burg in der Gesandtenstraße mit meinem Onkel Hans, seiner Haushälterin Klara und dem Hund Toni. Wenigstens die drei würden ewig halten, dessen war ich mir sicher.

Das Regensburger Krankenhaus war wie die Freiburger Klinik, wahrscheinlich wie alle Krankenhäuser in dieser Zeit einfach, gutwillig und oft auch hilflos. Es gab noch Klosterbrüder dort, pflegende Mönche, was meinem Großvater sehr gefiel. Vielleicht hoffte er, daß sich gegen Ende seines Lebens die Glaubenswaagschale endlich zur richtigen Seite neigen würde. Deswegen hatte er wohl in seine Heimat zurückgewollt, in der er kein Haus mehr hatte. Er wußte, daß er sterben würde, da bin ich mir ganz sicher.

Ich werd jeden Tag von oben auf dich schauen, sagte er plötzlich, als ich wie jeden Tag an seinem Bett saß, ihn gelber und gelber und schließlich braun werden sah und den Tod riechen konnte. Er roch nach Metall. Die Vorstellung, daß er sich wirklich nach seinem Ende mein Leben lang in einer Wolke über meinem Kopf aufzuhalten gedachte, war so sonderbar wie gruselig. Wenn man schon an einen Himmel glaubte, mußte der doch prachtvoller und ereignisreicher sein.

Meine Eltern kamen, um ihn zu besuchen. Meine Mutter betrat das Zimmer, in dem er allein lag und, wenn er nicht schlief, auf die Bäume des Parks schaute.

Ich kann das nicht sehen! sagte sie entsetzt, fiel meinem Vater in die Arme und war am nächsten Tag wieder weg.

Mein Großvater lächelte und dämmerte viel. Im Schwesternzimmer lagen die Ampullen, mit denen man ihm dieses Dämmern schenken konnte, das Mittel hieß *Megaphen*, ich weiß es noch heute, nach einem halben Jahrhundert. Ich kann mich aber nicht daran erinnern, daß es so verbissene und besserwisserische Debatten über Dürfen und nicht Dürfen und vielleicht Dürfen gegeben hätte, wie wir sie heute kennen. Es wurde damals viel mehr geschwiegen als heute, im Guten wie im Bösen.

Abends ging ich mit meinem Onkel Hans zu seinen verschiedenen Stammtischen, an denen ich respektvoll empfangen wurde. Die Herren fragten, was zu fragen war, wußten sämtlich Bescheid und ließen es dann nach der notwendigen Teilnahmsetikette krachen wie gewöhnlich. Dazu war man schließlich da. Ich auch. Es war insofern eine gewisse Anarchie ausgebrochen, daß ein ausgewählter Kreis manchmal noch in der Burg weiterfeiern durfte und Klara ihre berühmten Schweinswürstel in Aspik bereithielt.

Manchmal dauerten die Abende bis zum Sonnenaufgang. Bald würde das Semester beginnen, wenn schon. Ich hatte wieder die Welten gewechselt, ohne es zu merken. Freiburg war irgendwo hinter dem Horizont verschwunden. Wenn ich es brauchte, würde ich es schon wiederfinden.

In einer Märznacht des Jahres 1966 konnte mein Stiefgroßvater Kurt dann endlich sterben, achtundsechzig Jahre alt, in seiner Heimatstadt Regensburg, die ihn festgehalten hatte, obwohl er in ihr nichts mehr besaß.

Als in der Burg das Telefon klingelte, ein Wandapparat im Flur, kamen wir aus drei verschiedenen Richtungen aus den Betten, Klara war die schnellste, obwohl ihr Zimmer am weitesten weg war. Sie reichte den Hörer meinem Onkel Hans in seinem gestreiften Pyjama, er redete ein paar Worte und legte auf. Dann kam ich aus dem Gästezimmer gestolpert und wußte Bescheid.

Es war meinem Großvater Kurt am Tag vorher tatsächlich gelungen, von zwei Gottesdienern ausgesegnet zu werden, der Protestant kam als erster, später, als ich schon weg war, der Katholik in Begleitung des Pflegebruders.

Beerdigt haben wir ihn natürlich evangelisch, neben Kitty, die er keine zehn Jahre überlebt hatte. Vorher, daran erinnere ich mich, hatten die beiden kriegserprobten Männer, mein Vater und mein Onkel, einen Blick in den offenen Sarg geworfen, bevor wir hatten gucken können. In schweigender Übereinkunft nahmen sie den aufrecht an der Wand stehenden schweren Sargdeckel mit geübtem Griff, einer oben, einer unten, und legten ihn auf das, was für kurze Zeit noch mein Großvater auf Erden war.

Besser so, sagte mein Vater.

Ich fühlte mich alt und überlegen. Schließlich hatte ich ihn als einzige von der Familie bis zum Schluss angeschaut. Seine endgültige Auslöschung mußte ich aber noch mit ansehen, und obwohl ich mich heftig wehrte, kam meine Mutter mit dem Totschlagargument, sie habe ihm versprochen, hoch und heilig, seine Tagebücher zu verbrennen.

Wenn Max Brod das gehalten hätte! sagte ich.

Dein Großvater war nicht Kafka, antwortete sie.

Woher willst du das denn wissen? Aber ich hatte keine Chance. Meine Mutter liebte die Endgültigkeit.

Eine Feuertonne wurde im Garten hergerichtet, die teuren Lederbände brannten nicht. Die Bücher wurden eines nach dem anderen auseinandergerissen und die Ledereinbände in den Müll geworfen. Aber auch die Wörter ergaben sich nicht leicht dem Feuer und blieben auf dem glatten, schweren Papier lang sichtbar. Es war ein Massaker.

Zurück in Freiburg, dachte ich, daß es Zeit sei, Männer kennenzulernen. Keine Studenten, keine herzbrechenden Sinnlosigkeiten mehr wie die Liebessisyphusarbeit für den philosophievergifteten Antinous. Erwachsene Männer sollten es sein, die einen zu Autofahrten und zum Abendessen einluden und Vorschläge fürs Leben machten. Ein paar Versuche gab es, einen Antiquitätenhändler, einen anderen, der irgendwas mit Maschinen zu tun hatte, sogar einen Musiker.

Daß Männer die einzig richtige Therapie gegen zuviel Tod wären, stimmte vielleicht. Die aus meiner Auswahl taugten dafür nicht. Sie waren eher anstrengend, weil ich mir furchtbar viel über ihr Leben anhören mußte, was mich keinen Schritt weiterbrachte. Außerdem sprachen sie leider badisch, sogar der Musiker. Liebesschwüre oder Kosenamen auf badisch im Bett, das war entsetzlich, ich konnte mich nicht dran gewöhnen. So schlich ich mich unauffällig wieder aus dem Leben meiner kurzfristigen Begleiter, was damals sehr einfach war. Man sah zu, daß man ihnen nicht mehr begegnete, das war alles. Ein Trost waren eine Handvoll Schauspieler und eine Tänzerin, mit denen wir Studenten nach den Vorstellungen nächtelang *Monopoly* spielten. Das Theater erwischte mich eben, wohin immer es mich verschlug. Die Tänzerin, eine wunderbare, kraftvolle, schwarzhaarige und -äugige Person, wurde kurz darauf entlassen, sie sei ein *zu semitischer Typ*, meinte der Intendant.

Die Schatten von M. und meinem Großvater begleiteten mich weiter durch Freiburg. Ich lernte ein wenig über Hofmannsthal und Choderlos de Laclos, etwas Kafka kam dazu und Guido Renis Madonnen, die ich von Anfang an hasste. Als Jahrzehnte später Lady Diana im monarchischen Jetset auftauchte, erkannte ich diesen Blick sofort wieder, weswegen ich auch sie verabscheute.

Kurz und gut: Ich wollte nicht mehr in Freiburg bleiben. Dieses weichliche Badische mit den tückischen Weinen und den vielen sportwagenfahrenden Studenten, die nur über Glottertal und Skifahren reden konnten, paßte nicht zu mir, oder es paßte zu gut und würde mich ersticken. Etwas war im Werden, etwas würde geschehen, ich wußte nicht, was, aber hier wäre ich zu weit weg davon. Also zurück nach Mainz, in dieses dunkle, rauhe, noch so gut wie unentdeckte Mainz.

Zu Hause wurde mein Entschluß freundlich, aber desinteressiert aufgenommen. Sie hatten mit allerlei Schwierigkeiten zu kämpfen, die offenbar dadurch ausgelöst worden waren, daß mein Großvater genau zu dem Zeitpunkt gestorben war, als er überhaupt kein Geld mehr hatte. Wie schon so oft verhedderten sich meine Eltern in einem Gewirr aus Verbindlichkeiten, Dutzenden von Testamenten, Versprechen und Schulden. Ich hielt mich raus. Mir war längst klar, daß meine Mutter viel mehr von alldem verstand als mein Vater, daß sie das aber beide nicht wahrhaben wollten. Ihrer beider Achillesferse, ihr einziges, der Moderne trotzendes Lindenblatt war Geld mitsamt all seinen Erscheinungsformen.

Ich packte also meine blaue Tischdecke und mein haarendes Ziegenfell, die Stabpuppe mit dem arroganten Gesichtsausdruck und das Benn-Bild, Bücher, Platten und meine paar Klamotten in Taschen. Damals lief ich fast immer in Jeans und einem blauen Hessenkittel herum, was aber niemanden zu verschrecken schien. Dafür waren mir Make-up und Haare wichtig. Niemals ohne Kajal, nicht mal zum Supermarkt, und immer ein Lippenstift in der Hosentasche.

Ohne Abschiedsschmerz lud ich mein bißchen Zeug in den Käfer einer Freundin aus dem Studentenhaus, die sich in Richtung Frankfurt auf den Weg machte. Auf der Höhe von Offenburg fuhr einer auf der Spur neben uns versehentlich aufs Stauende drauf. Wir hatten hinüber- und er herübergeguckt.

Kaum sind wir auf der Autobahn, sagte Katrin – *ein Unfall nach dem anderen!*

Wir redeten über Pläne. Sie hatte damals schon einen festen Freund, einen schönen und dazu adligen Jurastudenten, um den sie beneidet wurde. Witzig war er auch noch, keine von unseren Flurgenossinnen hätte seine verbotenen Wochenendübernachtungen bei der Heimleitung verpetzt, so gut gefiel er allen. Es fiel zunächst kaum auf, aber das System der Sanktionen der Alten, Arrivierten gegen uns Junge bröckelte. Verbote, Regeln, Gesetze waren zu Scheinriesen geworden, die immer kleiner und lächerlicher wurden, je näher man ihnen kam. Auch die großen

Professorengötter mußten sich genauer anschauen lassen und schrumpften zusammen.

Unsere Welt traute sich endlich in die Nähe der anderen, der unberührbaren, die schweigend und scheinbar unversehrt aus der Zerstörung hervorgegangen war. Die paar Rufe gegen den silberhaarigen Bundeskanzler auf der Studentendorfstraße waren ein Beginn von vielen Rufen, die voneinander nichts wußten. Man war nicht vernetzt. Neuigkeiten brauchten Zeit, bis man sie richtig einordete, und manchmal wußte man nicht, wie wichtig grade etwas für einen selbst war. Lauter kleine Monaden waren unterwegs, unverbundene Atome, die einander nicht kannten.

Antinous hätte mir jetzt wieder seine Philosophen empfohlen, als einzig richtige Gesellschaft, als Entscheidungshilfe und notwendige Filteranlage, durch die man jede Erkenntnis erst sickern lassen mußte. Diese Gesellschaft bestand ausschließlich aus Männern. Das war selbstverständlich und keinen Gedanken wert.

Es gefiel mir besser, mit Katrin im Stau auf der Autobahn nach Frankfurt Pläne fürs Leben zu erörtern. Freiburg verschwand auf Nimmerwiedersehen.

Wieder Mainz, zurück in der alten Flakkaserne der Uni. Bei der Immatrikulation saß ein Schwarzer neben mir, der als Beruf des Vaters *König* angab. Das gefiel mir sehr. Die Tatsache, daß ich noch kein Zimmer hatte, störte mich nicht besonders. Ich probierte ein paar Möglichkeiten aus, meine alte Freundin Lilo war mit ihren zwei Buben aus unserem Montparnasse am Gartenfeldplatz ausgezogen und wohnte jetzt in einer wunderbaren Holzbaracke in der Nähe des Zigeunerlagers, unweit vom Bahnhof. Ihre Wohnungen hatten immer jenen Charme, der aus dem Wissen kommt, daß man Schönheit nicht kaufen kann, sondern nur machen. Bei ihr konnte ich wohnen, bis ich was fand. Das dauerte nicht lang. Es zog mich unwiderstehlich zurück in das schwarze Herz von Mainz, das streng regierte, chaotische Altstadtreich, den *Beichtstuhl* der Rosel Blume.

Das war nicht nur eine Kneipe, das war eine barocke Wunderkammer voll menschlicher Kuriositäten, in die man nur hineingelassen wurde, wenn die Regentin einen für passend hielt. Ein dunkler schmaler Schlauch mit langen Tischen, einem Klavier und einer blanken Holztäfelung, die nach Wachs und alten Sünden roch. Das käme, sagte der Professor O., von der Verwendung alter Beichtstühle für die Wandverkleidung.

Da müsse es dann doch eigentlich nach Vergebung und Gnade riechen, antwortete der Neptun, von dem keiner wußte, wie er wirklich hieß. Er war ein froschmäuliger, kluger, trauriger, kleiner Mann, der aussah, als sei einer der steinernen Wasserspeier vom Dom lebendig geworden und heruntergestiegen.

Wolfgang Preuss, soweit ich weiß, nur er, durfte Klavier spielen. Was er studierte, wußte ich nicht.

Rosel versuchte, gebildet zu sprechen, in einem scharfkantigen Rheinhessisch, dem man viele unterdrückte Flüche anhörte.

Sie mochte meine Freundin Lilo nicht, weil die sie vor ihrer Karriere als Kneipenkönigin gekannt hatte. Sie mochte viele Leute nicht und ließ sie das spüren. Professoren und Adlige allerdings liebte sie, davon sollte ich profitieren. Eines Tages stellte sie mir den Herrn Oberstleutnant vor, er war ein stiller, gelassener älterer Herr, der seine Uniform mit einer Art Verlegenheit zu tragen schien.

Rosel wuselte um ihn herum und gab mit ihm an, und er ließ es geschehen, als seien schon mindestens ein halbes Jahrtausend lang Menschen um seinesgleichen herumgewuselt. So war es ja auch. Er arbeitete beim Militärischen Abschirmdienst, trank diszipliniert und zügig, und wir hatten die zweite Hälfte der Sechziger, die vor Pazifismus förmlich überquollen. Ich machte da keine Ausnahme, im Gegenteil. Aber ihn, den stillen Baron, hatte ich sofort gern und er mich auch. Fern irgendwo stand ein Schloß, seines, darin lebten eine Baronin, seine, und Kinder. Ab Freitag verschwand er dorthin und erzählte niemals davon.

Zu dieser Zeit pendelte ich zwischen zu Hause und Mainz, und oft übernachtete ich in den oberen Räumen unserer Zauberkaschemme, die vollgestopft waren mit leergestorbenen Ehebetten und riesigen Schränken. Rosel hatte mich aufgenommen, das war aber kein Dauerzustand. Dann kam der Baron ins Spiel und schlug vor, ich könne doch zu ihm ziehen. Er lebte als Untermieter in der großen Wohnung einer alten Freundin, einer sehr alten Freundin, und es seien dort noch Zimmer, die auf Mieter warteten.

So zog ich an die Karlsschanze, in das Haus, das Jahre später die Bühne für mein Buch *Hotel Hölle, guten Tag* bilden sollte. Eine großbürgerliche Wohnung in einer aufgeteilten Villa, die Treppe aus dem Entree endete im ersten Stock an einer Bretterwand. Schachbrettmarmorboden in Schwarzweiß und Parkett, Boulle-Schränke und riesige abgewetzte Perserteppiche, in mein Zimmer ging's durch den Dienstboteneingang. Es war ein großer, abgewohnter Raum mit einer Waschnische, einem schönen Blick in den Garten und funzligen Lampen. Ich legte beglückt mein Ziegenfell auf das Bett, hängte die arrogante Puppe auf und beschloß, meinen Kleidungsstil zu ändern. Jeans und Hessenkittel paßten nicht mehr zu meinem neuen Leben.

Meine Vermieterin nannte mich *Herzchen* und war bald der Mittelpunkt meines Freundeskreises. Mittlerweile war mir egal, was Antinous zu alldem gesagt hätte. Genau das hier hatte ich mir gewünscht, dieses vergangene Leben im gegenwärtigen, es roch nach Regensburg und nach Kitty, ich wurde *Herzchen* gerufen von einer Erbin aus der Haniel-Familie, die sich *Tamie* nannte und kirschgroße Diamanten an ihren faltigen Ohren trug.

Tamie muß damals Ende siebzig gewesen sein, klein, zierlich, weißhaarig und autoritär. Sie fuhr einen riesigen Daimler und schrammte mit ihm souverän mal am linken, mal am rechten Steinpfosten der herrschaftlichen Toreinfahrt entlang.

Doch ich ging jeden Tag auf die Uni, wie es sich gehörte. Ich jobbte immer wieder, im Büro einer berühmten Papierfirma – *Schreibste mir, schreibste ihr, schreibste auf MK-Papier* – oder bei Rosel für sehr wenig Geld. Auf den Weinfesten in der Umgebung gab's viele Studentenjobs, bei denen man solide Trinkgelder bekam. Den Ausdruck *sexuelle Belästigung* kannten wir noch nicht, wenn's zu viel wurde, hauten wir den Betreffenden auf die Pfoten, nach Erwägung des Kosten-Nutzen-Faktors. Was den betraf, waren wir alle sehr pragmatisch. Im Gegensatz zu Freiburg war Mainz keine Reichensöhnchen- und -töchterchen-Uni, das Ambiente an der Karlsschanze war nur Theater, eine Bühne, Mummenschanz von wunderbarer Art. Ein reiches Söhnchen allerdings gab es, meinen Nachbarn oben am Villenhügel, Jürgen, den Adoptivsohn des damaligen Rektors der Universität Mainz. Er studierte Medizin und trank abends bei Rosel. Jürgen kam bald jeden Tag zu mir und trug mit Grazie Ziegenhaare auf der Kehrseite seiner teuren Hosen. Tamie liebte ihn und förderte unseren Umgang.

Er ist aber schwul, sagte ich zu ihr, *mach dir da keine Hoffnungen für mich.*

Ach, Herzchen, antwortete sie, *wenn du wüßtest, wie viele von denen in ihren Ehen gut aufgehoben sind!*

Jürgen war sehr groß und schlank, ging etwas gebeugt und hatte ein rundliches, melancholisches Gesicht. Die Haare trug er sehr kurz, er sah aus wie ein Brite und unterstrich das gern. Aus seiner Adoption machte er kein Geheimnis, er machte aber eine Menge Geheimnisse um sie herum. Mit geheuchelter Beiläufigkeit deutete er eine adlige Herkunft an, *ein Gräfle* sei er möglicherweise. Seine Adoptiveltern beklaute er kühl und in ziemlich großem Stil, er hatte immer Geld und ein Auto.

Einmal fuhren wir nachts aus der Altstadt hinauf auf unseren Hügel. Die Polizei hielt uns an und bat ihn nach einem Blick auf seinen Führerschein weiterzufahren. Er stieg aus, entfaltete sich in seiner ganzen Länge und fiel dann in den Dreck.

Ich hatte zwölf Viertel, ihr Idioten, sagte er zu den beiden Polizisten. Er nuschelte nicht und gab selbst im Rinnstein eine würdevolle Figur ab.

Die Polizisten klaubten ihn auf und setzten ihn hinters Steuer. Ich hatte die ganze Zeit stumm vom Beifahrersitz aus zugeguckt.

Sie haben's ja nicht mehr weit, und passen Sie auf, Herr Doktor. Gruß an den Herrn Papa.

Da siehst du es, sagte Jürgen, das heimliche Gräfle, matt zu mir, *man kann machen, was man will.*

Er war ein großartiger Freund, und ich war froh, daß ich ihn hatte. In dieser sonderbar zeitlosen Kulissenwelt war er ein passender Begleiter, genauso fremd in ihr wie ich, genauso gut angepaßt. Wir waren zwei Chamäleons im sterbenden Bürgertum.

Es fiel in Rosels Beichtstuhl nicht auf, wieviel einer trank. Wieviel sie alle tranken, die sich da fast allabendlich zusammenfanden, Man mußte mithalten können, die Wirtin mochte keine Schorletrinker.

Isch kauf doch net die schönen Weine vom Matuschka, damit da Wasser eneigeschütt wird.

Und wenn einer Rotwein wollte, fragte sie: *Hawwe Sies am Maache?*

Eines Abends kam das Schicksal zur Tür herein, ich sah es kommen und erkannte es nicht. Es war groß, dunkel und schön, hatte ein dämliches rundes Mützchen schief auf dem Kopf sitzen und ein Band über der Brust.

Darf ich hier Platz nehmen?

Sie? Nur über meine Leiche, antwortete ich und lachte. *Hauen Sie bloß ab.*

Reiner Demski, ein Jahr älter als ich, Vertriebener, Jurastudent, nichtschlagende Verbindung, Einzelkind, stolz auf seinen vor Geschichte platzenden polnischen Namen, überhaupt auf alles Polnische, was auch hieß: erzkatholisch. Als Magnat wäre er durchgegangen, schön wie er war. Das fand auch Rosel, die ihn mir gewaltig anpries, der Baron sei, wenn sie es recht bedenke, doch ein bißchen zu alt für mich. Und verheiratet sei er ja auch, und das ändere man in seinen Kreisen wohl ungern.

Fürs erste aber durfte er nicht an meinen Tisch, der reaktionäre Typ, und daß er den Spitznamen *die Gräfin* führte, änderte auch nichts.

Indessen zog ich mal wieder um, allerdings nur im Haus, von der Beletage unters Dach. Tamie mußte nach einem Schlaganfall ins Altersheim und mein Baron zurück zu seiner Familie. Also wurde die großartige Bleibe mit der ins Nichts führenden Treppe, den Boulle-Kommoden und den riesigen ausgeblichenen Aubusson-Teppichen Stück für Stück ausgeräumt, wobei plötzlich aufgetauchte Verwandte von Tamie fleißig halfen.

Der Baron und ich saßen in unseren Untermietzimmern wie auf Eisschollen, um uns herum wurde es wüst und leer, und vorne, im Erkerzimmer, kauerte winzig, weißhaarig und stoisch in einem übriggebliebenen Samtsessel unsere Freundin Tamie.

Woher hat sie denn die ganzen Nichten und Neffen, fragte ich den Baron. *Hast du die schon mal gesehen?*

Nie, antwortete er.

Tamiechen, woher hast du denn all die Nichten und Neffen?

Keine Ahnung, antwortete sie.

Wer holt die Anrichte? fragte sie dann. *Keiner von denen, darauf wette ich.*

Die war ein massives, fünfeinhalb Meter langes und schwer eichenes Möbel mit einem geschnitzten Reichsadler auf der Spitze des Mittelteils. In ihr wohnten Generationen von Gläsern, Servicen, Bestecken, Wärmeplatten und Eiskübeln, Requisiten einer längst untergegangenen Welt, in der man alles mindestens hundertvierundzwanzigmal haben mußte.

Aber wenn es umsonst ist, geht selbst das unbrauchbarste Zeug seinen Weg. Autos mit Essener, Dortmunder und Bochumer Kennzeichen wurden beladen und trugen alles davon.

Zum Schluß fand selbst das monströse Buffet einen Abnehmer.

Ich mache mir ein Gartenhaus draus, sagte der Mann, der mit vielen Helfern gekommen war.

Es war zu Ende.

Am Tag als Tamie endgültig ging, war ich nicht da.

Ich habe sie nie wiedergesehen, sie nicht und den Baron auch nicht.

Längst hatten der Besitzer unserer schrägen Villa und ich uns geeinigt. Ich konnte bleiben, in einem Zimmer unterm Dach, wenn ich die gleiche Miete zahlte wie unten. In mein Dachzimmer ging es durch den Dienstboteneingang. Den kannte ich ja schon.

Also, Salto zurück in die Bohème, Kohleofen, Speichereingang, aber ein Bad, ein echtes Bad mit Wanne und Boiler. Das war ein ungeheurer Luxus. In den kommenden Monaten sollten bei mir unterm Dach viele Kommilitoninnen und mancher Kommilitone brav mit einem sauberen Handtuch auftauchen und darauf warten, daß das

Wasser heiß wurde. Nicht der schöne Pole, dem ich seine Verbindungsabzeichen in meiner Anwesenheit verboten hatte und mit dem ich trotz seines verdächtigen Spitznamens und seiner reaktionären Aura schon zweimal im Theater gewesen war. Der wohnte nämlich im Verbindungshaus, da hatten sie genug Bäder.

Ich paßte nicht zu ihm, das war mir von Anfang an klar. Aber wir waren nicht gewöhnt, zu vergleichen oder verglichen zu werden, und wenn wir Vorbilder oder Idole hatten, dann möglichst unähnliche, unerreichbare. So verliebten wir uns ziemlich lautlos und ungesehen ineinander. Als er mir in meinem neuen Zimmer bei Eiseskälte ein Bücherregal baute – in einer fernen Zeit vor der Entdeckung Ikeas –, war es endgültig um mich geschehen. Er kannte nicht nur Benn, sondern bekam auch Bretter an die Wand.

Ich glaube, unsere beiden Elternpaare waren entsetzt über unsere Verbindung, welches mehr, weiß ich nicht. Meine konnten es besser verstecken. Sie mochten ihn auch bald, weil er so exotisch war. Die seinen hatten den Eindruck, ihn an uns, an diese für sie verdächtige und unübersichtliche Welt, zu verlieren.

Es ging überhaupt viel verloren in diesen endenden Sechzigern, Gewissheiten, Ängste, Antworten. In einer Art Entdeckerraserei wurden vergessene Texte ausgegraben als Beweise für die Möglichkeiten, die man uns vorenthalten hatte. Man muß sich einfach zahllose Werkstattgründungen vorstellen, lose miteinander verbunden und mit Zielen, die sich mit jedem Tag verdutzendfachten. Krieg, Kinder, Musik, Schule, Universitäten, Frauenrechte, Sexualität, schwule und andere, Nazizeit, Kapitalismus, Kommunismus, Faschismus, Anarchismus – man hatte über all das ja nichts gelernt und wenig gehört und brachte es sich selber bei, in sogenannten Zellen. Es wurden Papierberge umgewälzt, es wurde vergöttert und verworfen, und die Wirklichkeit sorgte dafür, daß wir nicht in Theorien verfaulten. Das Ding, an dem man sich jetzt abzuarbeiten hatte, hieß *der Staat*, und wie man das tat, hing stark damit zusammen, wo man war und was man machte. Die Theologen waren den Philosophen eine Zeitlang voraus, was die Installation einer besseren Welt anging. Die Juristen, zu denen auch Reiner gehörte, wollten erst mal Examen machen, damit sie die richtigen Mittel zur Veränderung in die Hand bekämen. Deswegen lernte Reiner unangefochten zwischen Demonstrationen und Treffen, Zeitungsgründungen und Asta-Sitzungen für die Prüfungen.

Zehn Tage vor Reiners 24. Geburtstag, am 2. Juni 1967, wurde in Berlin Benno Ohnesorg erschossen. Auch in Mainz gab es danach eine große Demonstration, Reiner trug einen Cut, aus Respekt, wie er sagte. Das regte damals niemanden auf, linke Kleiderordnungen waren noch fern. Es gelang ihm, für einige Wochen gleichzeitig in seiner Verbindung und im SDS zu sein. Die Verbindung bekam Wind davon und warf ihn hinaus. Damit war auch dieses Kapitel erledigt.

Nach einem halben Jahrhundert scheint es leicht, falsch von richtig, gut von böse, sinnvoll von sinnlos zu trennen. Wie ein altes Aschenputtel sitze ich vor den ausgeschütteten Taten und Träumen von damals und versuche, sie auseinanderzuklauben. Aber es geht nicht. Die Talare auf den

Universitäten ausgelüftet zu haben war sicher richtig, die damit einhergehenden Demütigungen hochnäsig zu akzeptieren war falsch. Oder nicht? Oder war es überfällig gewesen, die ungewendeten Magnifizenzen das Fürchten zu lehren? Es rutschte und knirschte überall, in den Institutionen, in den Familien, nur an den Werkbänken, die zu erobern wir für notwendig hielten, knirschte gar nichts. Die Werktätigen, die wir so ausdauernd lieben, erobern und an unsere Seite bekommen wollten, hielten uns für Spinner, denen man das Arbeiten erst mal beibringen sollte, wenn es sein mußte, in geeigneten Lagern.

Um ehrlich zu sein, war die ständig mit neuen Nachrichten unter Feuer gehaltene Empörung in alle Richtungen für mich auch eine Art Theater. Ich kannte es eben nicht anders, und als die Sache aus dem wilden Zauberchaos in geordnete ideologische Bahnen sollte, wo schon wieder irgendwer darüber bestimmte, was richtig war und was ich denken, wünschen, lernen und lieben sollte, wurde ich bockig.

So hatten wir nicht gewettet, und die neuen Götter, ob sie nun Krahl, Cohn-Bendit, Angela Davis, Malcolm X oder sonstwie hießen, waren mir nicht wichtig. Außerdem langweilten mich die heiligen Bücher, um die es jetzt ging, und ich hatte das Gefühl, der lähmende Atem der Philosophie hauche mich schon wieder an, diesmal aus einer anderen Richtung, aus der nämlich, in der ich eigentlich das Leben vermutete. Ich hatte keine Lust, mir Ereignisse durch Analysen vermiesen zu lassen, ich hielt das für eine Art Feigheit. Theorie war ein Reizwort für mich, und ich hatte es satt, irgendwo herumzusitzen und Texte auseinanderzufieseln. Das hatte man auf der Uni lang genug gemacht, es brachte nichts, und wieder bekamen Wichtigtuer die Oberhand. Außerdem benahmen sich die revolutionären Helden uns gegenüber, als wären sie unsere Väter. *Halt den Mund, das begreifst du sowieso nicht.*

Was ich damals nicht ahnte, obwohl ich es längst vorgeführt bekommen hatte, in M.s und Jürgens Elternhäusern, die einander in ihrer polierten Bürgerlichkeit glichen: Diese Revolte bestand aus unausgepackten Kindheiten. Sie kamen in den sonderbarsten und explosivsten Formen ans Licht, bald würden auch die pietistischen Pfarrhäuser eine Rolle spielen, genau wie in Amerika die Milliardärsvillen. Uns beide, den Polen und mich, interessierte das alles zwar sehr, aber unser Glaube, wir seien mittendrin und gehörten dazu, trog. Wir waren immer noch in Mainz und damit weit weg von den Zentren der Revolte, weit weg vom geteilten und verrückten Berlin, weit weg von Berkeley oder Prag, sogar ziemlich weit weg von Frankfurt, wo wir leben wollten.

Mein Freund Jürgen wurde in dieser aufgeregten Zeit immer stiller in einer Art würdevollem Dauersuff. Er trank aristokratisch wie ein Graf, der er so gern gewesen wäre. Ich habe nie gesehen, daß er aus der Rolle gefallen wäre. Er und Reiner achteten einander, sahen aber zu, daß sie sich nicht ins Gehege kamen. Wenn wir in der Kneipe waren, saß ich bald beim einen, bald beim anderen am Tisch. Es war nicht möglich, sie an denselben zu kriegen. Mit Jürgen redete ich über Novalis, Demski erzählte mir was über römisches Recht und wie man so was für die Revolution nutzbar machen könnte. Nachdem seine alte Familie, die studentische Verbindung, ihn aus ihren Reihen verbannt hatte, wurde er mit jedem Tag linker und suchte ernsthaft nach einer Richtung, die so antiideologisch, verrückt und herrschaftsscheu wie er selber war. Er war der geborene Anarchist, aber das wußten wir damals noch nicht.

Jürgen bat mich im Herbst 67, ihn im Zug ein Stück Weg nach Italien zu begleiten. Sein Adoptivvater, der große Professor L., hatte ihm 30 000 Mark dafür gegeben, daß die Adoption in beiderseitigem Einverständnis aufgelöst wurde. Er hatte sich von seinem Sohn freigekauft. Soweit ich mich erinnern kann, ist die Adoptivmutter dazu entweder nicht gefragt worden, oder sie war froh, daß es mit diesem unheimlichen Sohn, der sie bestahl und verachtete, wenigstens in ihrem Haus ein Ende hatte.

Es gibt so viel, was ich in Italien sehen will, und jetzt habe ich genug Geld. Wir fahren erster Klasse, komm doch bis Freiburg mit, ich will über die Schweiz.

Wie vieles damals nebeneinander existierte, Dekadenz und Askese, Bürgerlichkeit, die sich noch nicht in Frage stellte, und Proletariertum, das noch nicht zur Heiligsprechung taugte. Ich glaube, Jürgen wollte vor alldem fliehen. Das falsche Gräfle war endgültig Geschichte, die Revolution mitsamt der Befreiung der Unterdrückten interessierte ihn einen Dreck, er hatte ja nicht einmal genug Kraft, für sich etwas zu wünschen. Eine Welt ging unter, die er nur in Büchern kennengelernt hatte, eine Welt in müden, sanften Farben. Er hatte den Blick von jemandem, dem das Licht zu grell ist. Wenn es Liebesgeschichten gab, hielt er sie sorgfältig verborgen, ich kannte keine.

Die meinen betrachtete er mit Heiterkeit und Nachsicht. Man konnte sich keinen treueren Freund wünschen als ihn.

Ich begleitete ihn bis Freiburg, in einem Erste-Klasse-Abteil, das mir vorkam wie das Innere einer Schmuckkassette, samtig und rot und weich. Er bestellte Champagner beim Schaffner, was ich schön und verwerflich zugleich fand. Ich versuchte, im Gesicht des älteren Mannes zu lesen, was er über uns dachte, aber ich sah nichts.

Worüber wir auf dieser Fahrt sprachen, in dieser knappen halben Nacht, weiß ich nicht mehr. Ich erinnere mich nur noch an Jürgens Eleganz, die langen, schmalen Beine in den Leinenhosen, polierte Schuhe, und weil wir sämtlich nie um literarische Vergleiche verlegen waren, erinnerte er mich an Evelyn Waughs Sebastian aus *Wiedersehen mit Brideshead*. Es fehlte ihm nur der Teddybär. Vielleicht war das das Unglück.

Der Abschied wird kurz und lustig gewesen sein, ohne Sentimentalität. Ich fuhr mit dem ersten Zug wieder zurück, und wir sprachen nicht mehr viel über den Verschwundenen. Reiner wollte nichts von ihm wissen, sie waren sich ähnlich und auch wieder nicht. Während er viel Energie hatte, hundertfache Neugier und praktische Ziele, die seinem Hang zum großen Theater nicht im Weg stehen würden – *Anwälte sind Schauspieler, die immer das gleiche Kostüm anhaben* –, schaute Jürgen, der jetzt wieder seinen eigenen Namen tragen mußte, auf die ungestüme Gegenwart wie ein Hundertjähriger, kraftlos, vielleicht mit einem winzigen Neid, ich weiß es nicht.

Wenig später bekamen wir mal wieder Besuch, als ich

bei meinen Eltern war. Diesmal hatte er sich angekündigt und kam nicht zu Fuß den Berg hinauf, sondern in einem großen Auto.

Es war ein freundlicher deutscher Konsulatschef. Jürgen hatte sich in Florenz erschossen und war dort auch schon begraben worden. Seine ehemaligen Adoptiveltern waren nicht hingefahren.

Jürgen hatte schriftlich darum gebeten, uns zu benachrichtigen, aber erst, wenn alles vorbei sei.

Ich weinte um ihn, aber nicht vor den anderen, und hörte nächtelang das *Adagio* von Albinoni. Meine Eltern schienen nicht erschüttert darüber, daß in meiner Nähe so viel gestorben wurde. Soweit ich weiß, hatten sie keine Angst um mich und wollten auch nicht viel über mich wissen. Wenn ich ihnen aus freien Stücken etwas erzählte oder jemanden vorstellte, waren sie großartig, beste Freunde, ich wurde sehr um sie beneidet.

Der am Horizont aufscheinende Elternmord, der die ganze Generation bestimmen sollte, lief bei mir ins Leere. Bei Jürgens Eltern, die ihn von sich weggeschnitten hatten wie ein Geschwür, konnte man jede Art von Abrechnung begreifen, auch in der kalten Familienfestung meiner toten Freundin M.

Bei uns nicht. Meine Eltern stellten sich einfach dazu, in unsere Reihen, und je wilder die Sache in den darauffolgenden Jahren wurde, desto unerschütterlicher wurde ihre Begeisterung.

1968 marschierten die Russen in Prag ein, der Prager sollte der erste einer Jahrzehnte währenden Reihe von trügerischen politischen Frühlingen werden. Ich jobbte damals in einer Gurkenfabrik und konnte es gar nicht erwarten, nach Feierabend auf die Demonstrationen zu kommen. Etwas säuerlich riechend, durfte ich im VW der Wolff-Brüder das Megaphon halten, während sie Dubček und Swoboda priesen.

Prag war immer ein Sehnsuchtsziel von mir gewesen, ich glaubte, jeden Stein dort zu kennen, und das nicht nur wegen Kafka. Es sollte noch fast zwanzig Jahre dauern, bis sie mich reinließen in die Goldene Stadt.

Meine diversen Jobs sah ich nicht als Teilnahme an der Welt der Werktätigen. Ich wäre auch nie auf die Idee gekommen, meine kurzzeitigen Kolleginnen und Kollegen in politische Diskussionen zu verwickeln, das Wort *Ausbeutung* stand damals erst am Beginn einer langen Karriere. Weit entfernt von jener Avantgarde, die sich dann als trojanische Rösser der Revolution bei Opel und Jenaer Glas verdingte, hießen für mich meine Jobs nur: Geld verdienen, und: *Ich kann da wieder weg.*

Reiner bestand das erste Staatsexamen mitten in seiner politischen Häutungsphase, während ich noch am Rand von allem stand und staunte. Zu deutlich waren die Stimmen meiner toten Freunde, die sich über mich lustig zu machen schienen. Sie hatten einander im Leben nicht gekannt, M. und Jürgen, aber jetzt schienen sie sich miteinander gegen mich zu verbünden.

Es ist doch alles für die Katz.

Keiner will von euch befreit werden.

Ihr lauft Toten nach, schleppt ihre Bilder mit euch herum und lernt ihre Texte auswendig.

Und selbst mein Großvater sorgte für Überraschung, als

er mich in seinem Nachlaß reichlich Bücher von Toller, Marx und Mühsam finden ließ.

Ich konnte mit keinem darüber reden, daß mich dieses bittere Theatergefühl mitten in den leidenschaftlichsten Debatten, von Wasserwerfern durchnäßt, Zeitungsverlage blockierend oder das Amerikahaus umzingelnd, ein Transparent oder eine Fahne tragend, egal wobei, eingeholt hatte. Es war wieder da, dieses Gefühl, nicht wirklich an etwas teilzunehmen.

Mittlerweile hatten Reiner und ich Mainz verlassen und waren in eine gemeinsame Wohnung in Frankfurt gezogen. Vierzig Quadratmeter, fünfter Stock, schräge Wände, heiß im Sommer, kalt im Winter. Schon wieder Montparmasse auf deutsch. Ich trauerte um meine Mainzer Märchenvilla, aber nicht lang. Der Universität war ich ohne Drama abhanden gekommen, oder sie mir, Abschluß hin oder her, es würde sich schon Arbeit finden.

Während Reiner sein Referendariat machte, bewarb ich mich in Frankfurt am Theater. Ulrich Erfurth war Intendant, ich kannte ihn, seit ich Kind war. Es war das einfachste, wieder dorthin zurückzugehen, jetzt, wo die Revolution auch da angekommen zu sein schien.

Warum sie mich genommen haben, weiß ich nicht, wahrscheinlich, weil ich nicht auf die Idee gekommen bin, nach Geld zu fragen. Sie steckten mich in die Dramaturgie und unter die Fittiche eines dicken, fast blinden Albinos namens Rudi Seitz, der alles wußte über Kunst, Theater, Fotografie, Musik, Ballett, Mode, Rotlicht und was sonst noch in Anstalten wie dieser gebraucht wurde. Wenn er etwas anschaute, ein Bild oder einen Text, hielt er das

Betreffende erst vor sein eines, dann vor sein anderes farbloses Auge und drehte dabei den Kopf wie ein Kakadu. Er sprach ein wenig affektiert und immer so, als amüsiere er sich über etwas, das nur er wußte. Man konnte viel von ihm lernen, er war einer jener Theatergeister, bei denen keiner nach einer Berufsbezeichnung fragte. Die jungen Revolutionäre, die nach und nach in vielen Funktionen auftauchten, behandelte er mit Nachsicht. Er sah sie ja nur schemenhaft.

Ich liebte die Arbeit in der Dramaturgie, Texte raussuchen und Bezüge herstellen hatte ich schließlich lang genug gelernt. Hier mußte es schnell gehen. Es war nicht diese träge, wissenschaftliche Bastelei, die mir nie gelegen hatte, sondern ein enthusiastisches Anhäufen von Assoziationen. Für die Wissenschaft war ich zu schlampig gewesen, außerdem vertraute ich nicht auf Ewigkeitswerte. Theater ließ Fehler zu, Abstürze waren nur für Stunden tödlich, man vergaß im Nu und zündete neue Raketen.

Theatralisches haftete vielem damals an, aber mit dieser Meinung war ich ziemlich allein. Der sogenannte Kaufhausbrand, aus dessen Asche nach und nach die RAF stieg, war auch so eine Sache. Ich hatte Mühe, mitzukommen, die Liste der Empörungen, der Beteiligungen, der Diskussionen, des Nieder-mit und Hoch-die wurde immer länger, Sieg im Volkskrieg und die Bilder aus Biafra, die man lieber nicht für wahr hielt – und dann lebte man eben auch noch, und zwar ziemlich gern. Das gefiel den Orthodoxen jeder Couleur, die zu der Zeit aus ihren alten Eiern krochen, überhaupt nicht. Sie witterten neues Leben, neue Beute. Das Klima war günstig für sie.

Das mußte aber weder den Juristen, der endlich loslegen wollte nach all den mühsamen Referendariatsstationen, noch die Jungdramaturgin kümmern. Es gab ja noch kein Internet, in dem alles gefangen und aufgehoben wurde, Standpunkte gerieten fortwährend in Bewegung, und keiner wurde wirklich überprüft. Es war eine wunderbar unzynische Zeit.

Wir könnten heiraten, sagte Reiner irgendwann in diesem achtundsechziger Jahr. Schließlich hatten wir schon zwei Katzen.

Wenn wir heiraten, kann ich in Frankfurt bleiben. Sonst versetzen sie mich nach Dillenburg oder sonstwohin in Hessisch-Katanga.

Niemand heiratete damals, jedenfalls niemand, den wir kannten und ernst nahmen. Der größte Teil der Lebensexperimente wartete noch auf seine Verwirklichung.

Es war also die beste Zeit, und so bestellten wir das Aufgebot in Mainz, weil wir dort noch gemeldet waren, als schlössen wir mit dieser Ehe unsere Provinzzeit ab, unsere katzengoldene Welt, als könnten wir mit ihr auch die Toten, die sie bewohnt hatten, zurücklassen.

Habt ihr euch das auch gut überlegt? fragten seine Eltern.

Nein, antwortete er.

Meine Eltern fragten gar nicht erst.

Wir versuchten, auf einem Schiff getraut zu werden. Das gab es leider schon damals nicht mehr, dafür kriegten wir im Reisebüro als Flitterwochenpaar zwei Reisen zum Preis von einer. Die Hochzeit war mehr als sachlich, und der Standesbeamte gratulierte unseren Trauzeugen, weil sie viel schicker waren als wir. Lilo, meine alte Freundin, war in Weiß gekommen, und Reiners Freund Helge sah aus wie ein kleines Mädchen im schwarzen Anzug. Sie wären auch ein zeitgemäßes Paar gewesen.

Ich habe noch heute, fast ein halbes Jahrhundert danach, ein schlechtes Gewissen, weil wir vergessen hatten, unseren Wein in der Altstadtkneipe zu bezahlen. Als ich die Sache wenige Jahre später auf einer bitteren Erinnerungstour in Ordnung bringen wollte, gab es die Kneipe nicht mehr.

Unsere Hochzeitsreise war, wie alles damals, überhaupt nicht glamourös, sondern eher überraschend. Die Kabine auf dem Schiff hatte kein Fenster, ich kotzte jeden einzelnen Tag auf See und kam nur bei Landgängen wieder auf die Beine. Mein erster und letzter Ehemann nahm ordentlich zu, weil er alles aß, was es an Bord gab. Von morgens bis Mitternacht Essen, Essen, Essen. So was kannte er nicht. Großartig. Es war eine Mittelmeerkreuzfahrt, und Reiner weigerte sich, in Athen von Bord zu gehen, weil dort die Junta regierte. Ich wollte aber unbedingt die Akropolis sehen, und so setzten wir uns mit bösen Gesichtern in den Bus, der die Schiffsgesellschaft dorthin fuhr.

Daß Sssie keine Bettler und Kriminellen mehr auf der Straße ssssehen, haben Sssie der Regierung zu verdanken, sagte die Reiseleiterin mit griechisch zischendem S.

Und wo sind die jetzt? sagte mein Mann laut und gut für alle hörbar.

Der König ist natürlich zur Zeit nicht da, sagte die Reiseleiterin, als wir am Königspalast vorbeifuhren.

Ja, wo mag er denn sein? rief mein Mann.

Ich schwankte zwischen Bewunderung für seinen Freimut und meinem Abscheu davor, aufzufallen. Das sollte ein Programm werden, das unsere ganze Ehe bestimmte.

In Istanbul hatte ich fast die ganze Zeit geweint, wegen der vielen räudigen Hunde, verhungernden Katzen und toten Esel, die man überall sah.

Damals gab es das Gerberviertel noch, es stank erbärmlich. Nein, sie konnten mich mit ihren tollen Moscheen und Palästen nicht für ihren osmanischen Glanz begeistern.

Malta kam mir wie eine rettende Insel der Zivilisation vor, so gemütlich britisch, auch die Hunde und Katzen sahen wesentlich besser aus.

Damals geriet man auf Reisen wirklich ins Fremde, man konnte sich ja seine Ziele nicht von allen Seiten vorher anschauen. Bücher und Fotos waren eine angenehm unzureichende Vorbereitung, meistens waren die Bücher, grade die über Griechenland, die Türkei oder Nordafrika, vom Enthusiasmus ihrer Autoren überzuckert. Visionen von wundervoll lockigen Knaben und allerlei Bewußtseinsveränderungen hatten wir in Romanform längst kennengelernt, Durrell, Bowles, Eberhardt, Leary. Mein Mann schien sehr zu bedauern, daß bei den Landgängen zu wenig Zeit blieb, der Wirklichkeit nachzuspüren.

Dann war die Reise zu Ende, auch die durch das Jahr 1968. Ich hatte schon beim Radio angefangen und würde bald zum Fernsehen gehen. Reiner bestand sein Staatsexamen, und wir spielten Familie, Vater, Mutter, Katzen.

Strafrecht interessierte ihn, und es begann die lange Reihe von Mühseligen, Entrechteten und Beladenen, die sich ihm anvertrauten. Daß linke Anwälte keine Robe anziehen mochten, erboste ihn. Er hatte mehrere davon und einen ganzen Schwarm von weißen Pikeefliegen. Seinen Kollegen, die sich nach und nach auf die einzelnen ideologischen Felder verteilt hatten, war er suspekt, und das genoß er. An seinen juristischen Fähigkeiten zweifelte aber, soweit ich weiß, niemand. Manchmal gingen wir ins Theater, oft zu Demonstrationen und noch öfter in die Kneipe. Wir waren ein hübsches Paar, ich immer noch ein bißchen zu dick, das wurde aber optisch durch seine imponierende Größe ausgeglichen. Wir trugen unsere dunklen Haare ziemlich ähnlich, als Beatles-Kappe, und zogen uns beide gern schwarz an.

Überall roch es nach Revolution, gegen was, wechselte. Was nach ihr kommen sollte, darüber gingen wie über alles die Meinungen weit auseinander.

Wir arbeiteten beide viel und verdienten wenig. Damit waren wir in bester Gesellschaft, bei keinem unserer Freundinnen und Freunde war es anders. Fünfzigmarkweise wurde das Geld bei der *Deutschen Bank* abgehoben. Die müsse es sein, sagte mein Mann, für später, wenn es sich lohne.

Unser Tierarzt Doktor Krex stellte uns nie Rechnungen.

Das hole ich bei den Pudeln von den Damen aus der Kaiserstraße wieder rein, sagte er.

Unser Familienstück war aber schnell zu Ende gespielt, weil die freie Liebe das Regiment übernahm. *Così fan tutte,* Optionen leidenschaftlicher Art an jeder Straßenecke, in jeder Kneipe, auf jedem *Sit-in* oder *Teach-in.* Wer hätte da widerstehen wollen?

Mein Mann suchte das Weite, im Wortsinn, ohne Gesetz, Moral, Religion oder sonstige brüchig gewordene Einzäunungen. Das tat unserer Liebe eigentlich keinen Abbruch, sie war auf Freiheit gegründet, jedenfalls dachten wir das beide und waren stolz darauf. Hinter allen Wirrungen standen wir unverrückbar zusammen in unseren schwarzen Klamotten, mit den Beatles-Haaren und der Neugier auf alles mögliche. Wir waren diskret und sehr konservativ mitten im Chaos. Er war eifersüchtig, und ich tat so, als sei ich es nicht.

Er lernte Jungs kennen, ich auch. Er mochte die zarten, ich entdeckte die bösen. Ein berufliches Intermezzo führte mich in die Theaterabteilung von Suhrkamp, wo ich riesige Egos kennenlernte und zuschauen konnte, wie sich die Revolution in Theaterstücke verwandelte, Walser, Kalisky, Enzensberger. Da würde ich nicht lang bleiben, das merkte ich schnell. Für Mädchen hatten sie da keine Verwendung, jedenfalls keine intellektuelle.

Der ideale Beruf war für mich das Radio. Keine Bühne mehr, keine Dekorationen, Kostüme, Schminke, kein Vorher und Nachher. Keine Sichtbarkeit. Begonnen hatte ich in der unglaublich langweiligen Hörspielabteilung, in der man mich nichts machen ließ, als Zeitungsausschnitte aufzukleben. Ich wehrte mich und konnte bald beim *feature* anfangen, das war ideal. Dessen Chef war kreativ faul, schrieb Gedichte und ließ mich machen. Ich arbeitete mit Dutzenden von Menschen, unbekannten, an denen politische Fragen durchexerziert wurden, oder bekannten wie Enzensberger, den ich ja vom Verlag schon kannte, Ulrike Meinhof, Hans Frick oder Horst Krüger. Nicht zu vergessen Marcel Reich-Ranicki, den hatte ich grade kennengelernt. Sie alle waren nur Stimmen, ich auch, deswegen waren wir auf dem Band gleichberechtigt. Ich konnte ihnen Pausen wegnehmen, Gedanken, ganze Sätze. ich konnte sie mit Musik umstellen oder mit Zitaten von anderen widerlegen. Ich entschied, bei welchem Muster das Kaleidoskop angehalten wurde. Das war dann das *feature*. Da gab es Thema, Autor und Redakteur. Redakteur und damit Chef war ich, die Volontärin, denn die Autoren waren oft Intellektuelle, denen man mit technischen Argumenten manche inhaltliche Petersilie verhageln konnte. Ich entwickelte Spaß an der Macht, und wie Xenophon dem Heer der Griechen tappte ich meiner Zeit hinterdrein und sammelte, sammelte, sammelte. Nichts war zu klein oder zu farblos, um nicht beachtet zu werden. Wir hatten Sendezeit in Fülle und waren eine echte Avantgarde, stolz und wirkungslos.

Das wußten wir aber nicht, und Reiner und ich erzählten einander von unseren Fällen, wobei es Übereinstimmungen zu entdecken gab. Erziehungsheime, Gefängnisse, Kriegsverbrechen, Alkohol, Eifersucht, Habgier, Ausbeutung, Lügen, Drogen, das waren seine Themen vor Gericht und oft auch unsere vor dem Mikrofon. Für alles gab es Erklärungen, Gründe, und gegen vieles Kampfansagen, nach denen suchten wir, genauso wie nach den fernen Paradiesen, in denen die Erbsünde überwunden schien. Kuba, Nicaragua, Nordvietnam.

Da hatte ich allerdings Bedenken, denn ich traute Reiseberichten nicht. Enzensberger zum Beispiel pries die Zukkerrohrernte auf Kuba. Fast alle Linken bejubelten Dinge, die sie nicht kannten oder die sie nur in einer Art revolutionärer Ferien ausprobiert hatten. Die elegante, syltgewohnte Ulrike Meinhof besuchte ein Erziehungsheim und berichtete. Es waren Abenteuerreisen in die Wirklichkeit, die da stattfanden. Man bestand auf Visionen, gründete Aufbau-Organisationen und werkelte an seinen Dogmen. Das war nichts für mich. Allein das Wort *Schulung*, dem man allenthalben begegnete, trieb mich in die Flucht.

Ich fing an, mich in dunkleren Ecken umzuschauen, das war nicht schwierig. Zu jeder echten revolutionären Existenz gehörte die Vertrautheit mit einem Gesetzesbrecher. Auf einem Fest in einer großen Altbauwohnung, die einem Psychologenpaar gehörte, saß ein schweigender Riese mit einer dunklen Brille, von Beruf Bankräuber und grade aus dem Knast entlassen. Er bildete den Mittelpunkt der Party, obwohl er kein Wort sprach, und trug einen viel zu kleinen Hut aus Leder, der auf ihm überhaupt nicht komisch aussah. Lautlos und unaufhörlich bewegte er seine Kiefer. Kaugummi? Wut? Heute denke ich, er spielte für die Gastgeber die Rolle einer Trophäe. Wir umtanzten ihn jedenfalls wie das Goldene Kalb.

Man darf nicht vergessen, daß das Revolutionäre bei den meisten von uns aus Wörtern bestand, aus Zusammengelesenem, Parolen, Zukunftsgeschrei. Bei dem Typen war das nicht so, das spürten alle, die im Raum waren. *Vergesellschaftung der Banken* auf irgendeinem der tausend Flugblätter oder mit Waffe und Maske in eine reingehen, das war ein Unterschied.

Mein Mann war auf einem anderen Fest gewesen, so hielten wir das seit einiger Zeit. Nur keine Zwänge. Habe ich ihm von Toni erzählt? Ich glaube kaum.

Wochen später sah ich den Räuberhauptmann in der Kneipe wieder, er konnte reden, wenn auch in einem schweren, oberhessischen Dialekt. Wir hörten zusammen *My sweet Lord*, immer wieder, wir wollten von Anfang an *unser Lied* haben. Vielleicht bin ich nie mehr von jemandem so geliebt worden wie von ihm.

Es war das Jahr 1970, ein neues Jahrzehnt, nun mußte sich zeigen, was aus Saaten der Sechziger aufginge und wie das mit der Neuen Zeit funktionieren würde. Ich war beim Fernsehen gelandet, und es machte mir mehr Spaß. als ich je für möglich gehalten hätte. Die Kultursendung TTT gab es seit drei Jahren, auch sie war ein Kind dieser neuen Zeit und eine große Spielwiese, auf der man uns herumtoben ließ. Filmemachen war eine Arbeit, die ich mochte, eine Mischung aus schneller Reaktion auf Themen, Organisation, Bilderdenken und Dramaturgie. Man durfte nicht so behäbig und bohrend sein wie beim Hörfunk und nicht so hochmütig wie beim Theater. Verstanden werden war kein Schimpfwort. Mein erster selbständiger Beitrag hieß *Kinder, Kunst und Kunsterziehung*, ich hatte in Berlin, Bayern und Frankfurt gedreht und war sehr stolz auf das Ergebnis.

Vertrug sich einer wie Toni mit dieser neuen Welt? Vertrugen sich überhaupt Revolution, Theorien und all die neu entdeckten *Ismen* mit dieser fröhlichen kulturellen Trüffelsuche, der Bilderfreude und der Neugier, die trotz aller Fortschrittlichkeit in unserer Redaktion zu Hause war?

Ein sehr dogmatischer Kollege entdeckte die Segnungen des sozialistischen Algerien und filmte sie.

Wenn da auf der Straße in Algier Hundescheiße liegt, Ge-

*nosse, dann ist das sozialistische Hundescheiße und deswe-
gen großartig!* höhnte bei der Filmabnahme ein anderer
Kollege.

Wir stritten und maulten und schrien uns an, wir tranken miteinander und arbeiteten, wenn es sein mußte, Tag
und Nacht,

Hatte einer wie Toni in diesem Leben einen Platz?

Hatte mein Mann noch einen? Er verfügte über seine
eigene Bühne, den Gerichtssaal, seine Erfolge, seine inter-
nationaler werdenden Mandate. Aber auch die Bewegung
der RotZschwul, Martin Dannecker, Rosa von Praunheim,
die ganze betörende Wolke ihrer Selbstempfindungen und
wie man die politisch mit dem großen Ganzen verweben
konnte. Wir brauchten einander nur selten und waren
trotzdem weiter jeder in des anderen Blickfeld, als säßen
wir an den gegenüberliegenden Enden desselben Floßes.

Toni aber blieb nur der verblassende Ruhm seiner Taten
und die Furcht vor erneutem Knast. Wir hatten ihn in unsere Welten schauen lassen, deswegen fand er da aber noch
lang keinen Platz. Oft stand er vor dem Sender, geduldig,
bis ich rauskam. Am Anfang war mir das nicht peinlich,
im Gegenteil, er schmeichelte meiner Eitelkeit, der ge-
zähmte Gangster. Längst steckte ich, ohne es zu wissen,
mitten in der Herzlosigkeit, die wenig später eine der we-
sentlichen Eigenschaften der RAF werden würde.

Toni.

In der Nacht von Karfreitag auf Karsamstag 1970 wurde
in der WG, in der man ihm Unterschlupf gewährt hatte,
ein Fest gefeiert. Diese WG lag im Reuterweg, in einer
schönen, etwas heruntergekommenen Altbauwohnung, de-

ren Miete die Eltern eines Reedersohnes zahlten. Der war an diesem Abend nicht da. Deswegen konnte er mir später das Leben retten.

Irgendwann an diesem Abend hatte ich Toni beiläufig gesagt, er möge sich ein wenig zurückziehen, nicht mehr vor dem Sender auf mich warten, überhaupt: So ernst sei das mit uns ja nicht gewesen, sorry, nicht böse gemeint, und natürlich würden wir Freunde bleiben. Es war mir ein wenig unheimlich dabei, das schon, und ich dachte, daß ich keinen mehr fände, der so groß und stark und mir gegenüber so willenlos sein würde. Aber das Experiment war für mich zu Ende.

Für ihn war es keines gewesen, sondern sein Leben. Er versuchte später in dieser Nacht, mich zu erschlagen, mit einer solchen Wut, daß mir von den anderen, von denen wir nur durch eine Wand getrennt waren, keiner zu Hilfe kommen mochte. Ich hörte sie gehen, einen nach dem anderen. Die Eingangstür ging auf und zu, auf und zu.

Toni schlug und weinte die ganze Zeit dabei und irgendwann hörte ich jemanden kommen, eben den Reedersohn, Oliver, der die Tür aufmachte und mich mit den Worten *Was ist denn hier los?* rettete.

Das ist natürlich Quatsch. Wenn Toni mich wirklich hätte umbringen wollen, wäre es ihm ein leichtes gewesen. Schließlich hatte er vor seiner Bankräuberkarriere eine Metzgerlehre gemacht. Das war eins der wenigen Dinge, die er mir aus seinem Leben erzählt hatte.

Ich war davongekrochen, aus der Wohnung raus, zwei Stockwerke runter, irgendwie heim.

Zwei Wochen später verfehlte Tonis Schuß knapp sein

Herz, Teile des Geschosses blieben in seiner Wirbelsäule stecken. Er kam in die Uniklinik, wo ich ihn besuchte, aber erst Tage danach. Der Riese hatte sich gefällt. Aber in Wirklichkeit hatten das wir alle getan, oder ganz allein ich.

Dann ist er gestorben. Niemand konnte mir sagen, wann und wo er begraben werden würde. Wen hätte ich fragen sollen? Noch Monate dachte ich, der riesige Tote würde irgendwo liegen und warten. Über die Sache wurde kaum geredet, in der Zeitung stand sowieso nichts, meine Eltern hatten so wenig Ahnung wie mein Regensburger Onkel, den ich nach dem Ereignis besuchte. Ich tauschte wieder die Welten, für eine kurze Zeit.

Reiner war in der ganzen Zeit freundlich zu mir. Er hatte einen großen Anarchistenprozess in Italien geführt und gewonnen und war sehr stolz darauf. Wir sprachen nicht über Tonis Tod, weder über meine Schuld noch über unsere Verantwortung. Katastrophen wie diese paßten perfekt in die allgemeine Systemkritik. Ein Ausgestoßener, von der Gesellschaft Geächteter, der keinen Ausweg sah. Irgendwie auch ein Held, so wie die Fürsorgezöglinge, die an der Seite der Revolutionäre auftauchten, frech und furchtsam. Manche hielten sie sich wie fremde Tiere.

Er hat einen Staffelberger, hieß es. So hieß die Erziehungsanstalt, Staffelberg, und es gehörte dazu, sich durch deren Insassen eine Dosis Wirklichkeit zu verschaffen. Die Helferinnen und Helfer, die Befreier vom Joch der Heimerziehung verloren allerdings ziemlich schnell die Lust an dieser zähen Arbeit, auch Ulrike Meinhof. Die Mühen der Ebene waren nicht so attraktiv, das sture Alltagsgrau mit Ämtern, Eltern, geklauten Autos und sonstigen Überraschungen aus den dunkleren Winkeln des Lebens erwiesen sich als anstrengend.

Ich wäre nie auf die Idee gekommen, mich sozialpädagogisch zu engagieren, dazu war ich zu egoistisch. Sowenig ich es je fertiggebracht hatte, in eine WG zu ziehen, so wenig hätte ich es mir zugetraut, irgend so ein schief ins Leben geratenes Menschenkind an die Hand zu nehmen und dann zu schauen, was passiert. Ich kannte einige von ihnen, und ihr Hang zum Chaos war mir unheimlich und unangenehm. Ich brauchte Ordnung. Kontrolle. Filmemachen kam mir da sehr entgegen, das jeweilige Thema war mir eigentlich nicht so wichtig. Ob über moderne Kinderbücher, Essen, Psychoanalyse oder Kaufhausmusik – erzählen ließ sich in den zehn oder höchstens vierzehn TTT-Minuten eine Menge, am Galgen im Schneideraum hingen ordentlich die 16-mm-Filmstreifen, auf braune Röllchen waren die Töne aufgewickelt, das eine gehörte zum anderen und half mir dabei, die Welt in handliche Stücke zu teilen und die zu präsentieren. Das Wunderbare dabei war: Ich entschied, wie sie aussah. Jedenfalls der winzige Teil, für den ich verantwortlich war.

Natürlich gab es bei den Filmabnahmen gelegentlich Streit, Kämpfchen, danach Rebellion gegen die Obrigkeit, Kompensation des Frusts durch zu viel Wein oder Liebe oder beides zusammen samt unvermeidlichem Kater, aber der analoge Kulturkosmos war im Großen und Ganzen eine sehr autonome Angelegenheit. Der Markt, die Quote, das waren damals noch kleine, dumme Dämonen, die am Rand des Geschehens herumkrochen und die keiner ernst nahm. Es ging um Aufklärung! Teilhabe! Kultur für alle! Demokratie!

So stürzte ich mich in jedes Thema, das am Weg lag, und noch lieber in die, die ein wenig abseits davon zu finden waren. Oder ich machte mich mit dem gebotenen Ernst an einen Nachruf, der irgendwann gebraucht werden würde, zum Beispiel den von Ernst Bloch. Er war ein kultureller X-Fall, ich glaube, so wurde das damals genannt. Das bedeutete, zum Zeitpunkt seines Todes einen fertigen Film vorliegen zu haben, und den mußte ja irgendwer machen. Die Chronik eines erwartbaren Todes traute ich mir zu. Nach so vielen echten Toden fühlte ich mich bereit, mit der Sache literarisch umzugehen, als Sammlerin, das war meine Lieblingsrolle.

Es fand sich bald ein Gefährte, so war das halt damals. Ich hatte die Nase voll von Dramen, mein Mann war mit seinem eigenen Weg beschäftigt und fand auf ihm einen Begleiter nach dem anderen. Mir begegnete während einer Drehreise in meinem Team ein dünner, stiller Mann mit einem gütigen Gesicht. Er war ein Heilmacher, wie sich herausstellte, einer, dem man eine kranke Katze, eine vertrocknete Pflanze oder eine versalzene Suppe anvertrauen konnte. Alles kam unter seiner ruhigen Pflege wieder in Ordnung, das erhoffte ich mir auch für mich. Daß ich seine Ehe kaputtmachte und zwei kleinen Kindern den Vater wegnahm, weil ich ihn zu brauchen glaubte, gehörte zu den Gemeinheiten, die wir damals für vertretbar, für richtig, für fortschrittlich hielten. In den Bergen linken Schrifttums, das um und um gewälzt und interpretiert wurde, fand sich für alles eine Begründung, eine Berechtigung, und wenn man sich keine Mühe machen wollte, ging's eben der *bürgerlichen Moral* an den Kragen, die für Jahrhunderte ausgespielt hatte.

Es war eine tolle Zeit, und wir arbeiteten eine Menge. Ich weiß nicht mehr, wie viele Filme und Artikel ich vor meinem dreißigsten Jahr gemacht habe, aber es blieb noch genug Zeit zu feiern, Leute zu treffen, Musik zu hören und – das war das wichtigste – umzuziehen.

Bei Freunden hörte ich einen Anstreicher von einer demnächst freiwerdenden Wohnung erzählen. Schöne Gegend, grün, nah am Sender.

In dieser Zeit war die Romantik meiner Speicherbutze in der Habsburgerallee schon ziemlich abgenutzt, die vierzig Quadratmeter arg wenig, die Dachschrägen zu schräg und die fünf Stockwerke zu hoch. Etwas war zu Ende. Aber das wußte ich noch nicht, sondern ich ging munter und voll Tatendrang das betreffende Haus anschauen – drei Parteien – nichts konnte mich abschrecken. Ich muß von Anfang an gespürt haben, daß es nicht mehr lang dauern würde, bis ein Ort und ich unwiderruflich zueinanderfanden. Noch heute, fast ein halbes Jahrhundert später, hat sich das nicht geändert. Ich bin immer noch da.

Das Haus war nichts Tolles, grau, dreißiger Jahre. Die Wohnung konnte ich nicht sehen, sie lag im Hochparterre und die Mieter waren nicht zu Hause. Mein Blick, den man mir aus der Wohnung im zweiten Stock erlaubte, verfing sich in einem häßlichen, geteilten, von Hecken umdüsterten Gärtchen mit einem betonierten Wasserloch. Drei Zimmer, Küche, Bad, Keller und Mansarde.

Wie für einen erwachsenen Menschen. Oder für zwei,

zeitweise. Mein Mann war längst in seine Kanzlei gezogen, manchmal besuchte ich ihn, und wir betrogen unsere jeweiligen Freunde miteinander. Zusammenziehen wollten wir beide nicht mehr. Getrennt lebte es sich freier, auch schmerzfreier.

Der Abstieg vom Dachboden auf die Erde machte uns vier, die indessen drei Katzen und mich, sehr glücklich. Obwohl auf die Wohnung Gustav Meyrinks Beschreibung, sie sähe aus *wie von einem berühmten Spezialisten für Haut- und Geschlechtskrankheiten entworfen*, bis ins einzelne zutraf – der Teppichboden in einem Geschwürrosa, die Tapeten mit schwärzlichen Pocken bedeckt –, war ich keine Sekunde lang entmutigt. Das konnte die Tochter eines berufsmäßigen Weltenerschaffers nicht schrecken. Ich befreite sie Zimmer für Zimmer von ihrer Häßlichkeit.

Immer wieder gab es neue Arbeit, kurze Reisen, neue Filme. Knastprosa und Psychogramme in freier, gebundener oder wilder Sprache waren sehr beliebt, und da ich mich mit Tätern in gewisser Weise auskannte, nahm ich mich ihrer gern an.

Einer davon hieß Hermann Gail, kam aus Niederösterreich und hatte ein Buch namens *Gitter* geschrieben. Es ging um seine Knasterfahrungen, weswegen er gesessen hatte, weiß ich nicht mehr. Wir waren damals sowieso der Überzeugung, es sei in so gut wie jedem Fall zu Unrecht. Oder genauer, daß die, die hineingehörten, nie hineinkämen. Knast war das Unglück der kleinen Leute. Das paßte gut zu dem schüchternen Mann mit dem schweren Dialekt.

Wir fuhren zu ihm nach St. Pölten und machten ein Porträt.

Wie ein sonderbares Lied oder eine Gebetsformel wiederholte er immer wieder, mit dringlicher, singender Stimme:

Dadodissadehma! Dadodissadehma!

Der Tod ist ein Thema, hieß das, wem sagte er das. Versteckt oder ganz unverhohlen begegnete er einem in jedem Buch, in jedem Bild, in jedem Film. Aber auch sein Gegenteil, das hatte ich begriffen und wollte es auskosten.

Ostersamstag 1974 machten mein Freund und ich uns am späten Vormittag auf den Weg zum Flohmarkt am Mainufer. Dahin gingen wir jeden Samstag, wir konnte nicht genug kriegen vom Wühlen in anderer Leute Sachen.

Wir hatten die Wohnung fast verlassen, das Telefon holte mich noch mal zurück. Der Freund meines Mannes heulte hinein, so daß ich ihn erst nicht verstehen konnte. Er machte mich ungeduldig, wie immer, obwohl ich mich wie immer bemühte, nett zu ihm zu sein.

Der Reiner ist tot, tot, tot.

Das war er da noch nicht, er hat gewartet, bis wir kamen.

Zehn Jahre später habe ich die Geschichte aufgeschrieben.

Alte Meister

Angst vor Menschen kannte ich eigentlich nicht, das kam mir schon in den Jahren vor Reiners Tod, vor der großen Zäsur, zugute. Mein damaliger Chef bei TTT, Kurt Zimmermann, pflegte bei Themenbesprechungen zu sagen, *da brauchen wir einen Mann wie …*, und dann folgten die großen Namen der Zeit. *Da brauchen wir eine Frau wie …* kam nicht vor. Das fiel uns aber nicht auf, wir waren zwei Frauen, und wenn es unser Auftrag war, aus den Geistesfürsten für unser unseriöses Medium weise Worte zu locken, dann taten wir das. Wir gerieten uns nur selten ins Gehege. Die Verteilung der Themen war Chefsache.

Das Fernsehen als Medium wollte den Mandarins allerdings schlau verkauft werden. Es gehörte zum guten intellektuellen Ton, es zu verachten, keinen Fernsehapparat zu haben, *Muß das denn sein mit den ganzen Lampen* zu sagen oder: *Es kommt nicht in Frage, daß Sie da was rausschneiden.*

Andererseits war in den endenden Sechzigern und frühen Siebzigern soviel Zukunft durch die Gelehrtenrepublik gerauscht, da wollten sie dann doch teilhaben und gaben sich oft überraschend gnädig. Norbert Elias, Ivan Illich, Walter Jens, Horst Eberhard Richter, und immer wieder Marcel Reich-Ranicki, weil der im Gegensatz zu anderen überhaupt keine Berührungsängste hatte. Man konnte ihn hinter einen Stapel Bücher packen, die nahm er dann eins nach dem anderen in die Hand, und die Urteile rollten aus ihm heraus wie Gewitter. Ich hatte ihn Ende der sechziger Jahre kennengelernt, ob er mich damals zur Kenntnis genommen hatte, weiß ich nicht. Sein Beuteschema war ich wohl nicht.

Alle vierzehn Tage Kultur, keine Moderation, Kultur, die ohne Politik sowenig denkbar war wie ohne Spielerei. Eine damals noch sehr dünne, jazzstimmige Joy Fleming auf den Neckarwiesen ins Bild zu setzen wurde mit der gleichen Ernsthaftigkeit betrieben wie die Ergründung neuer pädagogischer Ansätze oder naturwissenschaftlicher Sensationen, die heute beide längst widerlegt oder vergessen sind. Oder in Verruf, siehe Odenwaldschule.

Joy Fleming gibt es aber noch, und mit ihr wurde ich zur Vorläuferin einer heute riesigen Industrie. Damals sah das so aus:

Plattenproduzent: *Wir könnten so ungefähr drei Minuten Werbefilmchen brauchen für die Tschoi, da fällt doch bei eurem Beitrag was ab, wir bezahlen auch.*

Ich: *Wieviel?*

Produzent: *Sag du.*

Ich (überlege, zähle nach, mit Cutterin sind wir fünf, also muß es durch fünf teilbar sein, dann zögerlich): *Fünftausend Mark!*

Produzent: *Geht klar!*

Ich bin sauer auf mich, weil ich mehr hätte verlangen können.

Brigitte, die Cutterin, und ich setzten uns dann an einem Sonntag in den Schneideraum und klebten aus Schnittresten einen hübschen Dreiminüter zusammen.

Ton drunter, mischen, fertig.

Cutterin, Tonmann, Kameramann, Assistent und ich waren jeder um tausend Mark reicher, einfach so, bar auf die Hand. Als ich das Geld auf dem Parkplatz auszahlte, kam ich mir vor wie von der *cosa nostra*. So fühlte sich Glück an.

Ärger gab es danach nur, weil wir angeblich die Preise verdorben hätten in unserer Ahnungslosigkeit. Da waren also noch mehr Kulturschaffende am Werk, ohne daß man das wußte!

Es blieb mein einziger Ausflug in die leichtlebigen und lukrativen Niederungen unseres Jobs, nach Werbematerial über die Bielefelder Laborschule oder den soundsovielten Soziologenkongress hat mich nie einer gefragt.

Es hatte viel in die Jahre vor Reiners Tod hineingepaßt, so viel, daß das Politische sich immer wieder in Literatur, in Diskussionen, in Festen und Streitereien unterbringen ließ. Von dem Entweder-Oder, das mir jetzt, beim Blick über die Schulter weit zurück, auffällt, habe ich damals wenig gemerkt. Kitsch und Kälte, Love-and-peace und marxistisch-leninistische Strenggläubigkeit in der unerbittlichsten Form, es gab jeden Tag von allem etwas.

Die *Maobibel* und *Hair* schlossen einander nicht aus. Man konnte mit indischen Klamotten in die Clara-Zetkin-Schulung gehen, wenn man wollte. Man konnte auch mit einem bodenlangen lila Berbermantel in einem kleinen Ort im Norden auftauchen, der Nartum hieß, dort die Kühe auf der Weide und die Einwohner erschrecken und mit einem Dorfschullehrer reden, der ein genialer Textsammler war.

Walter Kempowski lebte damals noch im alten Schulhaus, die Schule verfügte über zwei Klassen, und bei allem, was sich nach Sozialismus anhörte, geriet der Mann ins Zittern. Er liebte seine Zwergschule, die neue Mittelpunktsschule, die gebaut wurde, ließ ihn melancholisch werden.

Walter war Anfang Vierzig, klein und zierlich, sonderbar unordentlich geordnete dunkle Locken, Bart und Brille. Optisch lag er genau zwischen Künstler und Lehrer, was nicht zufällig war. Selten habe ich – und wir sahen einander in den folgenden Jahrzehnten immer wieder – jemanden getroffen, der so unwillig war, eine Rolle zu spielen. Denn es gab ja das Rollenangebot für Intellektuelle und Schriftsteller: den Polternden, den Feinsinnigen, den Rüpelhaften, den Beleidigten. Bei den Frauen war Dame oder Feger die einzige Alternative. Mit dem Älterwerden wurde das Fach auch manchmal gewechselt.

Kempowski war Kempowski, mit seinem sanftstimmig gezogenen, leisen Norddeutsch, das nach guter Lehrerart zur Klinge werden konnte. Als wir ihn besuchten, hatte er nichts gegen das Fernsehen, aber auch nicht viel dafür. Er ging in seine Schule, da schliefen wir noch in der kleinen Nartumer Pension. Dann drehten wir vormittags Dorfbilder und holten den Schulmeister ab. Wir redeten vor dem Essen ein wenig mit ihm. Dann aß er, danach schlief er den Lehrerschlaf.

Als das alles erledigt war, wie es sich gehörte, ließ er uns mitten in ein Buch, oben, in seinem Arbeitszimmer. Es war eine Dachstube, sehr dichtergeeignet, und mein Kameramann Winnie, Gott hab ihn selig, schlängelte seinen dürren Leib begeistert zwischen Büchern, Zetteln und Bildern herum. Er war ein Meister der Großaufnahme, wovon wir üppig Gebrauch machten.

Da, die Zettel, das sind die Kapitel! sagte Kempowski. Er hatte sie oben an einer Leiste rings ums Zimmer angebracht. –

Hier, die sind noch viereckig, die sind nicht fertig. Wenn sie fertig sind, schneid ich die Ecken rund, hier, Evchen, siehst du?

Ich wurde mit jedem Nartumer Tag jünger.

Mein eigener Anfang lag noch in weiter Zukunft, noch war ich keine Witwe und keine Autorin. Ich liebte, was ich tat, ich liebte es, ohne nach einem Sinn zu fragen. Der schien doch ganz klar. Man besuchte Menschen, von denen man etwas erwartete. Kempowski zeigte uns, daß ein Buch etwas ganz Dingliches ist, daß es einen Raum braucht, der es umschließt. Er liebte alles Beleghafte, Zeugnisse, greifbare Zeugnisse vergangener Existenzen und vergangener Existenz.

Schon länger weiß ich, daß man diese Liebe Verlusten verdankt. Kempowski hatte irgendwann begonnen, solche Zeugnisse zu retten. Tagebücher aus Nachlässen und Mülleimern, verlassene Fotoalben, er reagierte auf sie wie auf ausgesetzte Lebewesen, an denen vorbeizugehen Sünde wäre. Wir fuhren mit ihm in Trödelläden und auf Flohmärkte. Einmal schaute er mir auf die Hände.

Du hast keine dreckigen Nägel, sagte er.

Und nach einer Pause: *Eigentlich schooode. Ich maach das.*

Das ließ ich mal so stehen, wir hatten in unserem Beruf gelernt, uns nicht leicht zu wundern. Eine gewisse Übung in dieser Hinsicht hatte ich. Mich wunderte höchstens, daß ausgerechnet an dem Tag meine Nägel sauber waren.

Bei diesem ersten Mal hatten wir drei oder vier Gespräche geführt, es war noch die goldene Ära langer Drehzeiten. Was die Literatur betraf, hatte Kempowski ganz feste Ansichten. Ich habe später oft an die zwei Kernsätze gedacht, die er mir mitgab, immer mit diesem sanften, unnachsichtigen Künstler-Lehrer-Ton Rostocker Färbung.

Ich maach in einem Buch nicht am Prozeß des Schärferstellens teilhaben müssen. Das soll der Autor erledigt haben, bevor ichs lese.

Und das andere, kurz und bündig:

Man soll den Schweiß, den einer vergossen hat, nich rrrriechen.

Wenn man die beiden Sätze beherzigt, kann man relativ weit kommen, wenn auch vielleicht nicht in die Weltliteratur. Oder in eine Akademie.

Manchmal klaubte er vor einem Laden weggeworfene Zettel, Fotos oder ähnliches auf. Damals ist mir klar geworden, was mit *aufheben* eigentlich gemeint ist. Schreiben heißt etwas aufheben. Es heißt aber auch, die Flut zu bändigen, das Gefundene, das Erinnerte, die Schrecken und ihr Gegenteil in eine Form zu zwingen. Kempowski war ein gewaltiger Materialorganisator, später schien der Computer gradezu wie für ihn erfunden.

Er war immer der gleiche, ob die Kamera lief oder nicht. Angesichts der Aufhebensarbeit, die da in seiner Stube still auf ihn wartete, fragte ich ihn:

Sind Sie in Wirklichkeit ein Chaot?

Er dachte nach.

War ich vielleicht mal.

Um mein Lebens- und Lieblingsthema kam er auch nicht herum.

Haben Sie Angst vor dem Tod?

Na ja, sagte er, *wär doch schooode, jetzt sterben!*

Er baute dann sein eigenes Museum, Haus Kreienhoop, einen Tempel fürs Aufgehobene, einen großen Vergewisserungsort. Wie viele Schriftsteller liebte er altes Spielzeug, weil da sogar ein Panzer oder ein Elternpaar niedlich aussieht. Man konnte die Sammelstücke im neuen Haus in Vitrinen bewundern. Erst hatte ich gedacht, er sei eitel, das war er gewiß auch. Aber das Haus, dieses Haus, war nicht aus Eitelkeit entstanden. Es war eine Burg gegen den Verlust, eine Heimat für Tiere, Gegenstände und Menschen. Manchmal liefen die Hühner durchs Wohnzimmer. Das gefiel mir besonders.

Indessen kannte ich mehr von seinem Leben, seinen Gefängnisaufenthalt in Bautzen nach dem Krieg, über den er sein vielleicht beeindruckendstes Buch geschrieben hat, seine Familie, die spätestens nach der Verfilmung von *Tadellöser & Wolff* unser aller Familie geworden war – *Man bittet, man fleht, aber nein, sie tun es nicht! –*, und seine Heimat. Sentimentalität kannte er überhaupt nicht, er war ein Präparator der Wirklichkeit mit einem unerschütterlichen Respekt vor echten Tönen und Wörtern. Kein Wunder, daß er vom Literaturbetrieb nicht so geachtet wurde, wie er es sich gewünscht hätte.

Der sei überhaupt kein Schriftsteller, sagte einer von den damals wichtigen, der wie viele damals wichtige längst vergessen ist. So was tat Kempowski wirklich weh.

Das darf einem nie passieren, dachte ich damals.

In den frühen achtziger Jahren zeigte er mir stolz, wieviel Land er rund um sein Haus gekauft hatte, da einen Acker und hier noch einen.

Siehst du, geht bis ganz dahinten, wo die Bäume sind!

Walter, da werden dich die Russen hier als ersten enteignen, sagte ich.

Das war unglaublich dumm und grausam von mir, und entsprechend entsetzt war er. Wie arrogant wir damals doch waren mit unserer zusammengeklaubten politischen Beurteilungsmaschinerie im Hirn. Er nahm es mir nicht weiter übel und lud mich mehrmals zu seinen Literaturveranstaltungen ein. Wenn man las, saß er hinter einem, ein Foto zeigt ihn schlafend hinter meinem Rücken.

Für die Teilnehmer gab es Plastikbecherchen mit Rot- oder Weißwein, das Becherchen für 50 Pfennige.

Man hat nichts zu verschenken.

Das letzte Bild, das ich von ihm vor mir sehe, zeigt ihn in seinem kleinen Wintergarten beim Abendessen mit seiner Frau, Gurken, Tomaten, Knäckebrot. Beide sind still und heben abwechselnd, mal er, mal sie, eine rosa Fliegenklatsche.

Patsch.

Dann wischen mal er, mal sie, das erlegte Tier vom Tisch.

Bei Fliegen hört's auf, sagte er.

Seinen Infusionsapparat, den er brauchte, als er krank wurde, nannte er den *Tröpfelmann*.

Noch sind wir aber im Jahr 1972, noch ist vieles nicht erlebt und nicht aufgehoben, wir verabschieden uns aus

der Dichterdorfschule und dürfen zum Schluß die kahlge-
schorenen Rundschädel der Bauernbuben bewundern.

Sommerschur, sagt der Lehrer Kempowski.

*Bis Weihnachten wachsen denen die Haare, dann kommt
der Friseur wieder.*

Eine solche Reise machte man immer zweimal, in Wirklichkeit und dann noch mal am Schneidetisch. Gewöhnlich kamen einem da aber schon andere Themen in die
Quere, wurden erwogen, eingeordnet, verteilt – oder einfach ausprobiert. Heutzutage kann man im Vorfeld so viele Informationen einsammeln, daß man ihnen nur nach-
zutappen braucht, aber damals stand man nicht selten
völlig überrascht vor Situationen – wenn man die geahnt
hätte, wäre man vielleicht gar nicht erst weggefahren.

Warum man mich mit meinem nun schon bewährten
Chaotenteam zur Bildhauerbiennale nach Carrara geschickt hat, weiß ich bis zum heutigen Tag nicht. Von
Kunst verstand ich nicht viel, aber der in der Redaktion,
der es tat, hatte wohl keine Lust. Unter einem Bildhauer stellte ich mir einen mit Bart und Steinhämmerchen
vor, der geduldig aus einem Brocken etwas herausklopft.
Gut, wir kannten Giacomettis dürre Wesen und die marmornen Wattebäusche des Henri Moore. Mit edler Ein-
falt und stiller Größe und den weißen Augen der Antike
war ich ja schon in der Schule gefüttert worden, so machten wir uns fröhlich auf den Weg. Katzen versorgt, Haushalt organisiert, es konnte mal wieder losgehen. Ach,
Italien.

In Marina di Carrara hatten wir eine schöne, einfache
Pension am Meer bezogen, und ich stand bei der ersten

Erkundung der Stadt fassungslos vor Glück vor einem kleinen Palais, an dem ein Spruchband hing. Darauf stand, ich schwöre es, *FEDERAZIONE ANARCHICA DELLA ITALIA.*

Zum ersten Mal rief ich von unterwegs meinen Mann an. Das war sonst nicht unsere Gewohnheit, man machte das eigentlich überhaupt nicht, weg war weg. Wir lebten da auch schon getrennt, aber das mußte er doch wissen: Es gab sie hier, ganz öffentlich, sie hatten ein Haus, sie wurden respektiert! Die Anarchisten, zu denen wir über mühsam zusammengesuchte Lektüre gefunden hatten, weil wir beide Ideologen nicht leiden konnten. Unser Erweckungserlebnis war die gemeinsame Übersetzung eines Suhrkamp-Bändchens gewesen, *Anarchismus, Begriff und Praxis* von Daniel Guérin.

Schau mal, das gab's schon lang, sagten wir und suchten fürderhin nach Quellen, was den streng marxistischen Büchermenschen in Frankfurt sehr gegen den Strich ging. Welche Freude, nach Monaten endlich ein Kropotkin! Als gäbe es sie wieder, die verbotene Literatur.

Ich verstand ihn schlecht an diesem komischen Telefon, er wollte alles mögliche wissen, wir sollten Fotos machen, ich nach Valpreda fragen, ob den da jemand kenne? Der war sein Mandant in Italien gewesen, und er hatte ihn im letzten Moment aus den Fängen der Neofaschisten gerissen, jedenfalls sah er es so. Dafür sprach, daß Valpredas Genosse Pinelli bei einer Vernehmung in Rom ganz zufällig aus dem Fenster gefallen war und das nicht überlebt hatte.

Der Hessische Rundfunk bezahlte mich aber nicht dafür, den italienischen Anarchisten nachzuspüren, sondern ich sollte über eine ernsthafte Kunstbiennale berichten. Daraus wurde aber auch nichts, jedenfalls nicht so, wie es ursprünglich geplant war. Der Grund war das etwa vogelhausgroße Modellchen, das uns in einer Steinmetzwerkstatt gezeigt wurde, Meister Moore hatte es abgeben lassen, und sie, die Steinmetze, mußten das Ding nun auf die bestellten Riesenmaße bringen.

Wie das gehen sollte?

Erst einmal brauche man den Stein, beschied man uns, das sei doch klar. Nicht jeder Stein enthalte ein Kunstwerk oder das Kunstwerk, das der Künstler haben wolle. In manchem Stein sei ganz anderes verborgen, sie, die Steinmetze, wüßten das. Sie horchten am Stein, und er erkläre sich. Unsere Dolmetscherin, an die ich mich kaum noch erinnern kann, machte erstaunte Augen, und ich versuchte hartnäckig, mit meinem Schlüssel aus Schullatein in den schwierigen Dialekt der Steinwerker einzudringen. Mich hat schon immer geärgert, wenn ich was nicht verstand.

Wo holen sie denn den Stein? fragte mein Kameramann Winnie und zeigte seinen bilderjagdlustigsten Blick.

So fuhren wir hinauf in die Berge, in die Steinbrüche, ins Reich der *Frau mit den gelben Zähnen*, wie sie hier den Tod nannten. Der weiße Stein, dessen hundert Farben wir längst noch nicht erkennen konnten, war umsponnen von Netzen aus Stahlseilen, die rüttelten und rüttelten, von Wasser umspült und gekühlt und sich geduldig in den Berg fraßen. Zentimeter um Zentimeter wurden die Blökke herausgesägt.

Der Marmor Michelangelos hieß *marbo pi,* er war der weißeste. Hier, in diesem Gebirge, war der *David* hunderttausend und aberhunderttausend Jahre versteckt gewesen.

Um die, die hier arbeiteten, ging es, für uns waren die Künstler mit ihren Modellchen weit weggerückt. Die Steinbrucharbeiter hievten die Blöcke aus dem Berg auf klapprige Lastautos und fuhren über steile Gefälle zu den Werkstätten. Von oben konnte man sehen, wie die Riesenlasten sich über die Serpentinen hinunterschoben, nur von armseligen Bremsen gebändigt. *Die Frau mit den gelben Zähnen* fand genug zu beißen in dieser weißen, staubigen Welt, in der die Stahlseile Tag und Nacht ratterten und kreischten. Tödliche Unfälle am Berg, unter Marmorblöcken zerquetschte Körper, Staublungen, Stürze. Am Ende und vielleicht ein paar Tote später gab es ein Kunstwerk und einen Pressetermin, wo viele Fotografen den Künstler mit einem Hammer am fertigen Werk ablichteten. An den Seilstationen verkauften die Arbeiter für ein paar Lire Singleschallplatten, die sie selber aufgenommen hatten, schöne, traurige Lieder und Gebete. *S'mis a pregar.* Ich habe sie immer noch, die kleine Platte. Abspielen kann ich sie schon lange nicht mehr.

Die Bilder von den weißen Bergen mit den furchtbaren Straßen, den Blöcken auf den altersschwachen Lastwagen, die Bilder von den kleinen Bauernhöfen, wo die Arbeiter wohnten, sind mir viel gegenwärtiger als die der schönen Replikenlager der Steinmetzwerkstätten, wo die antike Kunst der ganzen Welt aufs Kopiertwerden wartete, sie selber schon längst Kopien. Venus, Athene, Dornauszieher,

Sterbender Krieger treu vereint und mit Vermessungspünktchen bedeckt wie mit einem sonderbaren Ausschlag. Ich glaube, ich habe dort Marino Marini gesehen.

Abermals ließen wir leichten Herzens eine Welt hinter uns, die ich so nie wiedersehen würde, das Cinqueterre der frühen Siebziger, Carrara mit seinen geheimnisvollen Anarchisten, die ich nicht getroffen hatte. Mein Kameramann Winnie allerdings verlor sein Herz an die Landschaft und kaufte sich dort wenig später eine kleine Hütte, in der er oft lebte, bis er sich irgendwann stoisch zu Tode getrunken hatte. Der Suff, das war seine Frau mit den gelben Zähnen.

Es war damals leicht, systemkritisch zu sein, man fand ja überall Löcher und faule Stellen, auch die Kunst stand nicht für Gerechtigkeit, was keinen überraschte. In Holland erfand man in diesen Jahren eine Kaufpflicht des Staates für Kunst, was eine wirklich dumme Art war, mit der Sache umzugehen.

Kultur für alle, Kultur fürs Volk, Krieg den Palästen. Die wirklichen Chefs warteten ab und spielten mit. Man ließ uns linken Welpen eine Menge durchgehen, wir durften Filme über alle möglichen Revolutionen machen, vor allem, wenn gute Musik und interessante Dramen damit verbunden waren. Chile und Victor Jara, zum Beispiel. Der Sänger war schön wie El Commandante Che, ich glaube, wir sind nächtelang im Sender aufgeblieben, um als erste an das spärliche Material zu kommen, das uns aus Santiago erreichte. 1973 wurde Jara mit vierundvierzig Schüssen von den Putschisten ermordet. Vierundvierzig. Irgend jemand mußte sie gezählt haben. Seine Musik wurde in unseren Ewigkeitskanon aufgenommen, alles war Spiel, auch dies.

Mir jedenfalls kam es so vor, bis zu jenem Ostersamstag 1974. Danach war plötzlich jeder Tod wirklich. Der seine bestätigte sie alle. Erst mit dem seinen waren alle anderen wahr.

Vorher gab es aber noch ein ganz anderes Spiel, eins, das ich nie für möglich gehalten hätte. Es hieß Konkrete Poesie. Die Bühne für diese verrückte Woche, in der wir alle zu plappernden, lallenden, singenden und kiffenden Kindern wurden, lag vor den Toren Frankfurts, in Hanau, genauer im verwunschenen Wilhelmsbader Park. Diese Konkrete Poesie wurde allen Ernstes als Ausweg aus der bürgerlichen und deswegen verdammenswerten Literatur gepriesen.

In Wilhelmsbad hatte ein Theaterchen im Dornröschenschlaf gelegen, war behutsam nach mehr als hundert Jahren geweckt und mit viel Geld restauriert worden – und jetzt mußte da was passieren. Wer die herrlich feudalistische Entscheidung gefällt hat, daß Konkrete Poesie als Programm für das Scheunentheater des Hessischen Kurfürsten Wilhelm perfekt geeignet sei, weiß ich längst nicht mehr. Kein vergnügungssüchtiger Rokokofürst hätte es schöner erfinden können: Spiel, Spiel um des Spiels willen, aber mit stoßfesten Literaturtheorien umzäunt, so daß man gar nicht auf die Idee zu kommen wagte, es handle sich um reinen Quatsch. Es wurde gesirrt und gegurrt, stabgereimt und lautgemalt, gekeucht, gequasselt, gestöhnt und manchmal auch geschwiegen, was das Zeug hielt. Der Wein, der dabei half, hieß *Langenlonsheimer* und war ein

Riesling, von den Dichtern und uns, dem Personal, der Lange Loisl genannt. Am dritten Abend waren die Vorräte erschöpft. Für mich war die ganze Veranstaltung ein unverhoffter Purzelbaum zurück in die Kindheit, zu meinem unsinnsgedichtverrückten Großvater, der wahrscheinlich mit seinem Lied

Kum quai quanni monni denni
kum kai qua, kum kai qua
kum kai quanni monni denni
kum kai qua –
oh nasse rum
onikodema, makamakunta…

das er oft sang, dort im Dichterpark gut angekommen wäre. Nur, daß das Kunst sei, hätte er vermutlich nicht geglaubt.

Wir drehten und drehten, Rolle um Rolle 16 mm, die kurzen Nächte wurden im Kurhaus verbracht, mit schnell wechselnden Zimmerbelegungen. In den analogen Schatzkammern des Fernsehens, wenn es die überhaupt noch gibt, müssen Zehntausende Meter ungesendeten Materials liegen, die diese Sternstunden der Literatur dokumentieren könnten.

Aus der sicheren Entfernung beobachtete ich von meiner Jungredakteurinnenstelle aus die konkreten Dichter. Frauen waren auch dabei, aber nicht zum Dichten, sondern als Musen. Die neiderregend schöne Nina von Porembsky, an deren Ledermaximantelzipfel alle unsere Kameramänner hingen, und eine rosahaarige Österreicherin mit breiten Hüften und Hotpants, die auffiel, weil sie als einzige nicht versuchte, wie Uschi Obermaier auszusehen.

Die auf den Wiesen des Wilhelmsbader Parks lagernde, von Wölkchen überschwebte konkrete Poesiegemeinde war eine wundersame Reinkarnation der untergegangenen Müßiggangsgesellschaft, welcher Theater, Kurhaus und Park zu verdanken waren.

Die Diktatur des Proletariats machte Sommerpause, engagierte Literatur, Literatur der Arbeitswelt, allfällige Bottroper oder sonstige Protokolle hatten ein paar bukolische Tage und Nächte lang nichts zu melden. Wir genossen das alle sehr, und ich hörte auf, über irgendeinen Sinn dieser Werke nachzudenken. Schließlich hatten einem gestandene und durchaus fortschrittliche Literaturwissenschaftler erklärt, wie wichtig das Getöne und wohlgeformte Geplapper sei. Daß es sich eigentlich jeder Beurteilung entzog, daß es einzig das Wort *Gefällt mir* auszulösen in der Lage war, wem schadete es? Gefällt mir irgendwie, sagten wir. Ein allgemeingültiges Urteil, ein abschließendes, wurde das armselige *Gefällt mir* erst Jahrzehnte danach. Hätten wir uns nie vorstellen können.

Wer dabeigewesen ist? Gerhard Rühm, an den erinnere ich mich noch genau. An ihm durfte ich zum ersten Mal die Pracht einer schlechten Laune studieren, die so nur in Österreich gedeiht. Es waren überhaupt viele Österreicher bei den Konkreten. Peter Weibel auch. Der haute mit Absicht seinen Kopf an ein Scheunentor, immer wieder. Dabei zuzusehen und ein passendes Gesicht zu machen, fand ich nicht einfach.

Aus unserer Gegend Franz Mon, mittlerweile ein Nestor der Konkreten. Eugen Gomringer. Max Bense. Oskar Pastior? Er war ein Rhapsode mit furchtbarer Vorgeschichte, jetzt machte er verrätselte, unbegreifbare, hübsch und musikhaft klingende Wörterspiele.

Woher einer kam, wußten wir damals nicht. Seit Kriegsende war eine Generation aufgegangen, die waren wir, die hielten wir besetzt. Wir waren dran, zogen ein paar Ältere mit, die unbedingt dabeisein wollten, und wehrten uns nicht gegen Jüngere. Und spielten ein sonderbares Stück in diesem Park, erfüllt von den Stimmen der Vögel und der Konkreten, in dem wir statt Hotpants und ledernen Maximänteln Krinolinen, Escarpins und Puderperücken hätten tragen sollen.

Es dauerte bis tief in den Sommer 1974 hinein, bis die Lebens- und Todesangelegenheiten meines Mannes geregelt waren, jedenfalls so weit, daß nicht mehr jeden Tag eine jener Entscheidungen nötig war, bei denen einem kein Mensch helfen konnte.

Wohin sollten die Briefe, die Roben, wohin mit brisanten Akten oder großen Ringen mit bunten Steinen, die ich noch nie gesehen hatte? Wohnung und Kanzlei waren eins, aber man mußte beides gewaltsam voneinander lösen, nach seinem Tod. Wer wurde der übernehmende Anwalt? Ein Anwalt stirbt nicht, nur der Nackte unter der Robe ist tot. Das Recht behält seine Kleider an und macht weiter. Gewiß, es gab eine Menge linker Kollegen, die gute Ratschläge versuchten, aber sie hatten selber vom jungen Tod wenig Ahnung.

Mach eine Stiftung, sagte einer, der mit ihm zusammengearbeitet hatte, bis sie sich zerstritten.

Was für eine Stiftung? antwortete ich. *Ich hab noch nicht mal genug Geld für seine Miete.*

Wir haben kein Geld, um das Bafög zurückzuzahlen, und für die Überführung zu uns auch nicht, sagte seine Mutter. *Du wirst ihn schon hierbehalten müssen.*

Sein Vater schwieg, wie immer. Ich glaube, er schämte sich.

Sorry, ich bin grade ein bißchen pleite, aber sag bloß deiner Mutter nichts, sagte mein Vater. *Wir kriegen das schon irgendwie hin.*

Es kriegte sich hin, das habe ich damals gelernt. Wenn man stillhält, lösen sich die Knoten allmählich auf, nicht glatt, nicht schnell, aber unaufhaltsam. Gegenstände machen sich auf die Wanderschaft, wenn man ihnen ruhig zuschaut, irgend jemand will sie haben, die Ringe, die Roben, den Nachtschrank. Die brisanten Akten verteilten sich ins System wie die normalen, von denen es sowieso nicht viele gab. Wenn grandiose linke Mandanten, für die er sein Herzblut vergossen hatte, um ihn weinten, habe ich davon nichts mitbekommen. Geholfen hat mir keiner.

Ich hatte jetzt Schulden und verdiente nicht viel, aber es waren stolze Schulden, unschuldige, irgendwie politische. Ich konnte schon früh mit Geld umgehen, das war in meiner chaotischen Familie unausweichlich. Jetzt kam mir das grade recht, obwohl es in unserer damaligen Welt verdächtig war. Praktisch zu denken galt als reaktionär.

Ich entwickelte eine tiefe Abneigung gegen das Pathos, das um die Toten gehängt wird. Es ist meist nichts als Faulheit, wohlfeil und nutzlos. Zwischendurch, kaum einen Monat nach seinem Tod, war ich dreißig geworden, es war ein leiser, irgendwie verdutzter Geburtstag. Bachmanns dreißigstes Jahr, Balzacs Frau von dreißig Jahren, zu diesen wehleidigen, unfähigen Weibern wollte ich mich nicht gesellen. Nie vorher hatte ich so wenig zwischen Ende und Anfang unterscheiden können. Eine Handvoll Freunde, meine Eltern und ich saßen abends bei mir zusammen und redeten mehr von dem unter der Erde, als mir lieb war. Worüber aber hätten wir sonst reden sollen.

Ich hatte nicht aufgehört zu arbeiten, noch war ich ja fest angestellt, und obwohl wir nicht mit der Stechuhr kontrolliert wurden, mußten Sendungen zusammengestellt, Beiträge gemacht, Themen gefunden werden. Eine Menge Kultur wurde in die Welt hinausgeschleudert, richtige und vermeintliche, und manchmal war das eine vom anderen nicht zu unterscheiden.

Mein Freund, der Toningenieur S., der lange, stille Heilmacher, mit dem ich auch manchmal im Team zusammenarbeitete, half mir sehr. Er tat das in unserer Welt, unserer gemeinsamen, in der man sich um den Garten und die Katzen kümmerte, zusammen kochte oder alte Schränke abbeizte. Nicht in den komplizierten politisch-juristischen Labyrinthen, durch die ich mich monatelang quetschen mußte, die kannte er nicht, und wahrscheinlich wollte er sie nicht kennen.

Ob ich mitkommen wolle, fragte er eines Tages. Er hätte vor, ein Bauernhaus zu kaufen. Ich antwortete, daß er meines Wissens dafür gar kein Geld habe. Schließlich gab es in seinem Leben zwei kleine Kinder und eine Frau. Unsere gemeinsame Wohnung war allein meine Sache. Das hatte ich so gewollt, seit ich sie zum ersten Mal gesehen hatte. Ich wollte sie in Wirklichkeit mit niemandem teilen.

Er finde, wir sollten ein Bauernhaus haben, sagte er. Das Geld komme dann schon zusammen.

Davon, daß für meine Schulden keins da war, sprachen wir nicht. Wir hatten getrennte Leben, das wußte ich, und so begleitete ich ihn auf vielen Fahrten, um die Häuser kennenzulernen, die in den Siebzigern auf die verschiedenen Großstadtlinken zu warten schienen. Wieder ein neues Spiel, und es stellte sich heraus, daß es gut für mich war. Die Theaterkindheit meldete sich seit langer Zeit einmal wieder, in den Weiten des Vogelsbergs warteten Kulissen darauf, daß wir sie schönmachten, ihnen ihren alten Glanz zurückgaben und neue Stücke darin aufführten.

Alle kauften Bauernhäuser, Junglehrer und Redakteure, Musikproduzenten, Universitätsassistenten oder Ärzte, Restaurantbesitzer oder Kleinverleger. Alle. Um die böse Stadt herum legte sich ein Ring der Unschuld mit selbstgehäkelten Gardinen, selbstgebackenem Brot und hilflosen Scharmützeln mit den dörflichen Ureinwohnern, die nicht begreifen wollten, daß sie in einer Idylle lebten. Man würde es ihnen schon beibringen.

Von heute aus gesehen waren die siebziger Jahre eine Art Delta, eine Vielzahl von Flußläufen, die nebeneinanderher flossen und, obwohl sie nichts miteinander zu tun zu haben schienen, unterirdisch verbunden waren. Die infantilen Liebes- und Musikkostümfeste im Rauch der Träume und die Eisigkeit der Roten Armeen, die sich überall rekrutierten und das Leben zu verachten lehrten – das war ja alles gleichzeitig, auch wenn man es damals nicht so sah.

Am 1. Juni 1972 waren Baader, Meins und Raspe im Frankfurter Hofeckweg verhaftet worden. Ich war an dem

Tag im Schneideraum gewesen und hatte schon morgens gemerkt, daß irgendwas los war, die ganze langweilige Gegend samt Sportplatz schien zu vibrieren. Der Hessische Rundfunk war unmittelbarer Nachbar der Untergrundunterkunft, die so untergründig eigentlich nicht gewesen war. Der Obergesuchte Baader ist mit einem lila Porsche in der Gegend rumgefahren.

Wenige Tage vor seiner Festnahme war Raspe bei meinen Eltern aufgetaucht, er wollte dringend mit meiner Mutter reden. Wie oft er zuvor dort gewesen ist, hat sie mir nie gesagt.

Er und ich hatten uns einmal getroffen. Ich glaube, er wollte Autokennzeichen wissen, von Dienstautos. Es war ja eine ständige Schnitzeljagd mit Wohnungen und Verstecken und Papieren und Informationen im Gang, für die ich wegen meiner vielen Reisen ziemlich ungeeignet war. Daß ich denen aber helfen wollte, stand außer Frage. Warum? Sie waren wir, der Kampf für Gerechtigkeit, die Wahrheit, sie waren der Bruch mit der Geschichte vor unserer Geburt, der Neubeginn. Es machte mir nichts aus, daß ich sie nicht verstand. Es genügte mir, ihnen zu glauben. Das war aber bald aufgebraucht, nach dem Tod meines Mannes war nur noch wenig davon übrig. Die Heldenpose war angesichts eines echten Todes zerbröckelt. Zwischen ihrer grauenhaften Sprache und ihren immer anmaßenderen Aktionen erschienen sie mir als die, die sie waren: kleinbürgerliche, lebensfeindliche und verzweifelt ahnungslose Angstmacher, die kein Ziel hatten außer ihrer eigenen kalten Präsenz.

Das war aber noch weit weg. Ich traf Raspe am Marbachweg. Plötzlich fuhr ein Polizeiauto dicht an uns vorbei, ich nahm ihn zur Tarnung fest in den Arm und versteckte sein Gesicht an meiner Schulter. Er fühlte sich an wie ein Vogel, noch heute, Jahrzehnte später, spüre ich dieses Knöchleinbündel. Er muß mehr als einmal im Taunus gewesen sein. Immer allein, wie mir meine Mutter später sagte. Sie hatte sich jedenfalls in ihn verliebt, und ich glaube, er erfüllte ihre Mädchenträume von einem sanften Desperado, wie sie ihn sich während ihrer Kindheit in der Nazizeit gewünscht hatte.

An diesem Abend hatten meine Eltern unseligerweise Besuch, und meine Mutter mußte den jungen Revolutionär schweren Herzens wegschicken.

Er solle unbedingt morgen wiederkommen, habe sie ihm zugeflüstert.

Aber wie in jeder guten Moritat war die Polizei schneller. Die Bilder von den halbnackten, gespenstisch mageren Männern in unserer Nachbarschaft erschienen auf den Monitoren, man kam aus den verschiedenen Schneideräumen und schaute schweigend hin. Unser Polizeireporter, ein freier Journalist ohne Kinn mit Namen Baum, genannt der *Katastrophen-Baum*, wuselte wichtig durch den Flur, auf dem sich langsam die Reporter und die Cutterinnen sammelten, und ich brach in Tränen aus. Die alte Cutterin Herta Ossadnik packte mich energisch und zog mich in ihren Schneideraum, es war der ganz hinten am Fenster.

Ich hab mir schon so was denkt.

Was sie sich denkt hatte, sagte sie nicht. Ließ mich ausheulen und dann von ihrem Apparat aus meine Mutter anrufen.

Auch die weinte.

Er wollte raus, er wollte weg, schluchzte sie. *Ich weiß es ganz genau. Ich hätte ihn außer Landes bringen müssen!*

Sie hörte sich an wie aus einem Stück von Schiller. Außer Landes bringen! Meine Mutter konnte nicht Auto fahren, war blind wie ein Maulwurf und ebenso schlau wie realitätsuntüchtig. Ich habe bis heute nicht eine Sekunde daran gezweifelt, daß sie imstande gewesen wäre, mit Jan-Carl Raspe bis nach Australien zu fliehen.

In der neuen dörflichen Welt, wenige Jahre und einen Tod später, war das alles fast unsichtbar geworden. Zu mir waren die Bauern ringsum freundlich und fürsorglich, das Leben, in dem sie mich vermuteten, hieß Fernsehen und nicht RAF. Wobei ihnen wahrscheinlich beides ähnlich unglaubwürdig und fremd erschien. An den Wochenenden tauchte ich auf, machte eine kleine Begrüßungsrunde bei Mensch und Tier, setzte mich auf eine Bank hinter dem Haus und schrieb. Damit hatte ich irgendwann angefangen, keine Texte für den Funk oder fürs Fernsehen, wie ich sie gewöhnt war, es wurde was anderes, was, war mir erst mal nicht so wichtig. Seite um Seite, schön nacheinander.

Irgendwann schrieb ich einen Titel hin, nur so:

Das Lächeln der sterbenden Klasse.

War egal, wußte ja keiner davon. Während der Woche war ich in Frankfurt oder unterwegs zum Drehen, ich habe mich in diesen Jahren vor keinem Thema gefürchtet und mir zugetraut, alles zu begreifen und alles zu fragen. So unschuldig würde ich nie wieder sein.

Einer hatte mich noch nach 1974 begleitet. An den dachte ich, lang nachdem wir ihn porträtiert hatten, immer wieder, und nach Reiners Tod war er eine Art heimlicher Nothelfer. Meine Hausheiligen kamen aus der Literatur, manche aus der bildenden Kunst, die meisten waren tot, einige lebten noch, und ich redete nie über sie. Es war mein Regensburger Erbe, die Erinnerung an die stillen, gruseligen Gestalten, die hinter Glas unter den Altären lagen und darauf warteten, einen beschützen zu dürfen.

Christy Brown war so ein Geschenk, ein Moment der Erkenntnis, ausgelöst durch einen Bestseller von 1972, der sich für mich als etwas Großes, Richtungweisendes herausstellte. Den Autor mußten wir damals allerdings erst mal suchen, in Dublin.

Das Buch hatte einen blöden deutschen Titel, *Ein Faß voll Leben*, im Original hieß es *Down all the days*, und wir machten uns auf den Weg nach Irland, um herauszufinden, was das bedeutete. Außer einer nicht nachprüfbaren Adresse in einem Dubliner Außenbezirk und ein paar Telefonnummern, bei denen niemand dranging, hatten wir nichts, und mit dem Leihwagen, den wir vier am Flughafen mieteten, mußte sich unser Fahrer erst mal an den Linksverkehr gewöhnen. Zum ersten Mal in seinem Leben, wie er uns später gestand. Unser Hotel war in der O'Connell Street, mitten in der irischen Geschichte samt Revolutionspostamt, und schon am zweiten Abend – da hatten wir den ganzen Tag vergeblich nach dem Phantom Christy Brown gesucht – gab es eine Bombendrohung im Hotel.

Man wurde gebeten, in der Halle zu bleiben, und bekam einen Whiskey.

Da steht eine Tasche, sagte Winnie, unser Kameramann. *Ich meine ja nur.*

Das Gitter an der Bar rasselte runter, und wir gingen raus, nach einer anderen Kneipe suchen. Ich schlief schlecht in der Nacht, was, wenn wir einem Gespenst aufgesessen wären und ein ganzes Team unverrichteter Dinge wieder heimfahren müßte? Die Bombendrohung schien mir dagegen harmlos.

Märchenhaft unglaubwürdig war dieser Christy Brown allemal, eines von 22 Kindern einer einzigen Mutter, spastisch gelähmt, nur sein linker Fuß gehorchte seinem flinken Hirn. Über den, *My left foot,* hatte er Mitte der fünfziger Jahre sein erstes Buch geschrieben. Das kam erst viel später im Schlepptau seines zweiten Buchs bei uns in Deutschland an.

Den willigen Fuß hatte seine Mutter irgendwann entdeckt, die Legende sagt, indem sie ihm ein Stück Kreide zwischen die Zehen steckte, mit dem er *mother* gekritzelt haben soll. Später hat sie ihm eine Schreibmaschine gekauft. Auf der hat er seine Geschichten getippt, die er nur hatte erleben können, weil seine Geschwister ihn abwechselnd durch das wunderbare Dublin zerrten, auf einem Wägelchen, das seine Perspektive bestimmte:

Down all the days.

Von unten sieht man vieles, was andere nicht sehen können. Ob sie wollten oder nicht, die Geschwister waren an den kranken Bruder gehängt, auf strikten Befehl ihrer Mutter, aber sie gingen, wohin sie wollten. Christy erlebte also ihre Geschichten, die er von unten her aufschrieb, gefangen auf seinem kleinen hölzernen Thespiskarren.

Eine Bombendrohung, die Entdeckung eines Pubs namens *Paddy O'Donoghues*, der für uns zur Heimat auf Zeit werden sollte, und das schwarze, ölige Wasser des Liffey, alles war voller Joyce, St. Stephen's Green leibhaftig.

Ich hatte den *Ulysses* zuvor nie gelesen. Immer mal einen kleinen Schluck davon genommen und wieder ausgespuckt, mehr nicht. Damals habe ich begriffen, daß Bücher auch anders als durch Lesen in einen hineingeraten können. Sie kriechen durch die Haut und stehlen sich hinter die Augen direkt ins Hirn. Später habe ich ihn dann doch gelesen und dachte mittendrin oft, aber das kenn' ich doch schon.

Wir haben damals erst Christy Browns Kindheitshaus gefunden, in dem noch ein Bruder von ihm lebte, und mit dessen Hilfe am selben Abend ihn, den Dichter, den stolzen König im Rollstuhl.

Das Häuschen, in Gesellschaft von Dutzenden anderer an einer sandigen Straße gelegen, hatte ungefähr die Grundfläche einer Doppelgarage. Über eine Hühnerstiege ging es in den ersten Stock, in dem man kaum aufrecht stehen konnte. In dieser Kate hatten zwanzig Menschen Platz gefunden, Mutter, Vater und anderthalb Dutzend Kinder, genau konnte es einem keiner sagen. Die Enge und Ärmlichkeit überstieg alles, was wir von daheim kannten, obwohl es im Bayerischen Wald oder in der Rhön auch karg war. Aber es lagen Bücher herum, und es sah überhaupt nicht traurig aus. Mir fiel ein, daß man mir versprochen hatte, in Irland könne man mit jedem Briefträger oder Bauarbeiter über Wilde, Keats oder Brendan Behan diskutieren.

Ein Behan-Buch lag da.

Der habe hier gewohnt, in der Nachbarschaft, versuchte uns der Bruder klarzumachen. Er freute sich offenbar über unseren Besuch, mit Grandezza zeigte er erst die Behausung und dann, als Clou, die Herzkammer, Geheimnis und Brutstätte der Brownschen Poesie.

Er wirkte, als mache er das, gleich einem irischen Cicerone, nicht zum erstenmal.

The baby say, sagte er freundlich.

Wir alle steckten die Köpfe durch eine Tür in eine Art kleinen Anbau, dessen Wände mit Zeichnungen bedeckt waren. Vielleicht vier Quadratmeter groß, mit einem niedrigen Tischchen in der Mitte.

The baby say? Was mochte er damit meinen? Christy, der mußte mit *the baby* gemeint sein, klein, schutzbedürftig und hilflos, wie er war.

What did the baby say? fragte ich tapfer.

Englisch, das ging ja, aber *Irish English* war eine ganz andere Sache. Wir kämpften gemeinsam, Kameramann, Tonmann und Assistent klaubten ihre Kenntnisse zusammen. Es war sehr munter und babylonisch, großartige Mißverständnisse entstanden und blieben vielleicht auch stehen, und wir bekamen Tee.

Nottn, antwortete der Bruder immer noch sehr freundlich.

Es dauerte, bis wir die Sachlage begriffen. Das Baby hatte nichts gesagt und war auch nicht Christy, sondern der Bruder hatte uns stolz erzählt, daß die BBC – Bay Bay Cay – auch schon dagewesen sei und sich das Verschläglein angesehen hätte. Dies nämlich habe die Mutter für den Sohn gebaut, damit der in Ruhe dichten und zeichnen könne und von den Geschwistern nicht gestört würde.

Alle raus und einen Anschluß! Herr, schenke uns eine funktionierende Leitung fürs Licht, sagte mein Winnie, während seine kleinen Säuferaugen entzückt durch den Dichterverschlag wanderten, Wand rauf, Wand runter, an den vielen Zeichnungen vorbei und über den Fußboden.

Das mit den Stromleitungen kannten wir schon, das gab's in allen interessanten Gegenden. Wir lavierten souverän zwischen Totalstromausfall in den betreffenden Stadtvierteln und potentieller Feuersbrunst, Übergänge wurden mit Kupfermünzen hergestellt, abgerissene Leitungen an marode Dächer geheftet, Zähler angezapft. Weil ich keine Ahnung davon hatte, wie das alles funktionierte, und technisch auf steinzeitlichem Wissensniveau war, verlor ich nie die Zuversicht. Und siehe, Dinge, die angeblich nicht möglich waren, klappten doch. *Es werde Licht,* dachte ich an allen möglichen Rändern der Welt, und es wurde.

Christy Brown war ein berühmter Mann in Dublin und bewohnte jetzt schon seit einigen Jahren ein schönes Haus. Wir hatten seine Dichterurzelle von allen Seiten gefilmt und standen jetzt, am Abend, ein wenig verlegen vor seiner sehr hübschen, dicken Frau. Von einer Frau hatte uns niemand ein Wort gesagt, aber da stand sie nun, lächelte und begrüßte uns und sagte, sie sei *Christys wife.*

Sie war keine Irin, man verstand sie gut, sogar wir mit unserem Besatzungssoldaten-, Schlager- und Schulenglisch.

Da saß er, der König, verzogen und krumm in seinem

Rollstuhl, und lächelte uns entgegen. Sein berühmter linker Fuß kraulte einen großen Hund.

Christy hatte wilde, dunkle Augen und schwarze Brauen. Ich erinnere mich, daß keiner von uns sich traute, ihn zu lang anzuschauen, damit er nicht gekränkt sei. Ein paar Tage und mehrere Treffen später wußten wir, daß er sich gern betrachten ließ, wie ein Märtyrer hatte er gelernt, stolz auf seine Leiden zu sein. Aber an diesem ersten Abend, unter den belustigten Blicken seiner Frau, gingen unsere Blicke wie an Fäden gezogen durch die weit offene Tür ins Schlafzimmer der beiden, wo ein mit gelber Seide bespanntes Himmelbett stand. Das ganze Haus hatte etwas Festliches, mit Glasleuchtern und Teppichen. So durften in Irland die Dichter leben, festlich, der Staat erwies sich dabei als hilfreich und ließ seine Künstler keine Steuern zahlen. Browns Bücher hatten ihn zu einem wohlhabenden Mann gemacht.

Wir sagten, daß wir am nächsten Tag wiederkommen würden, und schauten Christys Frau Mary an, wenn wir eigentlich mit ihm sprechen wollten. Alle Fehler also, die man machen konnte, machten wir. Er redete, von unten her, *down all the days* aus seinem Rollstuhl heraus, in einer angestrengten, schwer verständlichen Sprache, aber er wirkte dabei wie einer, dem das alles großes Vergnügen macht.

Nachts waren wir im Pub, rauchten, tranken und redeten.

Man kann ihn nicht zu lang zeigen, sagte Winnie. *Das geht nicht. Wir müssen den Film um ihn herum machen, mehr aus der Totalen.*

Der Fuß mit dem Hund, sagte ich, *man müßte eigentlich immer nur den Fuß zeigen, beim Schreiben, beim Zeigen, beim Streicheln.*

Aber man will ihn doch hören und sehen, wie er zu sprechen versucht, ich finde, man kann das aushalten, sagte S., mein Freund vom Ton.

Unser Assistent Willy litt schon seit Jahren an Schlaflosigkeit und durchstreifte Drehorte nachts nach Motiven. Wir profitierten sehr von ihm, er hatte ein untrügliches Gespür für passende Bilder und keine Ahnung, warum sie paßten.

Morgen müssen wir an den Hafen, sagte er. *Das ist unglaublich. Und es gibt einen Heldenfriedhof. Da müssen wir auch hin. Und in den Park von diesem Schloß da.* Wie ein ruheloser Geist war er nachts durch das große, fremde, schwer durchschaubare Dublin gewandert, morgens beim Frühstück legte er uns seine Beute vor.

Die Jungs aßen Räucherhering mit Rührei, bleichen Speck auf bleichem Toast und tranken dazu gallefarbenen Tee.

Ich nagte an irgend etwas Trockenem und dachte über den Dichter nach. Zum ersten Mal hatte ich jemanden kennengelernt, dem seine ganze Welt beim Schreiben zu helfen schien. Seine Mutter hatte ihn als Dichter unter all seinen Leiden erkannt, alle Geschwister stellten sich als Lasttiere und Pfadfinder in seinen Dienst, die ganze Stadt Dublin, mit Dichtung und Musik gefüllt wie kaum ein anderer Ort auf der Welt, schien darauf gewartet zu haben, daß er sie als Eroberer unter die Räder seines kleinen Holzkarrens nahm. Es gab damals dort für mich keine

Armut, ich sah sie einfach nicht, obwohl sie sich nicht versteckte. Alte Frauen mit Lappen statt Schuhen, kränkliche Kinder mit langen Rotzfäden und zu dünnen Klamotten, der Hammelfettgestank in jeder Kneipe und die Besoffenen vor den abgeblätterten Kneipentüren. Drin aber wurde gesungen, überall, hundertstrophige Heldenlieder, es dauerte kein Glas, bis der erste loslegte. Draußen überall gefährlich tief hängende Büschel von Elektroleitungen an wackeligen Stangen, majestätisch dahintreibende tote Hunde auf dem Fluß, unglaublich dreckige Aborte in den Pubs – *Ich geh mal kurz in den Park pissen*, sagte Winnie, *das ist ja hier schlimmer als bei den Arabs* –, trotzdem leuchtete dieses Dublin für uns und den kleinen, verkrüppelten Poeten im Rollstuhl, der nichts anderes tun konnte, als es zu beschreiben, immer wieder.

Winnie fand einen guten Draht zu ihm, sie hatten irgendeine sonderbare gemeinsame Sprache gefunden und trafen sich in einem Niemandsland aus Besatzerdeutschenglisch und spastikverwischtem Irischenglisch.

Er erzählte mir eine magische Geschichte, die Christy ihm anvertraut hatte. Es ging um eine Pilgerfahrt nach Lourdes, die der Gemeindepriester für ihn organisiert hatte, als er sechzehn war. Alle hatten ein paar Cent dazugegeben, er wurde feierlich verabschiedet. Was mochte sich seine Mutter davon erhofft, was befürchtet haben? Daß er wiederkommen und genau wie die anderen zwanzig Kinder sein würde? Daß sein bisher verzauberter linker Fuß einfach eins unter lauter normalen Gliedmaßen werden könnte? Schon damals hatte das lourdische Madönnlein die gläubigen Heerscharen straff organisiert in Bewegung und wilden Hoffnungen gehalten, auf Christy Brown aber wartete ein Wunder, bevor er ihrer ansichtig wurde, im Flugzeug nämlich.

Eine Stewardess hätte ihn nachts erweckt, hatte er Winnie erzählt, bei dem er mit diesem Thema an der richtigen Adresse war. Wie ich ihn kannte, verzichtete er auf keine Nachfrage.

Also mit allem Drum und Dran?

Mit allem, allem Drum und Dran, bestätigte ihm der Dichter. Das sei sein Wunder von Lourdes gewesen und mehr hätte er auch nicht gebraucht.

Nach einer Woche hatten wir viel Christy und noch mehr Dublin, viele Bilder, linker Fuß mit Hund, linker Fuß auf den Tasten der Schreibmaschine, linker Fuß in Mrs. Browns Hand. Auch dem revolutionären Dublin erwiesen wir die gebührende Ehre mit ausführlichen Bildern von der Märtyrerabteilung des Friedhofs Glasnevin.

Abschied, mal wieder, zusammenpacken und Papiere fertig machen für den Zoll, noch einmal zu Christy Brown und Mary und Hund, noch ein Blick auf das gelbseidene Prunkbett und dann Dublin von oben, vom Flugzeug aus.

Ich weiß nicht, ob er unseren Film je gesehen hat. Für mich gehörte er zu meinen Freunden, aber wir haben nie wieder voneinander gehört. Es kamen viele neue Begegnungen, kaum eine hat sich so klar und hartnäckig in mir festgesetzt wie diese. Christy hatte nicht mehr sehr lang zu leben, 1981 ist er gestorben, ich habe es Monate später erst erfahren. Acht Jahre nach seinem Tod wurde er berühmt, durch Daniel Day-Lewis' Darstellung in *Mein linker Fuß*, oscarprämiert. Ich wollte mir den Film anschauen, dann aber doch nicht. Hollywood und die Wirklichkeit, das war mir eine zu riskante Versuchsanordnung. Die Dubliner Tage erschienen mir nach allem, was inzwischen in mein Leben geraten war, geisterhaft genug. Wenn ich Joyce nicht gehabt hätte, mit dessen Bloom ich immer mal wieder dort herumgewandert bin, nie mehr als fünf, sechs Seiten lang, wäre für mich unsere Woche mit Christy verblaßt wie altes Agfa-Material. So verzichtete ich auf den Kinofilm und hätte nur gern gewußt, was die hübsche Mary dazu meinte.

Als ich sie gefragt hatte, ganz am Anfang – und leider das goldgelbe Himmelbett immer im Kopf, es ließ sich einfach nicht vertreiben –, was ihr an ihrem Mann am besten gefalle, antwortete sie, ohne eine Sekunde zu überlegen:

His honesty.

Das Todesjahr meines Mannes war mit Aufräumen vergangen, mit Abwarten, Geld verdienen und Dingen beim Verschwinden zusehen. Ich ging fast jeden Tag auf den Friedhof, vom Hessischen Rundfunk aus war das ein kurzer Weg. Immer wieder ließ ich neue Blumen auf den Hügel pflanzen, der aussah wie ein Sarg aus Erde. Die Blumen waren ein Zeichen für meine neu erwachte Liebe zum Konservativen. Ich wollte alles so machen, wie es sich gehörte. Aber auf die Schmalseite des Grabsteins ließ ich das Anarchisten-A mit dem Kreis drum herum meißeln.

1975 lernte ich Polen kennen, das Land, von dem er immer gesprochen hatte. Polen, das war seine Begründung für alles gewesen, für seine wilde Katholischkeit und seinen Adelstick, fürs Rauchen und fürs Asthma und dafür, daß er anders als alle seine Anwaltskollegen die Robe liebte, das einzig richtige Kostüm für das tägliche Drama im Gerichtssaal.

Und jetzt fuhr ich hin, auf Spurensuche nach einem, der auch heute noch auf der Liste meiner Lieblingsdichter einen der oberen Plätze einnimmt, Joseph Roth.

David Bronsens Roth-Biographie war grade auf deutsch erschienen und dazu eine sogenannte Gesamtausgabe der Rothschen Werke, die wie alle Roth-Gesamtausgaben unvollständig war. Das werden auch die bleiben, die vielleicht noch folgen, weil er einfach viel zuviel geschrieben und seine Sachen in alle Winde geworfen hatte.

Die Biographie erwies sich als wahrer Steinbruch, Tonnen von Recherchengeröll lagen in ihr herum, und man mußte sortieren, was wirklich wichtig und was nur anekdotisch oder einfach Füllstoff war. Roth wurde also zum Begleiter in die Welt meines Mannes, die der nie gekannt hatte.

Seine Mutter hatte beim Namen *Galizien* die Nase gerümpft und mir zu verstehen gegeben, wenn sie reden würde, sie könnte mir Sachen über Polen erzählen, aber sie rede nicht, sie wisse ja, daß man sie heute nicht mehr hören wolle, die Wahrheit. Sie war eine so große Polenhasserin, daß sie trotz ihrer Frömmigkeit nur wenige Jahre später Johannes Paul II., den Kardinal Wojtyła, als *polakkischen Schmierenschauspieler* bezeichnete. Wahrscheinlich kam sie lieber in die Hölle, als sich das zu verkneifen.

Die Polenliebe ihres Sohnes hielt sie für eine der vielen Katastrophen, für die ich und nur ich verantwortlich war.

Ich war es, die ihn umgebracht hatte, ihren hübschen Verbindungsstudenten mit seinem Mützchen und dem Band über der Brust, ich war an seinen unheimlichen neuen Freunden, diesen *Genossen*, schuld, und nun war er tot.

Ich hatte mich jetzt, nach all den Stürmen, in einer Art freundlichem Biedermeier eingeigelt, mit Freund und Katzen und Kochen und gelegentlich ein paar Seiten schreiben, über die ich mit niemandem sprach.

Den Titel *Das Lächeln der sterbenden Klasse* hatte ich auf der grünen Mappe durchgestrichen, wie war ich auf einen so pathetischen Quatsch gekommen?

Die Existenz als dreißigjährige Witwe hielt mir einiges vom Hals, auch politisch. Mein marxistisch-leninistisches Analphabetentum sah man mir nach, jedenfalls schien es mir so, genau wie meine Laschheit in feministischen Fragen. Immerhin hatte ich mich im *Stern* gemeinsam mit vielen anderen Frauen zu einer Abtreibung bekannt, was meine Schwiegermutter für eine weitere Todesursache ihres Sohnes hielt.

Jetzt aber Polen, eine Reise ins geträumte Land meines toten Mannes, in die Melancholie des polnischen Adels, in die reale Armut der sogenannten Revolution, zu den Stätten der nur eine Generation entfernten Vernichtung. Polen war alles auf einmal. Wir holperten mit unserem VW-Bus über leere, sandige Autobahnen, auf denen Pferdefuhrwerke entlangzockelten.

Es war, als hätten sich die Dörfer rings um Regensburg, meiner frühen Oberpfälzer Kindheit, auf den Weg gemacht und erwarteten mich hier als vertraute Szenerie. Nichts hier war mir fremd, nicht einmal die Sprache, obwohl ich kein Wort verstand. Dieses Polen, in das ich damals langsam und Bild für Bild geriet, gibt es heute so nicht mehr. Suchte man jetzt nach der Welt des Joseph Roth, wäre man auf sehr kleine Fundstücke angewiesen. Damals aber sah das *Hotel Savoy* in Lodz noch so aus, wie er es in seiner Erzählung beschreibt, schwarze Kohlenberge im grauen Hof, offene Fenster, aus denen Chopin-Musik klang, eine stehengebliebene Kulisse. Wohnen ließ man uns dort nicht.

Nicht die passende Kategorie! sagte unsere Dolmetscherin Basia. Und wer denn der Leiter der Delegation sei?

Winnie lachte.

Hier, unser altes Mädel, wenn's sein muß, sagte er. *Aber die hat keine Ahnung, wie das geht.*

Die Staatsmacht sahen wir nie, sie griff aber ein, wenn sie es für nötig hielt. Roth war kein verpönter, aber auch kein geliebter Autor, er stand nicht für Linientreue irgendwelcher Art. Basia, ohne die wir kaum einen Schritt tun konnten, war vom Geheimdienst und hatte ihre Aufgaben gemacht, also ein paar Sachen von ihm gelesen. In Deutsch. Wir wußten natürlich Bescheid, alle Dolmetscherinnen im Ostblock waren vom Geheimdienst, und sie wußten, daß wir es wußten. Basia machte sich einen Spaß daraus, uns wirklich gute Motive zu zeigen, vor allem auf dem Land. Die blauen und weißen Bauernhöfe, die Bäuerin mit dem Ziehbrunnen und den Pfauen, den kleinen Ort Stary Sącz, der noch wie das *shtetl* aussah, das er einst gewesen war, und uns darüber hinwegtröstete, daß wir nicht nach Brody, Roths wirklichem Geburtsort, durften. Ein Bauer auf dem Feld küßte mir die Hand.

Das ist hier so üblich, sagte Basia hochmütig.

Das Städtchen Brody hatten sie in die UdSSR verschoben und weggesperrt. Wir waren sicher, das würde für immer so bleiben.

Obwohl mein Nachname sie sehr neugierig machte, erzählte ich Basia kaum etwas von meinem Mann.

Wir hätten mit unserer Suche nach Roth auch anderswo anfangen können, in Wien oder in Berlin. Wenn wir vom Ende ausgegangen wären, in Paris. Er war ein Chamäleon gewesen, und eine seiner Rollen war der *Alte Jude.* Der wollte ich auf die Schliche kommen, was es auf sich hatte mit dem großen Drang nach Westen und der verzweifelten, ausweglosen Liebe zum Osten. Es war auch eine Frage nach mir selber. Mein Mann, das war der Osten gewesen und mein Vater auch.

Wir wanderten durch Krakau, hörten die Stille und sahen die menschenleere Verfallenheit des jüdischen Viertels Kazimierz. Niemand hinderte uns am Drehen, kein Aufpasser weit und breit, unser neuer Dolmetscher war ein selten auftauchender älterer Herr, und Winnie verschwand vor lauter Bilderlust seltener als sonst, um seine Seele mit Wodka aufzufüllen. Das war damals in Polen kein Problem, Wodka gab es immer und überall, tagsüber in kleinen Läden, in denen sonst wenig zu finden war, und nachts aus Kellerwohnungen heraus. Wir lernten eine Menge Anarchisten kennen, alte und junge, die nicht wußten, daß sie welche waren, oder vielleicht doch.

Sie erwarteten nichts von der Obrigkeit. Sie versuchten, sich und ihre Freunde aus eigener Kraft irgendwie durchzubringen. Sie nutzten die Stunde, denn man konnte nicht wissen, ob eine bessere kommen würde. Sie hielten jede Katastrophe jederzeit für möglich. Sie hielten jedes Vergnügen, jedes Fest, jede Liebe, und sei sie noch so flüchtig, für unbedingt nötig.

Obwohl Winnie meines Wissens nie eine Zeile Roth gelesen hatte, sammelte er mit untrüglichem Blick die richtigen Bilder ein. Eines sehr frühen Morgens tappten wir durch einen Park, wegen des Lichts, sagte Winnie. Das Licht ist für einen guten Kameramann wichtiger als Gott.

Ein Typ, der bessere Zeiten gesehen hatte, Mantel mit Pelzkragen, schaute uns eine Weile zu und bot Winnie dann seine Flasche an. Er sprach ein schönes k. u. k. Deutsch, das Deutsch Joseph Roths.

Winnie bedankte sich artig, stellte die Braut, wie er seine Kamera nannte, auf eine Parkbank und trank.

Ich soll viel spazierengehen, sagte der Typ, der ziemlich mager war und dünne, sorgfältig gekämmte weiße Haare hatte.

Offene Tuberrrrkulose, meine verehrten Herrschaften. So ist es leider.

Damit entfernte er sich im Licht ders frühen Morgens.

Winnie war eine Zeitlang still, während die Sonne über die Baumwipfel stieg.

Wodka desinfiziert doch? fragte er dann kleinlaut und packte die Braut ein.

Gott schenke uns allen, uns Trinkern, einen so schönen und leichten Tod.

Aber so weit waren wir noch lange nicht, wir würden noch viel sehen, bevor wir bei Roths letzten Zeilen ankämen. Den Rabbi Fogl von Krakau, dessen Frau eine Perücke trug und der mit uns Deutsch sprach, nicht ohne tief zu seufzen; den jüdischen Friedhof, der ein Biotop für Tausende von bunten Häuschenschnecken war, ein lautloses, langsames, nicht endendes Hin- und Herkriechen. Dieser Friedhof sah aus wie eine völlig fremde Galaxie. Man konnte sich dort nicht bewegen, ohne zu töten. Also machten wir nur ein paar Bilder vom Eingang aus und sahen zu, wie der Rabbi das Tor wieder verschloß.

Wann wird hier wieder jemand hinkommen? fragte ich.

Da lebe ich vielleicht nicht mehr, antwortete der Rabbi. *Wir sind nur noch wenige.*

In Lodz hatten wir in einem überfüllten Kaffeehaus zwei Cognac trinkende ältere Herren kennengelernt, die das gleiche Deutsch wie der Tuberkulosepatient im Park sprachen und, nachdem sie von unserem Vorhaben erfahren hatten, über Roth zu erzählen begannen.

Je mehr Cognac wir ihnen bestellten, desto reicher und farbiger wurden die Details, an die sie sich erinnerten. Sie gaben einander Stichworte wie zwei Schauspieler:

Erinnerst du dich an das Stöckchen, das er getragen hat?

Und die Gamaschen, die Gamaschen!

Die beiden waren bisher die einzigen Zeitgenossen gewesen, mit denen ich gesprochen hatte, und ihre Nähe zu Roth wollte ich ihnen einfach glauben. Der Zufall oder das Glück, ohne das man keinen Film machen kann, hatte sie mir in den Weg gespielt. Damals lebten noch einige, die ihn gekannt hatten, ich wollte so viele wie möglich davon treffen.

Wenn man einen Dichter liebt, der gestorben ist, bevor man selber geboren wurde, denkt man sich ihn unwillkürlich in eine andere Epoche und wundert sich, daß es Menschen gibt, die ihm leibhaftig begegnet sind. Bei mir löste das kurzfristige Anfälle von Ehrfurcht aus, manchmal auch ein Bild, eine Kindheitserinnerung.

Wir schauen in Kilchberg am Zürichsee durch eine Hekke in einen Garten, mein Großvater und ich. Es ist 1958 oder 59, Sommer. Wir sehen eine Art Pavillon und eine sehr alte Frau mit unordentlichen weißen Haaren.

Das ist die Witwe von Thomas Mann, flüstert mein Großvater.

Er flüsterte voller Ehrfurcht. Um uns zu hören, war sie viel zu weit weg.

In Paris sollte ich zwei berühmte Herren treffen, die Roth gut gekannt hatten.

Der eine war Pierre Bertaux, der Sohn des legendären Germanisten Felix Bertaux, ein Résistance-Held und Literaturwissenschaftler, der Roth oft in Berlin und in Paris getroffen hatte. Der andere war Joseph Breitbach, der bei Koblenz geboren war und schon lang in Paris lebte. Beide Fürsten auf ihre Art, was Lebensstil und Auftreten betraf.

Die Begegnung mit Breitbach, der als schwierig und nicht leicht zugänglich galt, kam schneller zustande, als ich gedacht hatte. Ein guter Freund von ihm, Fritz J. Raddatz, den ich aus dem Sender kannte, hatte ihn nämlich eindringlich vor mir gewarnt. Es sei so gut wie sicher, hatte er seinem reichen und kultivierten Pariser Freund erzählt, daß es sich bei mir um eine gefährliche Terroristin aus dem RAF-Umfeld handle. Also sei Vorsicht geboten.

Breitbach war dadurch sehr neugierig geworden und

ließ mir mitteilen, er freue sich außerordentlich auf meinen baldigen Besuch in Paris.

Ich war mit Raddatz, der im Nachbarschneideraum getextet hatte, Monate zuvor aneinandergeraten und hatte das längst vergessen.

Der klägliche Leugner Bertolt Brecht, war damals Raddatz' affektierte Stimme nebenan zu hören gewesen. Ich ging zu ihm hinüber.

Was glauben denn Sie, wer Sie sind? fragte ich wütend, meine Helden ließ ich mir von so einem affigen Hamburger ganz bestimmt nicht beleidigen. Brecht war damals noch einer, ein Held. Raddatz hat, wenn ich mich richtig erinnere, ziemlich arrogant reagiert und mich gefragt, ob ich überhaupt wisse, wie man *unamerikanische Umtriebe* schreibe. Danach hat er sich an höherer Stelle über mich beschwert, aber das habe ich nicht mitgekriegt. An höhere Stellen glaubten wir zu der Zeit sowieso nicht.

Und nun verdankte ich ihm einen sehr schnellen Kontakt zu Joseph Breitbach, genannt *Schoseff.* Der war damals Ende Sechzig, und man kann ihn nur mit sehr altmodischen Worten beschreiben. *Soigniert,* zum Beispiel. Ich konnte mir niemanden vorstellen, der beim Anblick dieses graudreiteilergewandeten, auf einen Ebenholzstock gestützten und von maroquinledergebundenen Büchern umgebenen Grandseigneurs auf den Ausdruck *schwul* gekommen wäre. Sogar an seinem Hausmantel trug er, wie in allen Knopflöchern seiner Jacketts, das rote Bändchen der *Légion d'honneur.*

Wir verstanden uns vom ersten Augenblick an. In seiner vor ordinärem Lärm mit Doppelfenstern und gepolsterten Wänden geschützten Pariser Wohnung, Place du Pantheon 1, fühlte ich mich wie in einem weiteren, neuen Theater, in einer wundervollen Inszenierung mit Dienerehepaar und einem Extraregal für die Dossiers, die der Hausherr über große und nicht so große Mitglieder der literarischen Welt angelegt hatte.

Weil er viel Geld hatte, was im Schriftstellerberuf nicht die Regel ist, wurde er von Schriftstellern, die keins hatten, angepumpt. Dafür gewährten sie ihm ihre Anerkennung als einer der Ihren, und er, wahrscheinlich für den Fall, daß sie ihm die wieder entzögen, legte Akten über sie an. Er liebte es, mehr über die Menschen zu wissen als diese selbst, aber wohl nur über die Bewohner seiner Welt. Das faszinierte mich sehr und fügte meiner Skepsis dieser Szene gegenüber noch etliches hinzu. Jedes meiner Interviews, jede Begegnung tat das, und mein Bild änderte sich von Mal zu Mal, während die geschriebenen Seiten in meiner moosgrünen Pappmappe sachte mehr wurden. Ich beschloß, niemals einen Schriftsteller anzupumpen, die Notwendigkeit dazu überhaupt zu vermeiden. Wenn Schreiben nicht anders als durch Abhängigkeit zu machen war, dann wollte ich lieber nicht.

Breitbach hatte mit *Bericht über Bruno* ein sehr schönes, modernes und kluges Buch geschrieben, er schwebte in luftigen, stillen Höhen über dem *Panthéon*, eigentlich hätte er sich, wenn seine Zeit gekommen wäre, einfach von seiner Wohnung in den Ruhmestempel hinunterfallen lassen können. Aber es war eine kleine Verbitterung in ihm, ein Gekränktsein, das durch sein vornehmes und akzentuiertes Lispeln betont wurde. In Paris sei er doch von allem sehr weit weg, die deutschen Theater – es gab mehrere Stücke von ihm – spielten nur noch dieses schwer erträgliche experimentelle Zeug, aber mir gehe es ja um Roth, nicht wahr?

Roth war zum Zeitpunkt dieses Gesprächs gut fünfunddreißig Jahre tot, sein Namensbruder Breitbach aber schien für ihn noch eine ganz frische Verachtung zu spüren. Nicht für die Texte, das wohl nicht, über sie ließ er nichts verlauten, aber diese Rollen, die der Mann gespielt hat! Mal der Monarchist, dann wieder der Kommunist. Der rote Joseph, pah! Dabei habe der von den sogenannten kleinen Leuten keine Ahnung gehabt. Der *Alte Jude* sei eine besonders peinliche Rolle von ihm gewesen, die sich mit der des österreichischen Offiziers aufs unangenehmste ins Gehege gekommen sei. Und Frankreich! Roth habe durchaus nichts von Frankreich gewußt. Frankophil bis zum Exzeß sei er gewesen, also kurz, der Mann habe Verhaltensweisen gehabt, aber keinerlei Haltung.

Ich wußte, daß dieser Joseph dem so Gescholtenen großzügig geholfen hatte. Dossiers hat er damals wohl noch keine angelegt. Mir kam es so vor, als beneide der Großbürger Breitbach den ewig Nichtseßhaften, den lebenslangen Hotelbewohner und Heimwehkranken. Es war nicht zu überhören, daß Breitbach sich, den sieben Jahre jüngeren, für den politisch Klügeren hielt. Damit hatte er vielleicht sogar recht.

Er war lang vor dem Sieg der Nazis freiwillig, aber voller Skepsis nach Frankreich gegangen. Breitbach verachtete Roths Irrationalität, seine Leidenschaft, nicht zuletzt sein Trinken, aber ich glaube, daß er sich in seiner Festung aus

Eleganz und Konvention nach etwas Regellosem sehnte. Das fand er wohl nur in seinen unbeleuchteten Lebensbereichen. Über die sprachen wir nie, obwohl er gewußt haben muß, daß sie mir nicht fremd gewesen wären.

Die Frau seines Butlers servierte mit weißer Schürze, zum Nachtisch gab es immer *Ile flottante*, vorher wurde Champagner getrunken.

Später lernte ich die Münchner Variante seines Pariser Lebens kennen, erst am Herzogpark, sein letztes Münchner Domizil, die Villa in der Mandlstraße, hat er nur noch kurze Zeit erlebt. Sogar seine Bibliothek, die eigens für ihn ledergebundene, gab es doppelt. Hier ein schöner, kleiner Archipenko, da ein Chagall, Breitbach hatte schon früh begonnen, Kunst zu sammeln. Bei seinen Objekten war keine Repräsentationsabsicht zu spüren, sondern nur Gefallen am Werk, am Künstler. Vielleicht in manchen Fällen etwas von der Machtlust, wie sie viele Sammler haben.

Mich braucht der Künstler, ob er lebt oder tot ist, steht in ihren Blicken.

Ich sorge für seine Sichtbarkeit. Oder verurteile ihn zur Unsichtbarkeit.

Die Mittage bei ihm, es waren immer Mittage, nie Abende – in Paris oder München gehörten zu den Zeitreisen, die ich so oft machte, wie es sich anbot. Nach dem Tod meines Mannes wollte ich so weit zurück wie möglich, in Welten, nach denen er sich gesehnt hatte und die er nun nie kennenlernen würde. Wie sehr hätte ihm die Pantheonetage mit den gepolsterten, seidenbespannten Wänden und den Louisderwievieltemöbeln gefallen, der Butler, das Ordensbändchen am Hausmantel, die Silbertabletts mit Champagner, ach, alles. Echte Anarchisten lieben dergleichen. Das ist es ja.

Irgendwann bat mich Breitbach um ein Foto meines Mannes. Ich schickte ihm eins, Robe, Halbprofil, abgewandter Blick, weiße Pikeefliege. Sie hätten einander mindestens gern gehabt, da bin ich sicher.

Auf den Reisen zu Roth war Reiner die ganze Zeit anwesend, nicht nur wegen seiner polnischen Heimat, die mich ihn anders und besser verstehen ließ.

Ich wollte, daß man sich für ihn interessierte, daß er in all die Regionen mitkam, die ich jetzt langsam, Land für Land und Mensch für Mensch, entdeckte. Auch Fremde sollten um ihn trauern.

Pierre Bertaux erwartete mich in Sèvres. Vor seinem Elternhaus, in dem er wohnte, stand der größte und schönste Ginkgo, den ich je gesehen habe in flammendem Gelb, es gibt kein gelberes Gelb als das des herbstlichen Ginkgo.

Den habe sein Vater zu seiner Geburt gepflanzt, erzählte Bertaux. Und da, auf diesem Sofa, sagte er in seinem das Französische nicht leugnenden Deutsch, habe Thomas Mann gesessen, als er erfuhr, daß er nicht mehr nach Hause zurückkönne.

In der Villa in Sèvres konnte man Literatur geradezu riechen, wie Rauch. Dort war nichts elegant, alles lässig, beiläufig, ein wenig zerschlissen und abgewetzt. In den Bücherregalen neben- und übereinander zerlesene Bände, Widmungsexemplare. Erstausgaben.

Bertaux war ein schöner Mann mit grauen Locken und großen, leuchtenden Augen, und er sprach zärtlich und voller Liebe über Joseph Roth. Er war nur vier Jahre jünger als Breitbach aber Jahrzehnte davon entfernt, ein Monument seiner selbst zu sein. Breites Lächeln, schlabberige Cordhosen, nirgendwo ein Ordensbändchen, obwohl er, der Widerstandskämpfer, ihr selbstverständlich angehörte, der *Légion d'honneur.* Er ging mit den Jungs vom Team neugierig und freundlich um, erklärte ihnen, wer in diesem Haus schon wo gesessen habe, und fragte sie nach ihren Geschichten, woher sie kämen? Und ob er mal durchs Objektiv gucken dürfe?

Für Breitbach waren sie wie unsichtbar gewesen, natürlich bekamen sie etwas zu trinken angeboten, aber sie gehörten einer anderen Spezies an. Dabei haßte er Herablassung, wie er oft betonte.

Bertaux erzählte von sich, dem jungen Mann im Berlin der zwanziger und frühen dreißiger Jahre, an der Seite des berühmten Essayisten und Journalisten Joseph Roth, der, wenn der Ostwind durch die Straßen pfiff, seine Nase über dem Schnauzbart witternd in die Luft gehoben und den Wind als *Steppenwind, als sibirischen, als wolhynischen, als Heimatwind* begrüßt habe. Man sah die beiden vor sich, während Bertaux erzählte, ihn, den hochgewachsenen jungen Franzosen, und den kleinen, heimwehkranken Juden Joseph Roth, der viel älter aussah, als er war.

Es war aber dann nicht Bertaux, sondern Breitbach, mit dem ich bis zu seinem Tode 1980 verbunden blieb. Wir sahen einander regelmäßig, meistens in München und zusammen mit meinem Freund und Kollegen Peter Laemmle. Breitbach hat noch das in Händen gehalten, was 1979 schließlich aus der moosgrünen Pappmappe ans Licht der

Welt geraten war, und er hat mir sein Leseexemplar übersät mit seinen größtenteils sehr liebevollen Anmerkungen in winziger Bleistiftschrift zurückgegeben. Danach hatte er etliche Exemplare *Goldkind* gekauft. Dazu war die prätentiöse *sterbende Klasse* schließlich geworden. Er mochte es, junge Kollegen zu fördern, und schenkte mir eine Spieluhr.

Das Leben hatte sich scheinbar geglättet, aber etwas mußte anders werden. Ich hatte mich schwerfällig, aber unbeirrbar damit auseinanderzusetzen begonnen, was Freiheit bedeutete. Das war in einer Zeit, da Dutzende von freien Mitarbeitern in den verschiedenen Sendern auf Festanstellung klagten, nicht einfach. Als ich meinen Eltern davon erzählte, erklärte mich meine Mutter für verrückt. Mein Vater schwieg, aber sein Blick verriet ihn.

Nimm mich mit!

Ich hätte nie heiraten sollen. Ich hätte nie fest angestellt sein dürfen.

Das würde er auf dem Sterbebett sagen, zwölf Jahre später.

Ich sprach mit Kollegen aus anderen Sendern, rechnete und überlegte. Man werde mich gern beschäftigen, als Freie. Die von der Gewerkschaft schickten mir einen, der mir ins Gewissen redete.

Alle wollen rein, du raus, das ist unsolidarisch, das verrät unsere Ziele.

Ich bin nicht solidarisch, sagte ich, *und eure Ziele gehen mich nichts an.*

Die Seiten in der grünen Mappe vermehrten sich kaum noch. Ich war Witwe, kinderlos, grade dreißig und an vielen Toden gewachsen. Jedenfalls bildete ich mir das ein und war entsprechend hochnäsig.

Und außerdem schreibe ich ein Buch, war meine letzte, allerletzte Antwort, als ich meinem bisherigen Chef meinen Abschied zu erklären versuchte.

Aber Kindchen, das tun wir doch alle, meinte er völlig verständnislos. Ich mußte lachen. Er hatte bestimmt recht. Schließlich traf das auf den allergrößten Teil derer zu, in deren Leben wir uns mit der Kamera umschauten. Sollte er es auch getan haben, hat er es jedenfalls für sich behalten.

Einer meiner letzten Filme als Arbeitnehmerin befaßte sich mit einer Legende, bei der die Sache mit den Büchern nicht so einfach zu klären war. Er, die Legende, Wolfgang Koeppen, war damals um die siebzig und hatte viele Jahre als großer Verkünder, als nicht enden wollende Hoffnung, als um- und umgewendeter Gegenstand der Kritik, als der große Schweiger von München zugebracht. Nur geschrieben hatte er seit einer hoch gepriesenen Trilogie aus den Fünfzigern so gut wie nichts mehr. Bis 1976, da erschien ein schöner, kleiner Band, *Jugend,* der geradezu hysterisch begrüßt wurde. Die zwei Großliteraten, die ihm all die Jahre treu zur Seite gestanden hatten, sein Verleger Siegfried Unseld und sein kritischer Verehrer Marcel Reich-Ranicki, waren stolz wie Hebammen nach einer schwierigen Geburt. Sie hatten ihm zusammen das schmale Buch förmlich herausgezogen. Koeppen hätte den beiden auf ewig dankbar sein müssen, aber das war er nicht. Er verhielt sich wie eine Sonne, die den anderen, den Mondexistenzen der Literatur, gnädig ihr Licht schenkt.

Ich schrieb ihm einen artigen, kurzen Brief und bekam relativ schnell eine zustimmende Antwort. Koeppen residierte mit Frau und Hund in einer großen Altbauwohnung in der Widenmayerstraße, seine Frau hörten wir manchmal aus einem der hinteren Räume rufen, sahen sie aber während der Dreharbeiten nie. In der Küche hielt Koeppen eine verletzte Taube in einer Schachtel, er streichelte sie vorsichtig. Auf seinem Küchenbalkon hörte man ein vielstimmiges Gegurre, als warteten dort alle ihre Verwandten darauf, daß sie wieder gesund würde.

Unsere Tiernärrischkeit verband uns sofort. Mein Tonmann bat darum, während der Interviews alle Zwischentüren zu schließen, sonst sei das ganze Band voller Taubenlärm. Für ihn schien das die akustische Entsprechung zu Taubenscheiße zu sein. Koeppen gefiel die Vorstellung.

Er war ein großer, wie entfärbt wirkender Mann mit weichen Gesichtszügen, einer weichen, vorsichtigen Stimme und kleinen, abirrenden Augen. Es war ihm wichtig, luxuriös ernährt zu werden, am besten also mittags *Bayerischer Hof* oder mindestens das *Roma*. In unserer Redaktion waren Bewirtungskosten nicht vorgesehen, ich konnte ihn ja auch nicht allein zum Essen schicken. Also nahm ich in Kauf, daß meine Schulden wieder ein bißchen stiegen. Das war die Sache wert.

Jahre später erzählte mir Johannes Mario Simmel, er habe Koeppen zum Essen eingeladen und er, Simmel, habe sich wegen einer Unpäßlichkeit mit einer Hühnerbrühe zufriedengeben müssen. Alkohol trank er da schon lange nicht mehr. Dennoch habe er eine Rechnung von knapp unter tausend Mark beglichen. Mit dem richtigen Wein sei das ja auch leicht zu schaffen, meinte Simmel damals fast respektvoll. Mich schonte der Dichter, ich war aber trotzdem ganz froh, daß ich nur ein knappes halbes Dutzend Mahlzeiten zu bestehen hatte.

Mit Koeppen zu reden war überhaupt nicht schwierig, seine weiche, zögerliche Stimme hatte erstaunlich ausgehärtete Urteile zu bieten, die man wegen der Art, in der er sie vorbrachte, leicht überhörte. Die *Gruppe 47*, seine Kollegen, das deutsche Feuilleton – der berühmte Schweiger aus der Widenmayerstraße hatte sich über alles Meinungen gebildet, die von großer Unnachsichtigkeit sprachen. Auch Menschen, die ihm wohlwollten – und das waren sehr viele –, entgingen seinem Urteil nicht. Es gelang ihm auf sehr höfliche und scheinbar unterwürfige Art, seine Einzigartigkeit zu formulieren. Wenn man ihm zuhörte, kam man nicht umhin zu denken, daß die Tatsache, seit langem nicht geschrieben und die leidenschaftliche Sehnsucht der literarischen Welt nach einem Werk aus seiner Feder nur unwillig und sparsam gestillt zu haben, ihn zum eigentlichen, zum einzig richtigen, zum ultimativen deutschen Autor adelte. Simple Freude am Erzählen und die Bereitschaft, wenn das nicht ging, eben etwas anderes zu machen, war weit, weit von ihm entfernt. Im schweigenden Verharren, im Sich-Retten oder Sich-retten-Lassen bestand die Reinheit der Kunst.

Ich dachte kaum noch an meine grüne Mappe und bewunderte ihn, seine Bedingungslosigkeit, die mir allerdings schwer nachvollziehbar erschien. Wo fand man Menschen, die einen Dichter so bereitwillig und vertrauensvoll unterstützten? Die sich mit dem Faustpfand dreier älterer und nicht sehr umfangreicher Romane zufriedengaben und nicht aufhörten, an den stummen Lippen des Autors zu hängen? Wie großartig das war.

Nicht einmal auf die Hilfe durch eine berufstätige Ehefrau konnte er sich verlassen, wie es so viele seiner Kollegen taten. Oft waren Dichterfrauen Lehrerinnen und im Zweitberuf Muse, Sekretärin, Ernährerin und Fanclub in einem.

Seine Frau schien, wie man hörte, eher seines Schutzes zu bedürfen und trug wohl zum Haushalt nichts bei. Ich habe Marion Koeppen nicht ein einziges Mal gesehen, aber jedesmal, wenn ich dort war, gehört. Welche zehrende Tragödie sich zwischen diesen beiden Menschen abspielte, wurde mir erst Jahre später wirklich klar, als die Beteiligten tot und alle ihre Liebeskrankheiten, Lügen und Leidenschaften zu Buchseiten mit ordentlichen Anmerkungen eingetrocknet waren. Vielleicht war sie, Marion, eine Art Muse mit negativen Vorzeichen, eine Göttin des Versagens, eine rachsüchtige Hüterin seines Schweigens. Vielleicht hat sie ihm seine Pläne weggetrunken, vielleicht hatte er nie wirklich welche.

Seinen Verleger Siegfried Unseld, diesen Treuen an Koeppens Seite, habe ich einmal gefragt, ob er denn wisse, daß es von dessen berühmtem *Großen Buch* absolut nichts gäbe. Denn der Ruhm des kleines, schönen Buches *Jugend* sollte ja nur eine Art Vorhut sein, eine Fanfare, ein Happen, den Verehrern hingeworfen, um ihren ärgsten Hunger zu stillen. So was hält ja nicht ewig, und Vorankündigungen sorgen, wenn sie sich häufen, für einen gewissen Unmut und irgendwann für Lächerlichkeit. Die verträgt sich aber überhaupt nicht mit dem Bild eines deutschen Großautors.

Unseld bejahte seufzend, ja, das sei ihm seit einiger Zeit klar.

Hinterlassen haben die beiden den vielleicht farbigsten und reichsten Briefwechsel der Literaturgeschichte über ein ungeschriebenes Buch.

Ich hatte also meinen festen Job gekündigt. Das Autorenbild, dem ich jetzt ungeschützt mit meiner grünen Mappe begegnen mußte, war geprägt von Menschen, die älter waren als meine Eltern. Kaum Frauen gab es dabei, und die, denen ich über den Weg gelaufen war, hätten als Vorbilder nicht zu mir gepaßt. Ich war nicht im geringsten zur Zartheit begabt. Außerdem wollte ich genug Geld verdienen und nicht von Institutionen oder Mäzenen, Stipendien oder Verlegern abhängig sein. Ich ahnte, daß die Sache ganz ohne Abhängigkeit nicht zu machen sein würde, aber die materielle wollte ich wenigstens vermeiden. Die ideelle war schon schlimm genug, dieses *Liebt mich doch! Seht mich doch an!*. Das würde auch mir nicht erspart bleiben, war meine düstere Ahnung. Filmemachen, das war anders, husch und weg und gleich was Neues.

Ach, das Flüchtige, ich vermißte es schon damals, als ich es noch hatte.

Was für mich jahrelang selbstverständlich gewesen war, also ohne Fragen hingenommen wurde wie ein Gesetz, war die Männerhaftigkeit des literarischen Betriebs. Männer schrieben, rezensierten, verlegten, gaben im PEN, in der Gruppe 47 und in allen Sendern den Ton an, Männer verlegten Bücher und entschieden über sie – aber sie lasen sie nicht. Gelesen wurde überwiegend von Frauen, und Frauen als Autorinnen sorgten für die problemlose literarische Grundversorgung, *vulgo* Unterhaltung. Meine Regensburger Landsmännin Sandra Paretti war in dem Gewerbe tätig, ebenso Utta Danella und noch einige andere, die in Wirklichkeit meist nicht so hießen, wie auf den Buchdeckeln stand. Sie waren erfolgreiche Frauen und konnten sich von ihrer Arbeit ernähren, wurden sogar wohlhabend, aber sie hatten in der literarischen Welt nichts verloren. Während der Buchmesse wurden sie von den jeweiligen Pressedamen im *Frankfurter Hof* zum Essen ausgeführt, aber die Verleger ließen sich lieber mit mürrischen Säufern blicken, die als Genies galten und in der Hotelhalle in Blumenvasen pinkelten.

Als Journalistin hatte ich mit einigen Autorinnen gesprochen und respektierte sie durchaus, auch wenn ich ihre Bücher nicht gern las. Ich mochte es, daß sie offenbar gern schrieben und nicht aus irgendwelchen Blockaden oder sonstigen Widrigkeiten Dramen konstruierten, als hätte Gott selbst dafür zu sorgen, daß auf dem Weg des Schreibens keine Steine lägen. Oder als hätte Gott ihnen die unerträgliche Bürde auferlegt, etwas Ewiggültiges aufzuzeichnen. Daß die Sache mit der Bürde ganz anders funktionieren konnte und daß eine Frau, eine Autorin, selbst als Zeugin und Opfer furchtbarer Geschichte in der Unterhaltungsecke landen würde, dafür war Anja Lundholm ein Beispiel.

Ich hatte sie als Gast meiner Eltern kennengelernt und bald wieder vergessen, denn für mich war sie alt und glich allzu sehr den Schauspielerinnen, die meine Kindheit begleitet hatten, sehr geschminkt und ein bißchen manieriert. Und wie sie sprach auch Anja Lundholm Alltäglichstes wie von der Bühne herunter. Ich vergaß sie also für Jahre, bis wir uns wiederbegegneten und ich mich an die sehr bemalte und elegante Dame von einst mit der prononcierten Sprechweise erinnerte. Indessen hatte sie mehrere Bücher geschrieben und lebte in einer kleinen Zweizimmerwohnung im Frankfurter Ostend, in einem häßlichen Hochhaus mit Müll auf den Fluren und Pisse im Aufzug. In der Wohnung über ihr wohnte ein Typ mit seinem Motorrad zusammen, das er gelegentlich auch nachts ausprobierte.

Anja Lundholm hatte etwas Königinnenhaftes, Geheimnisvolles, sie trug Kaschmirhosen und Rollkragenpullover wegen der Halsfalten und oft eine Perücke in Graublond. Ihre Biographie diente ihr als Material für ihre Bücher. Selbst wenn sie manches ein wenig mystifiziert hatte, war dieses Leben ein ganzer Steinbruch der Dramen des 20. Jahrhunderts. Die Mutter Jüdin, der Vater SS-Mann, der seine Frau zum Selbstmord gezwungen hatte. Sie, Anja, die eigentlich Helga hieß, war aus Deutschland nach Rom geflohen, im italienischen Widerstand und durch Verrat des Vaters gefaßt, Todesurteil, Konzentrationslager Ravensbrück, danach Todesmarsch und knappes Überleben. Der härteste Erzählstoff also, der sich denken läßt. Trotzdem entkam sie der Frauenfalle nicht, der des Unterhaltungsromans, so verrückt sich das anhört. Sie schrieb gefällig, das heißt, sie wollte, daß man weiterlas, wenn man angefangen hatte. Nach einer angemessenen, den Leser nicht bewußtlos schlagenden Ausdrucksform wird sie gesucht haben und hatte sich für eine Art trockener Schnoddrigkeit entschieden. Und weil sie zwischen den Stühlen saß mit ihren tiefschwarzen Themen und ihrer freundlichen Schreibweise, blieb sie zu wenig beachtet und zeitlebens zu schlecht bezahlt.

Ihr konnte man nicht einmal sagen, *Mach doch was anderes*, denn sie hatte multiple Sklerose, was sie zu verbergen suchte. In ihrer kleinen Wohnung war es immer dunkel, die Gardinen auch bei schönstem Wetter zugezogen, die Einrichtung mit Samtsofa und Glastisch, Ölbildern und Büchern ein stummer, tapferer Widerstand gegen das sie umgebende Hochhauselend. Im Bücherregal standen ihre Titel mit dem Cover nach vorne, wie Laternen kamen sie mir vor. Beweise. Kleine Triumphe. Sie sammelte alles, was es über sie gab, jeden Brief, jede Zeitungsnotiz, jedes Foto hob sie auf und klebte alles in Alben, für jedes ihrer Bücher ein Album. So bekam jedes ihrer Bücher ein Parallelbuch. Sie war sechs Jahre älter als meine Mutter, Jahrgang 1918, wobei ich mich daran erinnern kann, daß sie von einem jahrelangen Aufenthalt beim Alter von neunundfünzig mit einem kühnen Sprung plötzlich bei siebzig landete. Sie bemühte sich mir gegenüber um Freundinnenhaftigkeit. Das kannte ich auch von den Schauspielerinnen meiner Kindheit. An ihnen und auch an ihr, Anja, konnte man Tapferkeit dem Alter gegenüber lernen, aber das habe ich damals nicht bemerkt.

Immer noch wußte niemand von meiner grünen Mappe, aber plötzlich, im Jahr 1978, ging alles ganz schnell. Ich hatte mich, wissend, daß das Ganze sonst nichts werden würde und ich bis zur Rente andere Menschen ausfra-

gen und abfilmen würde, an einen drangehängt, der viel
älter war als ich, einen Journalistenkollegen im Sender. An-
fänger im Bücherschreibgeschäft war auch er, aber im Gegensatz zu mir voll Lust, sich der Welt mitzuteilen. Thema-
tisch lag er nah an Anja Lundholm, war fast gleichaltrig,
Jude und Linker. Während sie das Lager überlebt hatte,
überlebte er, Valentin Senger, mit seiner Familie versteckt
und unter falscher Identität in Frankfurt. Sein Buch
Kaiserhofstraße 12 erzählt das und wurde berühmt. Wir
sahen uns viel, und Vali las vor, erörterte, erzählte, führte Einzelheiten aus, wir hörten zu, lachten, schluckten,
fragten.

Währenddessen füllte ich stumm und allein meine grüne Mappe, Blatt für Blatt, machte stur, worum mich keiner gebeten hatte. Warum ich dabei blieb – keine Ahnung.
Vielleicht mußte ich für Valentin Senger und Anja Lundholm – die sich später im übrigen nur einmal treffen sollten, was meiner Erinnerung nach für beide keine reine
Freude war – eine Art Fortsetzung schreiben.

Darüber dachte ich aber nicht nach. Ich legte Valis Manuskript in die erst zögernden und bald fest zugreifenden
Hände von Peter Härtling, der zu der Zeit Verlagsleiter
bei Luchterhand war. Das Doppeldebüt, über das ich immer mal wieder geschrieben habe, fand dann nach einem
festlich angeschickerten Abend bei Sengers Lektor in dessen Darmstädter Häuschen seinen Anfang, dem ich spät-
abends anvertraute, ich hätte auch … Ähm.

Ach, herrjeh, sagte Thomas Scheuffelen sorgenvoll. *Ich
hab so was befürchtet.*

Wie eine jener Kröten, die aus eigener Kraft nicht vorankommen, hatte ich mich auf Valis Rücken gesetzt und dort festgeklammert, und so nahmen die Dinge ihren Lauf.

Seit einiger Zeit lebte ich wieder allein. Wir hatten uns nicht gestritten. Das zeitweilige Landleben war genau das richtige gewesen, für mich und meine Mappe, das Biedermeierliche mit samstags Flohmarkt, Kochen und Elternbesuchen war schön, machte mich aber irgendwann unruhig. Die Idylle hatte ein paar Unterbrechungen erfahren. Der Deutsche Herbst war durchs Land gefegt und hatte mich nicht ganz unzerzaust gelassen.

Ich hatte seit meiner Traurigkeit über Raspe nicht mehr viel Freundliches über die Gruppe gedacht. Später machte mich ihre Selbstgerechtigkeit fassungslos, die interesselose Härte des Establishments aber genauso. Ich nutzte meine Art der Fluchten. 1976 hatte Ulrike Meinhof sich in Stammheim das Leben genommen, das habe ich damals sofort geglaubt. Sie war zu alt gewesen, um der hirnlosen Art von Revoluzzertum ihrer Genossen und die eingesperrte Großmäuligkeit zu ertragen, das konnte ich mir gut vorstellen. Eigentlich war sie, soweit ich sie kannte, eine Lady gewesen.

Ein Ermittlungsverfahren gegen mich wegen Verdachts der Unterstützung einer kriminellen Vereinigung war ein spätes Erbe meines Mannes, brachte aber nicht viel, außer der Erfahrung einer frühmorgendlichen Hausdurchsuchung und einer Vernehmung im alten Frankfurter Polizeipräsidium. Ich hatte bei beidem wieder das vertraute Gefühl von Unwirklichkeit und war ganz ruhig. An die Fragen erinnere ich mich kaum mehr, nur daran, daß ich mich wunderte, daß sie mich lauter Sachen fragten, die ich wirklich nicht wußte.

Du gehst jetzt da einfach weg, sagte Egon Geis, der Anwalt, keiner von den Genossen, den ich von dort aus angerufen hatte.

Ich geh jetzt einfach hier weg, sagte ich zu den Beamten.

Mein Vater erzählte, sie seien noch am Abend mit Erkennungsdienstfotos von mir aufgetaucht.

Seine Tochter sähe wesentlich besser aus, habe er ihnen geantwortet.

Ich hatte, noch bevor die Polizei das tat, den Intendanten des Hessischen Rundfunks Werner Heß informiert, zu ihm führte direkt nach dem Präsidium mein erster Weg. So weit kam's, daß die mir drohten. Ich war wütend, zum ersten Mal seit langem wieder meldete sich die vertraute, seit langem erkaltete Wut. Schließlich brauchte ich meine Arbeit. Der Intendant sah keinen Grund, sie mir zu nehmen. Bei mir als frisch gebackener freier Mitarbeiterin hätte er es leicht gehabt, aber auch in anderen Sendern oder bei den Zeitungen gab es keine Probleme. Vielleicht habe ich sie aber auch einfach übersehen und überhört. Ich war oft mitten in Buschfeuern, ohne es zu merken.

An den Selbstmord von Baader, Ensslin und Raspe nach Mogadischu glaubte ich viele Jahre lang nicht. Damit war ich in den Siebzigern und den Achtzigern keineswegs allein, und ein lieber Freund, der linksverrückte Anwalt Karl-Heinz Weidenhammer, verfolgte jahrelang hartnäckig ein sogenanntes Todesermittlungsverfahren. Weidenhammer war ein Referendar meines Mannes gewesen, älter als er. Auch er hat seinen Platz in *Scheintod* gefunden. Als einziger Mensch in Frankfurt hatte er das *Neue Deutschland* abonniert. Seine treue Liebe galt außer dem Sozialismus einem großen, bösartigen Ara namens Lorchen. Er nannte ihn *sein liebes kleines Stubenvögelchen.* Als er ihn wegen eines auswärtigen Termins für einen Tag und eine Nacht in einer Zoohandlung zur Pflege gegeben hatte, schlug Lorchen die Schaufensterscheibe ein. Ihr Besitzer war darauf sehr stolz, ließ das doch die richtige Gesinnung erkennen. Weidenhammer ist schon lange tot, wie ich erfahren habe, unter traurigen und einsamen Umständen gestorben.

Irgendwann wurde das Ermittlungsverfahren gegen mich eingestellt.

1979 war also mein erstes Buch endlich aus seiner grünen Mappe geschlüpft, in der ich es über Jahre und Jahre ausgebrütet hatte. Mein Trick, mich als Tandem mit Vali Senger in den Literaturbetrieb einzuschleichen, hatte geklappt, und die Sorgenfalten des Lektors waren längst verschwunden. Das Gefühl, das Buch in der Hand zu halten mit seinem schönen goldgelben Umschlag, kam so nie wieder. Ich hatte sechs Exemplare zu Hause vor mir aufgebaut und trank mit mir selber eine Flasche Champagner. Ohne einen großen Schmerz ging das aber nicht über die Bühne, wie fast immer. Ich verlor meine Katze Tete an den Krebs, ihr rundbäckiges, graues Gesicht wurde zu einem Fuchsgesichtchen, und ich wollte es wochenlang nicht wahrhaben. Ich war eigensüchtig und habe sie geplagt, mit Operationen, ich wäre mit ihr nach Australien gefahren, um sie dem Tod abzujagen. Dabei wußte ich doch genau, daß man Ihm nicht entgeht.

Goldkind wurde ein ganz schöner, überschaubarer Erfolg, bei meiner ersten Lesung in Regensburg war ich nervös. Die Sache hatte mit einem Familienkrach angefangen, meine Mutter fand den Roman indiskret und fürchtete sich davor, was die Leute sagen würden. Mein Vater machte sich deswegen über sie lustig, was sie denn für eine Spießerin geworden sei, nie und nimmer lasse er sich den Spaß verderben, sie könne ja daheim bleiben. Das tat sie nicht, aber sie guckte die ganze Zeit beleidigt.

Der schöne große Dollingersaal, den der Buchhändler Fred Strohmaier zuversichtlich gemietet hatte, war ausverkauft. Das hatte mit Literatur wenig zu tun. Wieder saß ich in einem Buschfeuer, in der Mitte, und ich hörte kaum mehr als ein leises Knistern. Erst Jahre später haben mir Schulfreundinnen, wiedergefundene Theaterleute und alte Verkäuferinnen, die meine Großeltern noch gekannt hatten, genüßlich vom damaligen Regensburger Skandal berichtet. Mein Onkel und seine Stammtischfreunde ließen sich dagegen nichts anmerken. Fernsehen, das war ja schon was gewesen. Und dann Witwe, samt irgendwas mit Terroristen, das man gar nicht so genau wissen wollte. Und jetzt ein leibhaftiges Buch mit einem schönen Deckel. Kruzifix. Da kam was zusammen.

Es war aber nicht so ein Durch-die-Decke-Ding, das schon manch einer Autorin den Verstand vernebelt hat. Bei Debüts spielten nämlich Frauen furiose, oft sehr kurze Rollen und blieben nach einem Feuerwerk der öffentlichen Aufmerksamkeit betäubt auf ihren nächsten Büchern sitzen. Für diese Art Karriere war ich schlicht zu alt, mit meinen bald Mitte Dreißig. Zu alt war ich auch für einen

Aufenthalt in der *Villa Massimo*, den man mir in Aussicht gestellt hatte. Nach meiner freudigen Zusage verlangte man von mir eine Erklärung, weswegen ich erst so spät publiziert und welche Hindernisse ich zu überwinden gehabt hätte. Das machte mich ziemlich sauer, auf mich, ich hatte mir doch längst und noch im Grünmappenstadium geschworen, Gratifikationen dieser Art zu mißtrauen. Das hatte ich davon. Meine Mutter war sehr enttäuscht. Villa Massimo, das wäre doch endlich was gewesen.

Es sollte noch zwei Bücher dauern, bis ich auf einem Hotelmeldezettel *Schriftstellerin* als Beruf angab. Vorher lernte ich aber noch Vertreterinnen dieses Berufs kennen, die scheinbar an den entgegengesetzten Polen weiblichen Schreibens residierten. Rose Ausländer war Dichterin in der reinsten Form, gebürtige Czernowitzerin, aus jener Stadt in der Bukowina, die für uns Nachgeborene als verlorenes Paradies der Poesie galt. Sie war, als ich sie in Düsseldorf anläßlich einer Gesamtausgabe ihrer Gedichte besuchte, so alt, wie ich jetzt bin, eine alte Frau mit hängender Unterlippe und neugierigen Augen. Sie verbrachte ihre Tage im Bett, irgendwann hatte sie wohl beschlossen, einfach liegen zu bleiben. Sie konnte laufen, das hatte ich mit eigenen Augen gesehen, aber sie hatte wohl keine Lust mehr, sich in der Welt zu bewegen. Oder sie sah keinen Sinn darin.

Gedichte brauchen am Schluß nur den Dichter und den Leser, wird sie sich gesagt haben, das Leben draußen mit Überraschungen, Lärm und allem scheinbar Unverzichtbaren brauchen sie nicht mehr. Damals war ein kalter Winter, und ich unterlegte ihre schönen, meist kurzen Strophen mit Bildern von strömendem Wasser, das sich gegen Eis behauptet.

Das Interview mit Rose Ausländer hatte, obwohl ihr Zimmer ziemlich klein war, den Charakter eines königlichen *Grand Lever*, wobei sie das *Lever* einfach wegließ. Ich stellte fest, während sie über ihr Leben und die Entstehung ihrer Lyrik erzählte, daß es mir half, ein eigenes Buch vorweisen zu können. So sollte es überhaupt kommen: Ein eigenes Buch war bei Autoren und Autorinnen eine ganz gute Eintrittskarte. Möglichst nur eins, natürlich, und nicht zu erfolgreich, aber schon in einem ernst zu nehmenden Verlag – da war man eine der Ihren, wenn auch ein bißchen jung und täppisch, aber doch mit den Sehnsüchten und Selbstbehauptungen des Metiers vertraut.

Mit dem da werden Sie doch wohl jetzt aufhören! sagte der große Verleger Siegfried Unseld bei einem Interview, das ich mit ihm führte.

Mit dem da, damit meinte er das, was ich grade mit ihm tat – meinem Beruf nachgehen. Ich hatte das gelobte Land mit einem Bein betreten, da mußte ich doch das zweite so bald wie möglich nachziehen wollen und nicht in diesem unmöglichen Spagat stehenbleiben!

Genau das wollte ich aber, und eine Begegnung im Jahr 1980 bestätigte mich damals. Ich hatte zwar schon wieder eine Mappe angelegt, aber das war nicht so wichtig wie das aufregende Buch der berühmten regierenden Großfürstin des Interviews, Oriana Fallaci: *Un uomo*. Ein Mann. Ein toter Mann, ein Revolutionär, ein Kämpfer. Da kannte ich mich aus. Wer, wenn nicht ich, sollte nach Mailand geschickt werden und dem berüchtigten feuerspeienden weiblichen Drachen, vor dem selbst Henry Kissinger zitterte, ein paar Worte entlocken? Die Fallaci war eine Vorreiterin, sie hatte über Modeschauen, Filmpremieren, Schauspielerskandale und Betrüger geschrieben, sie war eine von den Frauen, die begriffen hatten, daß das ihre Chance war. Unverwechselbar in Ton und Farbe, kann man über alles schreiben, und das Leben der anderen lohnte jede Expedition.

Da war er, der andere Pol des Schreibens, und ich war furchtsam neugierig auf diese Frau, die sich so unermüdlich und scheinbar unverletzbar dem Leben samt Kriegen und Katastrophen entgegengeworfen hatte. Scheinbar unverletzbar, das bewies ihr neues Buch. Der Tod ihres Genossen und Geliebten Panagoulis hatte sie schwer, vielleicht lebensbedrohlich getroffen.

Wir trafen uns an einem Sonntag, ich hatte vorher ein Vermögen für das Taxi ausgegeben, mit dessen Hilfe ich am Mailänder Sonntag nach weißen Rosen suchte. Und das im Februar. Ihre Lieblingsblumen, das wußte ich aus dem Buch. Mir war jedes Mittel recht. Treffpunkt war das leere Verlagsgebäude von Rizzoli.

Die Fallaci war eine sehr attraktive, kleine Frau, chic angezogen, mit kritischen, etwas asiatisch anmutenden, kajalbetonten Augen. Ihre Haare trug sie in einer glatten, halblangen Schulmädchenfrisur, sie rauchte Kette und zeigte wie die Kaiserin Josephine ungern ihre Zähne. Ich war demütig, wir einigten uns auf Englisch als Interviewsprache, mein Italienisch war zu schlecht und ihr Französisch gottlob auch. Aber ein bißchen Französisch lockerte die Sache.

Ich klaute ein Zitat aus der Tetralogie von Lawrence Durrell, die damals fast jeder kannte.

Madame, comment vous défendez – vous contre la solitude?

Sie erkannte es natürlich, und ich rechnete damit, daß sie die Antwort zitieren würde. Aber sie fragte nur unwirsch, wie sie laute, im Buch, die Antwort.

Ich sagte: *Monsieur, je suis devenue la solitude même.*

Das gefiel ihr sehr, ja, das sei es, sagte sie, dem sei nichts hinzuzufügen. Wir redeten über den griechischen Befreiungshelden, diesen *Uomo*, und später fragte sie nach meinem Mann, sie wußte vom Valpreda-Prozeß.

Was er mache? Ob er noch mehr politische Prozesse geführt habe? In Italien?

Mit einem absurden Gefühl von Ebenbürtigkeit sagte ich, auch der sei tot. *Un Uomo.* Es wurde ein langes Gespräch, ich vergaß das Team, das von der RAI ausgeliehen war, und ich nahm stolz mein Säckchen mit den Filmrollen in der Überzeugung, der schwierigen, berühmten und bewunderten Signora, die sogar dem Ajatollah Khomeini die Stirn geboten hatte, mindestens eine Dreiviertelstundenfassung abgeschwatzt und abgeschmeichelt zu haben.

So war es dann auch.

Du weisch, Mädle, ich dräng mich net in glückliche Ähen! sagte auf der Buchmesse ein Verleger zu mir, den ich schon lang kannte und sehr mochte. Es war Christoph Schlotterer von Hanser, und er setzte hinzu: *Bisch glücklich?*

Das war eine Frage, die ich mir in Bezug auf das Schreiben und den Umgang mit dem, was dabei entstand, nicht zu stellen gewagt hatte. Es ging nicht darum, glücklich zu sein, oder?

Nein, sagte ich zu Christoph, also wenn er mich schon so frage, das sei ich nicht. Ich wisse nicht, ob die vom Verlag noch was von mir wollten, wo ich bei denen angesiedelt sei, und überhaupt, grade wenn es nichts Aktuelles gäbe, sei es doch wichtig, daß jemand da ist, der einem einredet, er wünsche sich etwas.

Hasch was Neues? sprach der Verleger.

Schlo war groß und nicht dünn, auf bayrisch hieß das *gstandn*. Damals Anfang Vierzig, er war ein gastfreundlicher, großzügiger und gewiefter Schwabe mit einem guten Blick und Hasenzähnen, trug Dreiteiler und sah ein bißchen aus wie *Mein Freund Harvey* als Intellektueller. Wir hatten schon öfter miteinander zu tun gehabt, und nun schien ihm die Zeit gekommen, sich mein anderes berufliches Standbein mal näher anzuschauen.

Ja, gab ich zu, da gäbe es was, er sei der erste, der das von mir wissen wolle. Ich kannte das ja schon, wenn nicht zu einem bestimmten Zeitpunkt jemand vorbeikäme und mich huckepack nähme, würde nichts weitergehen. Ich traute der Welt bereitwillig zu, ohne mich auszukommen.

Das ist in diesem Beruf ein Fehler. Deshalb fragte ich vom alten Laden keinen und drückte den sehr überschaubaren Inhalt meiner neuen Mappe dem Verleger Schlo in die Hand. Vierzehn Seiten. Im Gegensatz zum ersten Manuskript war der Titel klar: *Karneval*.

Es war wieder so eine Was-wäre-wenn-Geschichte, von der ich hoffte, daß er sie haben wollte. Eine abgestürzte Faschingsprinzessin, von der man mir einst in Mainz erzählt hatte, war mir im Kopf geblieben und hatte sich dort eingesetzt.

Schlotterer wollte, und deswegen legte ich ordentlich los, zumal er sich in den Kopf gesetzt hatte, mich nach Klagenfurt zum Bachmann-Wettbewerb zu bringen. Das war im Jahr 1981 noch ein literarischer Schulausflug, das Fernsehen diente der Sache und war weit davon entfernt, wie heute die Alleinherrschaft auszuüben, und die Jury war mit literarischen Alphatieren besetzt, Jens, Reich-Ranicki, Muschg, Härtling. Irgendeine Frau wird auch dabeigewesen sein, an die erinnere ich mich aber nicht mehr.

Ich hatte meine Fahnenkorrekturen aus Singapur an den Verlag geschickt, das Buch würde gedruckt werden. Während ich dort für das längst verstorbene Intellektuellenblatt *Transatlantik* über die Arbeitsbedingungen asiatischer Textilarbeiterinnen schrieb, hatte ich abends bei Affenhitze die Korrekturen in mein Karnevalsdrama gekrickelt. Ich hoffe, irgendwer hat den Umschlag aufgehoben, in dem ich mein zweites Werk aus Singapur nach München geschickt hatte. So bunt, so voller märchenhafter Briefmarken und Hinweisstreifen, so voller Hoffnung.

Wenig später saßen die Wettbewerbsteilnehmer zusammen mit den meisten Juroren im Flieger von Frankfurt nach Klagenfurt, und ich glaube, es war Härtling, der sagte:

Wer schreibt denn die Nachrufe, wenn das Ding hier abstürzt?

Ich habe nur tolle Erinnerungen an diese Tage am Wörthersee, weil ich mir vorgenommen hatte, Schlotterers *bisch glücklich* einfach mal mit *Ja* zu beantworten. Wir Autoren gingen abends in die Disco, waren völlig undiszipliniert, lachten die aus, die noch an ihrem Text basteln wollten, und ließen so lang Janis Joplins *Me and Bobby McGee* spielen, bis außer uns niemand mehr bleiben mochte. Es wurde wie wild getrunken und geraucht, niemand hatte vor, gesund zu sein oder achtsam oder so was, und ich versuchte, Guntram Vesper das Tanzen beizubringen. Es war eine Menge Neugier und auch Liebe und Überschwang in dieser Truppe, jedenfalls erinnere ich mich an eine besonders unverkniffene Atmosphäre. Viele Ereignisse dieser Art sollte ich noch vom Rand her erleben, nicht mehr als Teilnehmerin, ich fand mich schon damals für Klagenfurt ein bißchen zu alt. Aber nirgendwo schien es mir anarchischer und lustiger als im Bannkreis der düsteren Dichterin Ingeborg Bachmann. Es waren noch wesentlich ältere Kollegen als ich dabei, die aber tapfer bei allem mitmachten. Die Juroren sahen wir nicht, die hatten ihre eigene Kneipe, in der sie jedes Jahr ihre Ränke schmiedeten. Diese literarische Insel schien sauber getrennt, es wurde natürlich über amouröse Fraternisationen von Teilnehmerinnen und Jurymitgliedern gemunkelt, vielleicht gab es sie auch. Man hat bei den Beurteilungen nichts davon gemerkt.

Mittendrin dachte ich: Dies hier wird bald lange her sein. Es wird bald nichts mehr bedeuten. Das zog wie eine Gewitterwolke über den See bei Maria Loretto, diesem wunderbaren Ort. Keiner außer mir sah sie.

Ich verbrachte viel Zeit mit einem Konkurrenten, den ich ganz unschuldig fast ums Leben gebracht hätte. Begeistert war er mir zum Schwimmen in den Wörthersee gefolgt, konnte es aber nicht, was ich erst bemerkte, als ich ihn im Wasser auf einmal nicht mehr sah. Ich half ihm raus, was schwierig war, weil er sich genierte und man ihn das Gesicht wahren lassen mußte.

Er wurde dann Erster und Bachmann-Preisträger.

Mit meinem zweiten Preis fuhr ich nach einem wunderbaren Abschiedsfest, auf dem wir uns alle in die Hand versprachen, einander nie wieder aus den Augen zu lassen, ziemlich zufrieden nach Hause. Ich hatte Steuerschulden, der Preis war wie gerufen gekommen. Alle frischen Freiberufler in unserem Job, dem Journalistenjob, hatten dieses Problem, endlich richtig Geld zu verdienen und dem herrlichen Brutto zu glauben. Ich war der drohenden Pleite durch Klagenfurt entgangen, was konnte mir denn noch passieren. Auch eine Liebe gab es seit einiger Zeit wieder, eine, die kein Zusammenleben zuließ, keinen Alltag, kein Grau, nur ein wunderbares Irresein, das ich vorher nicht gekannt hatte. Es war gut so. Und die Zeit war gekommen, das im Kempowskischen Sinn aufzuheben, was von meinem Mann geblieben war. Ich schrieb *Scheintod*.

Aber vorher war noch eine Prüfung zu bestehen. Am 18. Mai 1983 stand ich glücklich und mit verdreckten Händen und Klamotten im Garten, als es klingelte. Ich dachte, der Freund, der mir seine Teichpumpe geliehen hatte, sei zurückgekommen, weil irgendein Teil davon liegengeblieben war. Ich machte auf, schaute in eine Waffe und danach in eine Fratze, einen Strumpfkopf. Da, wo der Mund des Mannes war, klebte Spucke. Er war sehr groß, fett, bleich und erschien mir ziemlich jung. Nie werde ich vergessen, was ich ihn fragte in meiner Dämlichkeit.

Bist du arbeitslos?

Er kam rein, dirigierte mich in die Küche und zog dort die Gardinen zu. Meine Katze Jule war im Garten. Als mir klar war, daß die Sache für ihn nicht so klappte, wie er sich das gedacht hatte, bekam ich zum ersten Mal echte Angst. Jetzt würde er mich erschießen, da war ich ganz sicher. Er hatte es nicht gebracht, daran war ich schuld. Vorher war alles unwirklich gewesen, das Ausziehen, die Bewegungen der Waffe, die Strumpffresse, der wabbelige Bauch.

Ich fing an zu reden, irgendwelches Zeug, eine armselige Scheherazade, die um ihr Leben plappert. Er sagte keine fünf Wörter, ohne irgendeinen Akzent oder erkennbaren Dialekt.

Du gehst jetzt, sagte ich irgendwann. *Du gehst jetzt.*

Er zwang mich zu duschen. Ich kniff die Beine zusammen.

Dann riß er mir mit einer kurzen Bewegung meinen kleinen Diamanten vom Hals, mit der gleichen beiläufigen Bewegung fetzte er die Telefonschnur mittendurch. Das ist schwierig, wir haben es damals danach ausprobiert.

Dann war er weg. Ich zog mir etwas an und ging in den ersten Stock. Mein damaliger Mitmieter war ein älterer Herr, der nicht gut hörte. Es war schwierig, ihm zu erklären, daß ich bei ihm telefonieren müsse.

Was ist denn los? sagte er immer wieder.

Die Polizei war sehr freundlich und lobte meine detaillierte Beschreibung. Allerdings hatte das Ding kein Gesicht. In der Uniklinik sagte der Arzt, bei dem ich auf die Untersuchung wartete:

Ach, Sie sind es, machen Sie eine Reportage?

Man erstellte aufgrund von Beschreibungen aus der Nachbarschaft ein Phantombild, mehrere Menschen hatten ihn an dem Tag in der Straße herumlungern sehen.

Ich hieß in dem Zeitungsbericht *Eine neununddreißigjährige Hausfrau.* Keine schlechte Tarnung.

Also, ich hätte mich gewehrt, sagte eine Kollegin wenige Tage später.

Unter allen Umständen. Woher weißt du eigentlich, daß die Waffe geladen war?

Wie du siehst, weiß ich es immer noch nicht, sagte ich.

Ich war so müde wie nie zuvor in meinem Leben und hätte andauernd essen können.

Mein lieber Verleger Schlo kam und sagte:

Du machsch jetzt weiter, aber sofort!

Das tat ich.

Nach einem Jahr sah ich nicht mehr überall fette, bleiche, junge Monster mit Strumpfköpfen. Nach zwei, drei Jahren wollte ich ihn nicht mehr töten.

Gefaßt wurde er nie.

Etwas von allem

Zu meinem vierzigsten Geburtstag schenkte mir mein Nachbar Marcel Reich-Ranicki sein Buch *Lauter Verrisse*. Mit Tesafilm hatte er über die handschriftliche Widmung ein tröstendes Goethe-Zitat aus den *Maximen und Reflexionen* geklebt:

Gegen die Kritik kann man sich weder schützen noch wehren; man muß ihr zum Trutz handeln, und das läßt sie sich nach und nach gefallen.

Nun gut, er mußte es ja wissen. Zu der Zeit hatte er zwar Kenntnis von mir und meiner Arbeit genommen, mich zu allerlei Beiträgen in der *Frankfurter Allgemeinen Zeitung* ermuntert, aber mit dem Einordnen tat er sich schwer. Auch wenn Goethe das Handeln ihr, der Kritik, *zum Trutz* empfahl: So wörtlich wollte er, der Papst, es doch nicht genommen haben.

Ich hatte keine Angst vor ihm. Ich wünschte mir nichts von ihm, erbat nichts, interessierte mich nicht für einen Job als Teil seines Sonnensystems. Ich zog ihn nicht zu Rate, erzählte ihm nichts von Plänen, fragte ihn nicht nach wichtigen oder nützlichen Verbindungen.

In gewisser Weise, die ich erst jetzt, lang nach seinem Tod begreife, war ich vom Beginn unserer Bekanntschaft und späteren Freundschaft an zu alt für ihn gewesen. Er hatte sich mit enormem Feuer nach seiner Jugend, die ihm geraubt worden war, eine zweite geschaffen, in diesem Papieruniversum Literatur, dessen Bewohnerinnen und Bewohner zum Alter eine besondere, sehr kindliche Beziehung haben. Als Autor kann man erstaunlich lang bei den Jungen wohnhaft bleiben, im Haus der Avantgarde zum Beispiel, aber auch an anderen Orten. Die Vaterrolle spielen die Verleger, deren Lob ersehnt wird und unter deren anderen Kindern man herausgehoben sein will.

Das galt auch, wenn der Autor achtzig und der Verleger halb so alt war.

Ein Kritiker wie Reich-Ranicki konnte in einer solchen Welt seinen zeushaften Status auf- und ausbauen, mit allen Götterdämmerungen, Katastrophen und Neugeburten, Liebe und Haß. Der Tod wurde nicht reingelassen. Die Bühnen waren PEN-Kongresse oder die notorische Gruppe 47, aber auch ehrgeizige Fernseh- und Rundfunksender und all die Symposien von Paderborn bis Princeton, die man für die Dichter und ihre Verfolger veranstaltete.

Noch immer spielten sich die Dramen in einer analogen Welt ab, in der sich niemand auch nur vorstellen konnte, daß eine digitale einst alles übernehmen würde, Bühne, Text, Personal und Publikum. Dabei war sie gar nicht mehr weit weg.

Ich sah beide Reich-Ranickis oft, Tosia und Marcel, wir luden uns gegenseitig ein, waren allmählich befreundet miteinander, und ich hörte aufmerksam zu, wenn er lobte oder tobte. Hinter seinem nach vorn geworfenen Temperament lauerte still ein kühles Beobachten: Wie weit ließ das Gegenüber ihn gehen? Wie waren die Reaktionen? Wem wurde was kolportiert? Sein Vordergrund war intellektuelle Klatschsucht, sein Hintergrund Diskretion. Er behielt viel für sich. Bei anderen haßte er Verschwiegenheit und hielt sie für infam ihm gegenüber. Das beeindruckte mich nicht. Im Klappehalten war ich geübt. Manchmal machte er darüber Bemerkungen, die auf meine verdächtigen politischen Neigungen zielten.

Faß dich an deine eigene Nase, sagte ich. *Kommunist und was nicht noch alles.*

Dann lachte er.

Wir mochten dieselben Klassiker, standen mit beiden Beinen im Heine-Lager, Hölderlin ließ uns ratlos. Er machte aus seinen Abneigungen Pamphlete und liebte unpassende Gelegenheiten, zu denen er sie herauskrähen konnte. Der Bad Homburger Hölderlin-Preis vor Jahrzehnten war so eine: Zum Schluß seiner sogenannten Laudatio waren Preisnamensgeber und Preisträger völlig zerfleddert, und der Oberbürgermeister wahrte nur mühsam seine Fassung.

Zeit seines Kritikerlebens hat er, glaube ich, eine Experimentalreihe durchgeführt, als deren Ergebnis er die Mängel der Branche notierte. Devotheit, Ruhmsucht, Geldgier, Kleingeistigkeit und Mangel an Solidarität, Verrätertum. Und nicht zuletzt, immer und immer wieder, Mangel an Begabung. Oder an Ernsthaftigkeit, Durchhaltevermögen. Und, bei ihm ein todeswürdiges Verbrechen: Mangel an Unterhaltsamkeit. Langeweile hieß seine Vorhölle. Dafür wurde er gehaßt, verachtet und umschwärmt. Wie ein Kind konnte er über die Hartnäckigkeit staunen, mit der manche Literaten ihm ihren Unmut nachtrugen. Sie waren trotz allem seine Götter, das wußten sie doch! Er machte beileibe nicht das gleiche mit ihnen, im Gegenteil: Neues

Spiel, neues Glück! Und dieses Spiel war viel zu spannend, als daß man nachtragend sein durfte.

Es war seine Welt, sie war sein Seinsgrund und seine einzige Existenzform, er liebte sie und wußte um ihre Dekadenz, nicht ohne sie auszunutzen und sich ihrer zu bedienen. Teile und herrsche!

Gegen Verführungen war er überhaupt nicht immun und sammelte in seinen späteren Jahren Ehrendoktorate wie Schutzbriefe gegen die lebenslange Kränkung, daß ihn keine Akademie hatte haben wollen. Irgendwelche Medaillen, Porzellanfiguren oder sonstige Staubfänger minderer Herkunft waren ihm suspekt, das goldene Reh aber nicht. Er wollte geliebt werden, respektiert, verstanden und nicht zuletzt geehrt. Im übrigen gehörten gute Honorare zur Ehre, man war entweder teuer oder Benefiz, dazwischen gab's nichts.

Ich wohnte nicht dauernd in dieser Welt, war nur gelegentlich und mit vielen Vorbehalten zu Besuch und stieß mir trotz aller Distanz gelegentlich die Schnauze blutig, wie nicht anders zu erwarten.

Aber es gab Rückzugsorte, wunderbare, verborgene, die entdeckt werden wollten, wo man sich verstecken konnte, ungesehen, unbeargwöhnt, einfach als Gast. Ich fand sie in der bildenden Kunst, bei den Spinnern, den Naiven, den Geisteskranken. Ich fand sie bei den Betreibern privater Museen oder bei Schloßbesitzern, die ihre Räume mit ihrer ganz eigenen, selbstgemachten Kunstepoche füllten. Ich fand sie in Parks, Verliesen oder in den Gartenhütten von Bergarbeitern.

Die erste Nachkriegsbegeisterung für naive Kunst entstand im Ruhrgebiet, ausgelöst durch den Erfolg der jugoslawischen Maler, die nur allzu schnell eingeordnet und kommerzialisiert worden waren.

So was gibt es bei uns auch, sagten sich die dortigen Museumleiter und Volkshochschulchefs, *aber authentischer.*

Ich hatte mir alles angeschaut, was es auf diesem Gebiet zu sehen gab, ob in Oberhausen oder Gelsenkirchen oder Dortmund, irgendwo war immer irgendeine Ausstellung, über die man schreiben konnte. Manchmal wurde ich auch einen Bericht fürs Fernsehen los, und ich lernte, auf die haarfeinen Unterschiede zu achten: Ob da jemand wirklich eine eigene Welt erschuf oder sich nur mit bunten Bildchen über das graue Leben wegmalte – eins so legitim wie das andere. Echte Besessene, die in keine Ordnung paßten, waren mir die liebsten.

Weingarten bei Karlsruhe, von dort hatte mir einer geschrieben. Das heißt, er hatte mir ein kleines Bild geschickt mit gemaltem Text drin, etwas Freundliches über mich und völlig unvermittelt eine Eloge über *Don Quixote*. Ich war in ein Cervantes-Göttersystem geraten und darin eingebunden worden, das würde sich jahrelang fortsetzen. Der Mann war offensichtlich ein aus dem Mittelalter übriggebliebener Künstler mit einer osmanisch anmutenden Liebe zu Gold und Silber. Buchmaler nannte er sich und hieß Reinhold Metz.

Er war der erste, den ich kennenlernte, der sein ganz eigenes, an der Welt und ihren Gratifikationen nicht interessiertes Fürstentum bewohnte und mit Fleiß, Phantasie und großer Ausdauer sein Werk schuf. Das heißt, er ging in unzähligen starkfarbigen Bildern den verschlungenen

Weg des Ritters von der traurigen Gestalt und seines Knappen Sancho Pansa nach, nicht ohne seine eigenen Gedanken zur Zeit mit hineinzuflechten samt Empfehlungen, Ermahnungen und Sinnsprüchen, die dem Betrachter ein richtiges Leben nahezulegen suchten.

Ein froher Mut zwingt jegliches Geschick!

Metz und seine Frau Jutta wären im Kunstbetrieb todunglücklich und gelähmt gewesen, und sie wußten das. So arbeitete Jutta als Beamtin und Reinhold verkaufte ab und zu eine Arbeit.

Das Papier und das Gold und Silber isch teuer, aber es muß sein!

Sie lebten in einem Bauernhaus mit Garten und einem gar nicht zahmen Steinmarder als Untermieter, der ein eigenes Zimmer bewohnte.

Man kann ihn doch nicht verkommen lassen.

Ein Stück Ruhm hatte die Welt dann doch für ihn übrig, das Gutenberg-Museum in Mainz bewahrt Arbeiten von ihm und das *Museum of Modern Art* auch.

Eins seiner großen Vorbilder war Jean Dubuffet, in dessen *Musée d'art brut* in Lausanne ist Metz ebenfalls vertreten.

Aber sonst? Er hat Tausende seiner einzigartigen, kunstvollen Buchmalerbriefe in die Welt geschickt, an Präsidenten und Könige, Schriftsteller und Politiker. Die *Unicef* war sein Leitstern, eine Organisation, die ihn glauben ließ, die Welt könnte doch noch gut werden. Sie kommt auf fast allen seinen Bildern vor, *Unicef*, in krummen, bunten Buchstaben, *Unicef*, ein Mantra.

Die meisten Adressaten hätten seine Briefe einfach weggeworfen, hat er mir gesagt.

Erfolg nach dem Tod war einem Welterschaffer beschieden, den der Documenta-Macher Harald Szeemann bei der legendären documenta V 1972 ans Licht der Kunstwelt gezogen hatte. Es sollte noch mehr als zehn Jahre dauern, bis ich den Auftrag bekam, mich mit dem Maler, Schriftsteller, Komponisten, Mathematiker und Erfinder Adolf Wölfli zu beschäftigen. An ihm habe ich zu begreifen versucht, wie das geht mit dem eigenen Kosmos, den man sich bauen muß, weil es kein anderer macht. Der Mann war fast sein ganzes Leben lang in der Irrenanstalt, in der Berner Waldau, und wahrscheinlich hat er sich überlegt, daß es ganz egal ist, wie groß die einem zugeteilte Welt ist. Man kann sie in jedem Fall sprengen.

Er machte sich also ans Werk, malte seine Zelle aus. Als die bald zu klein wurde, mußte Papier her, viel Papier, man gab ihm – denn die Waldau war eine sehr fortschrittliche Anstalt – Rollen von Zeitungspapier. Wölfli bemalte sie mit Buntstiften, riesige Formate voll feinster Wirklichkeitssplitter, Dächer, Boote, Vögel, Blumen, Kreuze. Ihnen beigegeben sind Melodien in einer eigenen Notenschrift, die die Bilder wie Straßen durchkreuzen, Musikstraßen. Und Texte, Tausende von Seiten Text.

? Was thue ich noch, auf dies'r Wällt: Wir sind ja in, der Irre. Du sieh'st Doch wie, der Blitz dort fällt: Behallt nur deine, Schmirre. Ich habe keinen, Kreutzer Gällt Wehr Krank ist nun, der Chirre. Derweil das Kind, zu'r Eerde fällt: Schweb ich hinauf, zu Gott.

Aus weiter Ferne, aus dem verspielten Konkreten-Wochenende im Wilhelmsbader Park, kamen ein paar Erinnerungen, aber sie gingen auch gleich wieder.

Ermühdet von, des Tages Last: Sink ich zum Steerben,
nied'r. Der Sündenbürg, erdrükt mich fast: Herb schmerzen
mich, die Glied'r. In Waldesnacht, ein grühn'r Ast: Ist bess'r
als, der Flied'r. Du bist doch nuhr, ein alt'r Bast: Drumm
schließ die Augen, = Lied'r.

Es scheint, als habe er einen genauen Schöpfungsplan
gehabt und sei ihm gefolgt, ohne daß ihn die Enge seiner
Zelle in irgendeiner Weise hätte beschränken oder aufhal-
ten können. Wölfli und Metz, mit denen ich mich fast zur
gleichen Zeit beschäftigte, kamen in die Gruppe meiner
Hausheiligen. Wölflis Bezeichnung für die seinigen war
schöner: Er nannte seine imaginären Helfer und Förderer
seine *Avantgaarde.*

Man konnte von den beiden, wie auf ganz andere Weise
von Kempowski, Brown oder Rose Ausländer, lernen, daß
es keinen Sinn hat, sich vorwerfen zu lassen, man könne
nicht schwimmen, weil man ein Vogel, und nicht fliegen,
weil man ein Fisch ist.

Mit vierzig und mehr Jahren wußte ich aber, daß die
Sache mit dem Eremitentum und der ausschließlichen
Gestaltung des eigenen Orbis pictus nicht funktionieren
konnte. Die Gefahr dabei war, daß man sich stilisierte.
Verrücktheit und Außenseitertum konnte man nicht einfach beschließen oder überwerfen wie ein Bühnenko-
stüm. Das würde genauso ranzig riechen wie die Ausflüge
nach Poona oder sonstwohin. Die ganze elende Selbstfin-
derei, die ein Freund sehr passend den *Egotripper* nannte,
würde hinter einem herklappern und Lärm machen. Wölfli mit seinem reichen, eingesperrten Leben oder Metz mit
seiner gold- und silbergeschmückten Unbeirrbarkeit und

seinem beschützten Selbstbewußtsein waren eben nur Hausheilige, keine Vorbilder. Sie warteten mit den anderen in den Ecken meines Gedächtnisses, um mich bei passender Gelegenheit daran zu erinnern, worauf es ankam.

Einmal habe ich versucht, Marcel Reich-Ranicki von meinen inneren Wächtern zu erzählen. Das löste tiefen Abscheu in ihm aus.

Was nicht bewußt entstanden war, machte ihn mißtrauisch, auch wenn es schön war, mochte er es nicht. Wahnsinn zu verehren war für ihn, denke ich, eine widerliche Schwäche, ein Sakrileg gegen den Geist.

Er erinnere mich an Goethe, der nicht einmal Menschen mit Brille ertragen mochte, sagte ich damals. Das gefiel ihm. Goethe war immer eine gute Möglichkeit, um aus einer sinnlosen Diskussion mit ihm rauszukommen, Goethe oder Thomas Mann. Wenn er in meiner Gegenwart eines seiner Lieblingsverdikte losließ, Frauen könnten keine Romane schreiben, boshaft und lauernd wie ein kleines Kind, tat ich ihm einfach nicht den Gefallen, zu reagieren. Nur einmal sagte ich, Hummeln könnten aerodynamisch gesehen nicht fliegen und täten es trotzdem, so hielte ich es eben mit dem Romaneschreiben.

Jetzt fängt sie schon wieder mit ihren Tieren an! rief er verzweifelt einem nicht vorhandenen Publikum zu. Von der Kreatur hatte er nicht den geringsten Schimmer, Wälder gab es nur von Shakespeare und Hunde von Thomas Mann.

Erkennt dich das denn? fragte er einmal im Angesicht meines Katers, der ihn ansah.

1986 erlitt mein lieber Verleger Schlo einen Herzinfarkt.

Wie hast du das gemerkt? fragte ich ihn, als ich ihn wenig später in München besuchte.

Es ist, wie wenn dir einer einen vollen Kasten Bier direkt aufs Herz stellt, sagte er.

Aus der Reha in der Lauterbacher Mühle, die schon damals der bevorzugte Reparaturbetrieb der feinen Gesellschaft war, haute er nach wenigen Tagen ab, weil er sich langweilte.

Dann nahm der Tod einen zweiten Anlauf auf meinen lieben Schlo, und diesmal erlegte er ihn. Er war neunundvierzig Jahre alt. Ich fuhr wieder nach München und übernachtete im Wohnzimmer bei den Laemmles, Peter und seiner Mutter Anna, einer Plüschhöhle mit Büchern überall, sogar das Schlafsofa ruhte statt auf Beinen auf Bücherstapeln.

Mitten in der Nacht vor der Beerdigung weckte mich Peter.

Du mußt sofort duschen und die Haare waschen, sofort.

Hast du was genommen? fragte ich völlig verschlafen.

Er hatte im österreichischen Fernsehen die Nachrichten über Tschernobyl gesehen, das apokalyptische Chaos sollte sich von da an auf vielfältige Art verbreiten.

Am nächsten Vormittag zogen über dem Friedhof dunkle Wolken auf, diejenigen Trauergäste, die schon von dem GAU gehört hatten, schauten nach oben.

Die Wolken sähen anders aus als normale Wolken, flüsterte Peter, und ich sagte, daß ich an die Wirksamkeit des Duschens nicht wirklich glauben würde. Es waren sehr viele Menschen zu Schlos Beerdigung gekommen, und der böse Regen durchnäßte sie alle, Gerechte und Ungerechte. Später stand ich neben einer bekannten Verlegerin, die mich immer wieder von der Seite anschaute, weil ich so laut weinte. Sie hatte von der Bedrohung offenbar noch nichts gehört, denn sie wirkte irgendwie unbekümmert und schüttelte nur lässig ihren nassen Pelz.

Rührend, sagte sie zu mir, *eine Autorin, die um einen Verleger weint!*

Mein alter Freund und Lektor Fritz Arnold, der auf der anderen Seite stand, flüsterte, um die würde wahrscheinlich keiner heulen.

Ich wartete darauf, daß sie mir ein Angebot machen würde. Da kam aber nichts, also meinte sie wohl, meine Trauer gelte dem einzigen, der meine Bücher hatte publizieren wollen, und sei deswegen so groß.

Etwas nahm mir die Menschen weg, die mir wichtig waren, immer wieder. Etwas legte sich meiner Arbeit in den Weg. Mein Geheul war nicht nur Trauer, sondern auch Selbstmitleid. Um das Grab des Verlegers standen wir, seine Autoren, lauter kleine Autisten, die sich nicht gegenseitig trösteten, sondern sich einsam bedauerten, während es donnerte und aus gelben Wolken der *Fallout* regnete.

Später meckerte Peter so lang, bis ich abermals duschte und die Haare wusch.

Es ist überall, nützt gar nichts, wenn du nach Frankfurt fährst, da kannst du genausogut auch noch bleiben.

Laemmle hatte ein leidenschaftliches, gradezu erotisches Verhältnis zu Katastrophen, es war ihm aber lieber, wenn es private waren oder literarische. Die menschengemachte Beleidigung des Kosmos war ihm zu groß.

Es dauerte Wochen, bis uns klar war: Noch jahrelang würde man Angst vor Regen haben müssen, vor Wind, vor Blütenstaub, Pilzen, Beeren und Luft. Hiroshima war weit weg gewesen und lange her, und wirklich viel hatte man uns auch nicht darüber erzählt. Aber dies war überall, man atmete es ein und konnte sich nicht wehren.

Freunde von mir bekamen ihre erste Tochter und beäugten sie angstvoll, ob etwas von dem unsichtbaren Bösen in sie hineingeraten war. Bei unserer Katze Afra wurde Leukämie festgestellt, sie starb innerhalb von Wochen, diese Sanftmütige mit den blauen Augen. Ich habe meine Mutter um keinen Menschen je so weinen sehen.

In Finnland, wo ich wenig später zu einer Lesung eingeladen war, türmten sich auf den Märkten die Rentierfelle. *Die leuchten nachts*, sagten die Finnen und lachten.

Lesungen, zu denen ich ziemlich oft eingeladen war, kamen mir eher wie ein Teil meiner Journalistenarbeit vor, nicht wie eine Ernte, die meine Bücher einfuhren. Ich nutzte die Zeit, um mir Orte anzuschauen, so gut es eben ging. Wochenlange Reisen durchs eigene Land führten aber manchmal zu merkwürdigen Lähmungen, als fahre man wie in einem Traum immer von A nach B, um in Wirklichkeit ewig in A zu verharren. Die gleichen rauhhaarigen Teppiche im Hotel, der Unterwäscheladen am Marktplatz, nur die Kirche hatte mal einen runden und mal einen spitzen Hut. Buchhändlerinnen und Buchhändler, die man am Abend zuvor verlassen hatte, erwarteten einen nach der Bahnfahrt im nächsten Ort, der derselbe zu sein schien wie der vorherige. Manchmal hatten sie sogar das gleiche an.

Gegen diese Art von Autorenirresein half schreiben, ganz

für sich, und obwohl das mit den Lesungen finanziell nicht zu verachten war, machte ich oft große Pausen. Oder ich ließ mich weit wegschicken, in eine Welt, die ich nicht kannte. Nach Prag zum Beispiel hatte ich nie gedurft, ohne Begründung wurde mir von der Tschechoslowakei ein ums andere Mal die Einreise verweigert.

Aber ich gehöre doch dahin, ich kenne mich aus, ich habe alles Pragerische gelesen, nicht nur Kafka, auch Meyrink! hätte ich gern jemandem entgegengerufen, der verantwortlich war für meine Abweisung, aber da gab es niemanden. Man war keiner Begründung wert. Das gehörte zum Muster in Diktaturen. In die DDR hatte ich gedurft, in Rumänien fühlte ich mich fast zu Hause, Ungarn war toll und Polen sowieso. Meine Seele blühte in jeder Art von Osten auf, weil es dort immer um Gegenwehr, um Trotz, um Schleichwege, Tricks und Täuschungen ging. Das kam mir entgegen. Zum Tod hatten die dort ein fatalistisches Verhältnis, auch das lag mir.

Offene Tuberkulose, Herrschaften, ich soll viel spazierengehen.

Und ausgerechnet nach Prag durfte ich nicht. Dorthin, wo alles seinen Ausgang genommen hatte, Literatur, Sentimentalität, Musik, Melancholie und Selbstüberschätzung. Die Deutschen und die Tschechen, ich konnte doch von beiden etwas vorweisen, und sie ließen mich nicht rein. Dann hatte ich die Lösung:

Das ist, weil du gebürtiger Tscheche bist! sagte ich zu meinem Vater.

Tut mir leid, Tochter, antwortete er. *Aber daran kann's nicht liegen. Mich lassen sie rein. Ich wundere mich selber!*

Und er packte seine Schweizer Assistentin fröhlich in sein kindisches Sportauto und raste durch seine zweite Heimat Bayern in seine erste. Um ein Haar wäre die Sache an der tschechischen Grenze noch schiefgegangen, weil die liebe Claire-Lise, voll guten Willens und um die Kommunisten freundlich zu stimmen, noch einen zweiten, ihren Schweizer Pass ausgepackt hatte.

Und dann durfte ich doch hin. Das Goethe-Institut machte es möglich, wie auch immer, und ich wurde auf Gedeih und Verderb mit Dieter Wellershoff zusammengespannt, der furchtbar nett war und mit der östlichen Schlamperei überhaupt nicht zurechtkam. Die hatte sich seit den Siebzigern verändert, die Dinge lagen nicht mehr so klar. Jeder kannte Dissidenten, aber keiner wußte, ob sie echt waren. Etwas bewegte sich, eine Nervosität war zu spüren, die Luft war anders.

Wellershoff hatte schon mit den normalen Dingen Probleme, etwa damit, angesichts einer gähnend leeren Kneipe Bakschisch für einen Tisch zahlen zu sollen.

Alles reserviert!

Schwarzgetauschtes Geld sah aus wie das echte, es war ja auch echtes, aber das wiederum war nichts wert. Man mußte dennoch aufpassen, was man damit bezahlte. Die Nutten in der Hotelhalle sahen aus wie aus alten Spielfilmen, mit Netzhandschuhen und Federboas. Sie waren vom Geheimdienst, wollten aber von ihren blind verliebten Westgalanen angeblich oder wirklich vor dem Kommunismus gerettet werden und rissen sie damit manchmal ins Verderben. Oder in Ehen, auch das gab es. Was war Wirklichkeit, was Theater?

An den Hotelbars wurden große Deals abgewickelt und große Summen verschoben, und die Funktionäre probierten alle Tonarten aus, von verbindlich bis grob. Man konnte ja nicht wissen, was kam.

Was das betraf, war Prag keine Überraschung, nur noch spannender als Budapest oder Bukarest. Hier schien das Ränkespiel der Politik, das Schwanken der Welt, die noch nicht wußte, auf welcher Seite sie zu einer trügerischen Ruhe kommen würde – Ost oder West? –, nur ein kleiner Teil eines jahrtausendealten Spiels.

Frau Hirschlova war die Präsidentin des Schriftstellerverbandes und eine Funktionärin, wie sie im Buch stand. Nur soviel Verbindlichkeit, wie die aktuelle Doktrin grade zuließ, und kein Grämmchen mehr. Private Wünsche, etwa nach Westbüchern oder hübschen Strümpfen, die überall zum Ostwestalltag gehörten, spielten hier erst mal keine Rolle. Dafür bot man uns sozialistische Prachtentfaltung schönster und aristokratischster Art.

Schloß Dobris! Keiner von uns hatte die passenden Klamotten für dieses funkelnde Rokokojuwel dabei. Wir paßten genauso wenig dorthin wie die Kommunisten, aber wir waren nicht so dumm wie die. Dachten, sie könnten so was einfach übernehmen, und wußten nicht, wie haltbar, munter und tückisch die Gespenster waren, die an solchen Orten hausten.

Ich saß nachts auf dem wurmstichigen Riesenbett, schaute an die Stuckdecke und dachte an mein nun schon seit zwei Jahren verwaistes Regensburger Riesendomizil, Hunderte schlafende Zimmer, Säle, Treppen ins Nichts. Mein Onkel hatte sich zu den Geistern gesellt, ebenso sein kleiner, schwarzer Hund, und wenn ich mir hier in diesem tschechischen Schloß ein wenig Mühe gäbe, würde ich sie kennenlernen, die hiesige unsichtbare Gesellschaft. Frau Hirschlova hingegen trampelte voll von dialektischem Materialismus bedenkenlos über die intarsierten Böden und schlief wahrscheinlich längst traumlos unter den verblichenen Seidendecken.

Am Vormittag sollten wir in einem anderen, aber nicht minder schönen Saal lesen, und während ich Wellershoff zuhörte, der wieder seine Lieblingsstelle mit den Tauben vorlas, fiel mir die Frau mit den eindringlichen Augen im Publikum auf. Vielleicht war sie ein Geist. Ich fragte Frau Hirschlova, die zwischen Abwehr und Nationalstolz ein kleines Kämpfchen mit sich auszutragen hatte.

Sie, also diese Frau, werde nicht gern angesprochen, sie sei nämlich Kafkas Nichte, die Tochter seiner Lieblingsschwester Ottla. Augenblicklich zitterte ich am ganzen Leib, war aber bereit, Frau Hirschlova bewußtlos zu schlagen, um die Frau mit den Augen sprechen zu können.

Das brauchte ich nicht, Věra Saudková sprach mich an, bemerkte, sie sei nicht gern *eine literarische Zimmerpalme* und im übrigen sollten wir in die Küche gehen, um uns zu unterhalten. Die läge weit genug vom Saal entfernt, sie kenne sich hier aus. Ihr Onkel Franz falle in regelmäßigen Abständen bei den Kommunisten entweder in Gnade oder in Ungnade, so daß sie gar nicht mehr wisse, was grade dran sei.

In der Ecke einer leeren, schmutzigweißen Küche, die nach alter Suppe roch, saßen wir über eine Stunde zusammen und lachten viel. Věra Saudková sprach dieses alte

Kronländerdeutsch, bei dem ich mich bis heute gewärmt und geliebt fühle, wenn ich es höre. Es ist fast ausgestorben. Sie lud mich ein, bei ihr zu wohnen. Aber ich mußte weiter nach Košice und dann nach Hause, und später hat es sich nie mehr ergeben. So ist es mir entgangen, in einem Bett neben dem Schreibtisch von Onkel Franz auf dessen Geist zu warten. Nicht wiedergutzumachen.

1989, als der Wind der Freiheit schon längst über den Böhmerwald und die Moldau fegte, hatte mich der Liebhaber zu meinem Geburtstag nach Prag eingeladen. Der Übergang Weithaus war schon offen, ich bat meinen Regensburger Freund Wolfi, mich mit seinem klapprigen Auto hinzubringen. Es war ja überhaupt nicht weit von Regensburg nach Prag, jedenfalls nicht in Kilometern. Ich versprach, ich würde ihm das Benzin bezahlen und ein böhmisches Essen und daß er dort nicht sofort ins Gefängnis geworfen würde.

Das machen die schon lang nicht mehr! sagte ich.

Bei denen weiß man nie, anwortete der kommunistenfürchtige Wolfi, den seine gewaltige Fülle daran hinderte, irgendwo schnell abzuhauen. Deswegen setzte er sich lieber im Vorfeld mit zu erwartenden Bedrohungen auseinander. So floh er nach ein paar faszinierten Blicken auf Prag schnell wieder zurück ins sichere Bayern.

Der Liebhaber war schon in Prag und erwartete mich. Zehn Jahre waren wir jetzt zusammen und doch nicht. Zusammen würden wir nie sein. Er hatte eine Zigeunerband auf die Karlsbrücke bestellt, für Mitternacht, ich wurde fünfundvierzig Jahre alt. Ich schaute ins Wasser, die Heiligen bewachten uns und eine Menge anderer Leute von überall her, die den wilden, hoffnungsvollen Wind ebenfalls spürten. Europa stand auf der Karlsbrücke und wartete.

Das werde ich bezahlen müssen, sagte ich.

Ich weiß es. Ich muß Glück immer bezahlen.

Der Geiger spielte die *Lerche,* und die ganze Brücke hörte zu.

Ich sollte recht behalten, nur Monate später.

Dicke Männer haben in meinem Leben eine besondere Rolle gespielt. Mein Münchner Gastgeber und Kollege Peter Laemmle war einer von ihnen. Ivan Rebroff, der sangesmächtige Talmirusse, ein anderer. Der mißtrauische Regensburger Wolfi, Schauspieler, Regisseur, Damenfreund und Alltagsphilosoph, gehörte zu ihnen. Der, um den es im Folgenden geht, war wohl der schwerste von allen, in mehr als einer Hinsicht, wobei sie alle nicht umkompliziert waren.

Ich lernte Doktor Gunter Fronemann Anfang der achtziger Jahre kennen, als er einen Film über den Maler Friedrich Schröder Sonnenstern machte. Der war für mich schon lang ein vertrautes Thema, weil er in Adolf Wölflis Welt gehörte, und ich wunderte mich, daß ich diesem schnaufenden, kurzsichtigen Gargantua Fronemann den Film ohne weiteres gönnte. Sonst war ich, was Themen betrifft, überhaupt nicht selbstlos, und wenn ich Denkblasen über dem Kopf gehabt hätte wie im Micky-Maus-Heft, wäre oft in ihnen zu lesen gewesen:

Das kann ich besser.

Das war ein lästiges väterliches Erbe. Alles selber machen, nichts delegieren. *Laßt es mich machen! Das und das auch noch!*

Aber Froni traute ich sogar Filme über erleuchtete Verrückte zu, über heilige Narren, und das wollte was heißen.

Er war selber eine Art heiliger Narr mit einer Neigung zur Tragödie, ein Gott der Maßlosigkeit. Wer ihn einmal hat trinken sehen, wird das sein Leben lang nicht mehr vergessen. Er hatte in all seinen Stammkneipen Literkannen für den Wein deponiert und stöhnte laut, wenn er sie ansetzte und die erste in einem Zug leer trank. Mit den nächsten ließ er sich dann Zeit. Ich habe ihn einmal ein halbes Pfund Butter direkt aus dem Papier essen sehen. Er hatte die Traurigkeit und Rastlosigkeit der Vielfachbegabten, die bei jedem Tun denken, es sei das falsche. Wenn er zeichnete, wollte er eigentlich schreiben, und wenn er schrieb, konnte es passieren, daß er mitten aus dem Text zum nächsten Flughafen stürzte und für Wochen unerreichbar war. Er hatte überall Freunde, auf allen Kontinenten, wahrscheinlich war sein Trick, immer nur so lang zu bleiben, daß der Abschied Traurigkeit bei seinen Gastgebern auslöste.

Du mußt unbedingt mit nach Brasilien kommen, sagte er.

Der Zeitpunkt war gut, ich haderte damals mit Frankfurt, politisch und ästhetisch, leider habe ich beides nie wirklich auseinandergehalten. Das Abräumen der Reste des jüdischen Ghettos in der Innenstadt, die beim Aushub für eines der blöden Verwaltungszentren ans Tageslicht gekommen waren, machte mich hilflos vor Zorn. Obwohl der Widerstand dagegen so romantisch wurde, wie man es in dieser Stadt noch nicht erlebt hatte – nächtliche Konzerte auf dem Gelände, junge Paare, die einander schluchzend Börne-Texte vorlasen –, fühlte ich mich zwischen all den Freunden, Genossen und Widerstandstouristen fremd.

Mir schien nämlich die Schönheit dieser Baureste das wichtigste, nicht ihre historische Erzählung, ihr Aufgeladensein und ihr vieldeutiger Symbolcharakter. Ich hatte einfach noch nie so schöne alte Steine gesehen. Zart, tapfer und anmutig, und jetzt dem endgültigen Verderben geweiht, nachdem sie sich so lang unter der Erde hatten verstecken können. Ich hätte oft heulen können, aber das wäre falsch interpretiert worden. Auch Froni und viele andere Kollegen besuchten die Baustelle und gedachten unserer seligen Demozeiten. Meine Eltern brachten Schnaps und Essen.

Hast du die Absicht, als Pasionaria des Börneplatzes in die Geschichte einzugehen?

Das fragte eines Nachmittags ein Freund aus Frankreich, und damit war's vorbei.

An die endgültige Räumung kann ich mich gar nicht mehr erinnern. Nur daran, daß ich dachte, die es kaputtgemacht haben, werden nicht bestraft, sondern von ihresgleichen bewundert. Sie haben sich *durchgesetzt*. Es bleiben ein paar Fotos, dann sterben die Durchsetzer, und es geht von neuem los, irgendwo.

Jahre später traf ich den für die Zerstörung verantwortlichen Oberbürgermeister als altes Männchen. Er erinnerte sich an nichts mehr.

Ich war Ihr Feind! sagte ich.

Aber, aber, antwortete er.

Mittlerweile ist er tot.

Also, auf nach Brasilien. Froni kannte eine Dame von der brasilianischen Fluggesellschaft, die uns eine wunderbare Einladung nach Rio und danach in den Nordosten besorgte und so tat, als erwiesen wir ihr einen Gefallen und nicht umgekehrt. *Brasilien braucht euch! Sie haben dort tolle, neue Ideen für den Tourismus!*

In vielerlei Hinsicht waren die Achtziger ein sehr üppiges Jahrzehnt, mit fetten Festen, großzügigen Einladungen und unschuldig genossenen Gratifikationen. So übertrieben, daß er den allgemeinen Volkszorn auf sich gezogen hätte, war der Luxus aber noch nicht, nur eben manches ein bißchen ausladender und glänzender, aufgeplusterter und geschmückter, so wie in der Mode. Reisejournalismus war ein gut funktionierendes Zusammenspiel aus Tourismusfachleuten, Investoren, Werbeleuten der Fluggesellschaften und Bauherren, und wenn man es gescheit anstellte, konnte man aufs komfortabelste die Welt kennenlernen. Ich kannte mich damit nicht aus, Literatur und ihre mediale Vermittlung hatte mit Glamour wenig zu tun, wenn auch die Feste anläßlich der Buchmesse damals wesentlich eindrucksvoller waren als heute. Froni, der Unstete, der Fluchtbereite, kannte alle Tricks und jeden Verantwortlichen. In der Kunst, sich die zu verpflichten, große Tycoons und Manager gradezu nach sich süchtig zu machen, war er einzigartig. Er benahm sich anmaßend und arrogant, mäkelte an allem herum, bestand auf *Upgrades* und Extras aller Art.

Wenn ihr in Brasilien was von mir wollt, muß ich schließlich irgendwie sitzen können, um da hinzukommen!

Und die Pressechefinnen und Vorstandssprecher betrachteten die Massen des Dr. Gunter Fronemann und sahen ein, daß man die nur in der *First Class* auf einen anderen Kontinent würde befördern können. Seine Begleitung, also mich, konnte man da natürlich nicht wie eine Nanny in der Holzklasse verstauen. Außerdem hatte ich, wie man hörte, irgendwie mit Fernsehen zu tun.

Und so reisten wir erster Klasse nach Rio, Froni trank hochmütig die Champagnervorräte weg und meckerte am Essen. Ich hüllte mich, wie Froni mir geraten hatte, nach der Ankunft in unserem Palasthotel in Lumpen, tat alles Goldähnliche von mir und lief mutterseelenallein am Strand und in der Stadt herum.

Es war ein paradiesähnlicher Zustand, für nichts zu stehen und nach nichts auszusehen. Zum ersten Mal in meinem Leben dachte ich, daß man von Kokoswasser und Bohneneintopf sehr gut leben könnte. Die andere Seite, mit feinen Empfängen der Tourismusindustrie, gewaltigen Abendessen und faulem Herumliegen am Hotelpool, gefiel mir aber auch gut. Im Grunde hatte ich keine Ahnung, was wir in Brasilien eigentlich sollten, aber ich nahm es, wie es kam, und genoß alles. Damals hatte ich den Schritt vom abstrakten Begriff Armut und Ausbeutung zum konkreten Entsetzen über ein einziges Kind mit entzündeten Augen, eine einzige zahnlose Frau, einen einzigen räudigen Hund noch längst nicht vollzogen. Ich schaute einfach nicht so genau hin und flüchtete mich in politische Merksätze. Außerdem schienen die Leute dort alle den ganzen Tag gut gelaunt zu sein. Meinen Freund Froni sah ich kaum, er ging geheimnisvollen Recherchen nach, und wenn ich ihn mit Damen traf, stellte er die als seine *Cousinen* vor.

Dann hieß es, wir flögen nun an den Ort, um den es gehe, im Nordosten, nach Salvador do Bahia. Von dort sei es noch eine gute Stunde, also ein Katzensprung, bis zur

Dorfgründung eines Deutschen, der die Segnungen des ökologischen Tourismus nach Brasilien gebracht habe.

Froni kannte ihn offenbar. Anstatt mir zu erzählen, was es mit dem Mann und seinem Projekt auf sich hatte und was dabei von mir erwartet wurde, war er damit beschäftigt, sich über den Verlust einer Gitarre aufzuregen, die ihm auf irgendeine Art abhanden gekommen war. Er machte dafür alle Anwesenden, das gesamte Personal der brasilianischen Luftfahrtgesellschaft, die Regierung und das Hotel verantwortlich, tobte wild und versetzte alle um sich herum in einen ehrfürchtigen Schrecken. Ich kannte das von ihm und bewunderte immer von neuem, daß einer sich wie ein Donnergott aufführen konnte, ohne selber lachen zu müssen.

Praia do Forte lag zwischen dem Meer und einem Flußdelta, das durch die dichten Mangrovenwälder kaum zu sehen war. Es war ein Fischerdorf mit einer schwarzen Ruine, die auf einem kleinen Hügel in den Palmenhainen stand. Man konnte nicht mehr erkennen, ob da einst ein Schloß oder eine Kirche gestanden hatte. Ein in Apartments aufgeteiltes strohgedecktes Langhaus stand zwischen Meer und Flußmündung, ein paar Einzelhütten und ein Restaurant mit Küche. Sanfter Tourismus entstand hier, wir waren die Versuchskaninchen. Dem deutschen Chef, einem blonden Brasilianer aus Hamburg, der wie Hans Albers aussah und ein Pionier alter Schule war, gelang es, auch die blasiertesten Journalistenkollegen vom Zauber des Natürlichen zu überzeugen.

Nichts darf höher sein als eine Palme! Schildkröten schützen! Arbeitsplätze für die Einheimischen! Koexistenz zwi-

*schen denen und den Touristen! Sklaverei ist ein für allemal
Geschichte!*

Er hieß Klaus, wir alle liebten ihn, und er liebte sein Dorf.
Wenn der Strom ausfiel, war es wundervoll; wenn der Fluß
über die Ufer trat und uns von der Straße abschnitt, war
es wundervoll, und wenn Hunderte von blauen Fröschen
den Speisesaal eroberten, war es erst recht wundervoll.

Wir erlebten die unwiederbringliche Zeit, wenn ein Ort
zum erstenmal seine Schönheit und seine Geheimnisse mit
Fremden teilt. Das geht nicht lang gut, aber das war uns,
vor allem mir, damals nicht klar. Von den älteren und aus-
gefuchsteren Kollegen hatten bestimmt viele solchen geo-
graphischen Deflorationen schon beigewohnt, in den Jahren danach Werbung für das Ergebnis gemacht und den
geschändeten Ort dann irgendwann aus ihrer Aufmerksamkeit und dem öffentlichen Bewußtsein radiert. Das
funktioniert seit Beginn des Reisezeitalters in allen Himmelsrichtungen, am gründlichsten dort, wo man den Menschen unberührte Wildnis, Sonne, Meer und allen Komfort anbietet und die das auch glauben.

Aber wir lebten zehn Tage lang im wirklichen Zauber,
im afrikanischen Zauber, wenn wir den dünnen, dunklen
Jungs in der Dorfhalle bei der *Capoeira* zusahen, einer Mischung aus Kampf und Ballett, im brasilianischen Zauber,
wenn die dicken, schönen Frauen ihre weißen Rüschen-
blusen über ihre saftigen Schultern rutschen ließen und die
Männer angrinsten, unsere bleichen, verlegenen Männer.
Nur den Gargantua, den Froni, nahmen sie ernst. Er erinnerte sie wohl an einen afrikanischen Gott.

Auf der Ladefläche eines klapprigen Lastwagens fuhren

wir nach Salvador und besuchten die traurigen, dunklen Engel in der Kathedrale. Sie wurden einst von Sklaven geschnitzt, es sind Hunderte, die die Kirche bevölkern. Nicht ein einziger lächelt. Tausend todgeweihte Blicke verfolgen seit damals die Gläubigen. Bis in die finstersten Winkel der Kirche schauen sie einem nach. Im Heimatmuseum hing ein Teppich, auf dem die Geschichte des Landes genäht und gestickt war, Unglück und Gewalt in leuchtenden Farben.

Wir sollten ganz früh morgens mitgehen, um zu sehen, wie die Schildkröten geschützt wurden. Klaus war es wohl gelungen, aus den Naturfördertöpfen, die irgendwo in Europa herumstanden, Geld für das Schildkrötenprojekt zu bekommen.

Man mußte erst einmal die Kochgewohnheiten ändern, sagte er.

Zu den landesüblichen Delikatessen gehörten Schildkröteneier, die Dorfbewohner nahmen sie sogar zum Kuchenbacken. Also wurden die Gelege, bevor einheimische Eiersammler sie fanden, ausgegraben und anderswo im Sand versteckt und bewacht. Wir gingen mit zum Ausgraben, in schwarzer Frühe, Helfer nahmen die Eier, um sie in einen mit Stacheldraht gesicherten Bereich zu bringen. Wenn die Schildkröten nachsehen wollten, was aus ihrem Gelege geworden war, würden sie nur ein Fähnchen im Sand finden. Auch die großen Schildkröten waren ganz unbefangen gegessen worden, nicht nur dort, wo sie vorkamen. Wie war das eigentlich zu begründen, ein Schwein, ein Huhn, einen Fisch dürft ihr umbringen und essen, aber Schildkröten auf keinen Fall?

In meiner Kindheit gab es Suppentäßchen mit einer Schildkröte drauf, in denen an Feiertagen die *Lacroix*-Suppe serviert wurde. Am Strand von Praia do Forte sahen wir im ersten Morgenlicht, wie die kleinen Schildkröten mit den weichen, dunklen Panzern ins Meer rannten, zielstrebig, als hätten sie in ihren Eierschalen tief im Sand nie an etwas anderes gedacht als ans Wasser. Froni und ich waren gerührt und unsere Kollegen schauten verlegen.

Weil die Dorfhexe gestorben war, gab Klaus im ganzen brasilianischen Nordosten Zeitungsanzeigen auf, um eine Nachfolgerin zu suchen.

Was schreibst du da, fragte Froni interessiert.

Hexe gesucht mit folgenden besonderen Fähigkeiten? Kommen da auch Ausländerinnen in Frage oder Männer?

Wir brauchen sie dringend, das Dorf kann ohne Hexe nicht leben, sagte Klaus. *Es ist nicht notwendig, daß wir das verstehen. Soweit ich weiß, war sie Arzt und Hebamme und Priesterin und Polizei, von allem etwas. Lehrerin auch. Wie gesagt, wir müssen es nicht verstehen, wir haben nicht einmal die Chance, es zu begreifen. Was ich dazu tun kann, daß sie eine neue finden, werde ich tun.*

Bei einem seiner früheren Aufenthalte habe er mit ihr sprechen können, erzählte Froni später. Ich hatte nicht gewußt, daß er schon mal hier gewesen war. Ich glaubte es ihm nicht recht, denn ich kannte seine Neigung zur Mystifikation.

Damals habe sie ihm gesagt, er werde nicht alt. Und nun sei sie selber nicht alt geworden.

Begleiten sie die Menschen auch in den Tod, die Hexen? fragte ich Klaus.

Er schaute mich an.

Das ist ihre Arbeit. Alles, was sie tun, gilt dem. Ins Leben helfen, Ordnung halten, was beibringen, Heilen, wenn's geht, Einsehen, wenn's nicht geht. Beten, um bei den Göttern an die Tür zu klopfen.

Die haben immer noch mehr als einen Gott, sagte ich. *Hat nicht ganz geklappt mit dem Missionieren, scheint's.*

Er lud uns zum Abschied ein, eine *Candomblé* mit ihm zu besuchen. Nicht, daß wir dadurch Salvador besser kennenlernen würden, es helfe vielmehr bei der Erkenntnis, daß wir es nie wirklich kennenlernen würden.

Obwohl, sagte er und sah den Froni an, *bei dem weiß ich es nicht. Manchmal denke ich, er begreift mehr als ich, obwohl ich seit über zwanzig Jahren hier lebe.*

Der dicke Mann mit den glatten, halblangen, schwarzen Haaren sagte nichts darauf. Er tat so, als sei der Besuch einer Candomblé für ihn etwas Alltägliches. Ich erinnere mich nur noch bruchstückhaft an den Abend, ein verrauchter Saal, alle waren weiß angezogen, auch Froni, der plötzlich nicht mehr zu mir gehörte, sondern zu denen. Er verstand ihre Wörter und Schreie und lächelte verächtlich, als ich mir die Augen zuhielt, weil ein Huhn geschlachtet wurde. Die Sache ging um Trance, etwas, gegen das sich alles in mir wehrte. Andererseits wußte ich, daß sie dem Tod unter den Rock schauen konnten und ich nicht. Wie wir da wieder weggekommen sind, weiß ich nicht mehr.

Am nächsten Tag war ich lang im Wasser, erst im Meer, dann, um das Salz abzukriegen, bei meinen Freunden, den blauen Fröschen, im Flußdelta. Als ich zurück zur Restauranthütte kam, hatte Froni schon den ganzen Vormittag getrunken, Caipirinha, der ein Jahrzehnt später Modegetränk in deutschen Bars wurde und Caipi hieß, durch dessen Bestellung der Gast gern seine Weitgereistheit und Weltläufigkeit betonte.

In diesem nordostbrasilianischen Dorf war das Zeug eine ernste, lebensbedrohliche Angelegenheit, zwei davon unter der Tropensonne, und man war ausgeknockt. Nicht Froni, er trank zwanzig davon, und man merkte ihm nichts an. Er zog sogar am Nachmittag seine Piccoloflöte hervor und spielte wie ein Rattenfänger, so schön, daß alle aus dem Dorf kamen, um ihm zuzuhören.

Die Hexe, deren Stelle frei geworden war, sollte recht behalten. Er wurde nicht alt, man fand ihn Wochen nach seinem Tod in seiner Einsiedelei an der Bergstraße, am Küchentisch sitzend, das Totengetier war noch dabei, sein Werk zu verrichten. Was von ihm übrig war, begruben wir auf dem Bergfriedhof Bensheim. Aber bei der Trauerfeier stiegen plötzlich Erinnerungen an ihn auf, wie Ballons, von vielen Menschen. Jeder trat ans Grab und erzählte Geschichten über ihn. In diskretem Abstand zu ihm hatte es immer Freunde und Freundinnen gegeben, vor allem Freundinnen, die seinen Wunsch nach Einsamkeit zwar respektierten, aber dennoch Rechnungen für ihn bezahlten, sein Finanzchaos beseitigten oder von ihm tödlich Beleidigte trösteten.

Seine letzten Jahre hatte er mit niemandem mehr geteilt, außer mit seinem Hund Merlin, einer zahmen Meise und einer Katze namens *Katze*, die ihm nach Merlins Tod aus den Wäldern zugelaufen war. *Katze* konnte durch ein Fenster rein und raus und hatte wohl immer wieder nach ihrem toten Freund geschaut.

Das Jahrzehnt ging zu Ende und mit ihm, jedenfalls fürs erste, jene Systeme, an die sich die Welt seit Kriegsende gewöhnt hatte. Das Bröseln und Bröckeln, das Knistern und Knacken im scheinbar so sicheren Gebälk war überall zu hören, und wer sich darin eingerichtet hatte, wurde unruhig. Eingerichtet haben hieß ja auch, vom Westen aus den Osten *und* den Westen kritisieren zu können und die Hochburgen des Kapitalismus jederzeit in Augenschein nehmen zu dürfen.

In linken wie rechten Kneipen, Redaktionen und Gremien wurden die Karten neu gemischt: Polen und der Iran, USA, Moskau, Bukarest, die Schaubühne Berlin, das TAT Frankfurt, Mnouchkine in Paris, Biermann und Busch, alles wollte jeden Tag mit neuen Augen angeschaut werden. Und das immer noch und ganz lang noch völlig analog, wobei auch damals schon niemand zugab, keine Ahnung und keine Meinung über all das Neue zu haben. Die Unerschütterlichkeit, mit der viele meiner Freunde durchs Leben gezogen waren, bekam ein paar Schrammen. Meine war sowieso nie vorhanden gewesen, obwohl ich mich oft nach ihr gesehnt hatte.

Auf der Prager Karlsbrücke, wie kurz war das her, hatte ich gesagt, das Glück dieser Geburtstagsnacht voll Musik und Liebe würde ich bezahlen müssen. Das stimmte auch. Mein Vater wurde krank, sehr krank. Er wußte es gleich, ich erst nach ein paar Wochen, meine Mutter wahrscheinlich bis zum Schluß nicht. Er war achtundsechzig Jahre alt und hatte, wohl über Jahre, eine Lungenfibrose entwickelt.

Es war nicht so, daß er nichts dagegen unternommen hätte, ich besuchte ihn in einer Lungenklinik in Bad Reichenhall, es war später Sommer geworden. Wir hockten nachts in seinem Zimmer und tranken Whisky, den er in seinem Waschbeutel versteckt hatte. Die Nachtschwester brachte uns Gläser und lächelte ihn an.

Hast du Angst? fragte ich.

Nein, warum? sagte er.

Ich wurde das Gefühl nicht los, daß seiner Bereitschaft, sich irgendwelchen Therapien zu unterziehen, etwas Ironisches anhaftete. In dieser Reichenhaller Nacht fiel irgendwann der Satz, daß er nie hätte heiraten dürfen. Die babylonische Gefangenschaft des bürgerlichen Lebens hatte ihn seine Kunst gekostet, so verstand ich ihn. Ob ich irgendwo Geschwister hätte, wollte ich in derselben Nacht von ihm wissen.

Meines Wissens nicht, sagte er nachdenklich.

Wenn du nicht geheiratet hättest, gäbe es mich nicht, sagte ich.

Auch wieder wahr, gab er zu.

Daß es mich um ein Haar sowieso nicht gegeben hätte und er in seiner amerikanischen Gefangenschaft dagegen rein gar nichts hätte machen können, sagte ich nicht. Vielleicht wußte er nichts davon. Und jetzt war es schon lang nicht mehr wichtig.

Am nächsten Tag machten wir einen Spaziergang durch den Ort. An einem ansteigenden Weg blieb er stehen.

Ich war mal richtig stark, sagte er. *Nicht zu glauben.*

Er schaute die kleine Steigung hinauf, als sei sie eine Steilwand.

Kehren wir um.

Seine letzte Party war mein Abschied aus dem Stadt-schreiberhaus in Bergen-Enkheim. Dort war er immer gern gewesen, die Mischung aus Kaff und literarischem Hoch-mut lag ihm. Wir saßen in dem legendären kleinen Hof, es war ein ziemliches Gedränge und er ein ganz selbstver-ständlicher, stiller Mittelpunkt. Das war er immer gewe-sen, ohne je irgend etwas dafür zu tun. Menschen, die sich darum bemühten, mochte er nicht.

Reich-Ranicki war er unheimlich, und ich hatte die Ver-suche, beide zusammen einzuladen, längst eingestellt. Bei offiziellen Gelegenheiten konnte man zwei Kraftzentren beobachten, Marcels lautes und das stille, sehr mächtige meines Vaters.

In den folgenden Wochen war er immer mal für einige Tage im Krankenhaus und dann wieder zu Hause. Die Uniklinik mochte er. Ich glaube, sie erinnerte ihn an eine teure Autoreparaturwerkstatt, ohne Sentimentalität, aber mit viel Sachverstand. Da fühlte er sich wohl, wohler als bei meiner Mutter, die ihm ein schlechtes Gewissen mach-te. Schwäche seinerseits war in dieser Verbindung nicht vor-gesehen. Eines Oktobertags sprach sein Arzt mit mir, mit mir allein. Mein Vater werde sterben, sagte er.

Weiß er es? fragte ich.

Ich bin sicher, antwortete der Arzt. *Er ist ein erstaun-licher Patient. Wir unterhalten uns oft über Transplantation, aber sozusagen platonisch. Ihn interessiert einfach, wie das geht. Daß es keine Option für ihn selber ist, weiß er.*

Da war sie wieder, die Reparaturwerkstatt. Der Arzt war froh, daß ich nicht in Tränen ausbrach, und versuchte,

mich mit Sachlichkeit auf das Unabänderliche vorzuberei-
ten. Er werde einen leichten Tod haben, sagte er. Einen
Herztod. Das sei bei dieser Art der Lungenerkrankung
überwiegend der Fall.

Währenddessen bekam der Eiserne Vorhang ein Loch
nach dem anderen, er wurde rostig und dünn, und es war
sonderbar, den vielen demonstrierenden Menschen im Fernsehen mit ihrem Enthusiasmus, ihrem Mut und ihrem ker-
zentragenden Kampfgeist zuzuschauen. Mit meiner Mutter konnte ich nicht reden. Sie war so schonungsbedürftig,
auch in politischer Hinsicht, und ich glaube, daß im
Herbst 89 ihr sorgfältig konserviertes linkes Weltbild samt
ihrer großen Liebe im Sterben lag. Ich war die letzte, die
ihr helfen konnte. Sie hatte nur wenige Freunde, sehr treue
und gute, aber die waren alle auf meinen Vater fixiert und
hatten sie immer unterschätzt. Manchmal hatte sie darüber
maliziöse und ziemlich hochmütige Bemerkungen gemacht,
die zeigten, wie genau sie alles registrierte. Ich konnte ihren einsamen Kampf gegen die Depressionen überhaupt
nicht einschätzen, ich wußte ja nicht einmal, daß sie welche hatte. Das Hausfrauennetzwerk des Vordertaunus sorgte zuverlässig und verschwiegen für Tablettennachschub.

Am 9. November 1989 hatte ich eine Lesung in Bergen-
Enkheim, die Telefonnummern der Stadthalle und der Buchhandlung hatte ich meiner Mutter gegeben, für den Fall,
daß *etwas* mit meinem Vater wäre. Auch dort hatte ich wegen eines eventuellen Anrufs Bescheid gesagt. Die drohende Katastrophe wurde nicht benannt, aber organisiert. Eine
bestimmte Taxinummer war Tag und Nacht in Rufbereit-
schaft.

An die Lesung kann ich mich kaum mehr erinnern, nur daran, daß jemand in diesen öden Veranstaltungsraum platzte und sagte, die Mauer sei offen. Und wie nach einem kurzen kollektiven Atemstillstand jeder und jede versuchte, so schnell wie möglich zum heimischen Fernseher zu kommen. Man hätte ja eigentlich in die Kneipe gehen können, um der Weltgeschichte nicht allein zuschauen zu müssen. Vielleicht sind auch ein paar von den Lesungsgästen auf diese naheliegende Idee gekommen. Ich war jedenfalls den Rest der Nacht allein zu Hause, telefonierte gelegentlich mit ein paar Leuten und weinte immer wieder, wobei ich darauf verzichtete, den Gründen für meine Tränen wirklich auf die Spur zu kommen. Ich heulte über das Leben als solches, seine Anfänge, die da über den Bildschirm jubelten und tanzten und kletterten und Sektflaschen in die Luft hielten, *Wahnsinn!*

Aber das Ende, auf das mein Vater in schweigendem Einverständnis wartete, unser Ende, das war auch Wahnsinn.

Er war wieder im Krankenhaus, und am Tag nach der großen Nacht ging ich ihn besuchen. Es war schon Nachmittag, irgendwann hatte ich wohl doch geschlafen und mich um meine Katze gekümmert. Die war ein melancholischer, liebenswürdiger Sozialfall, ich hatte sie mit ihm zusammen aus dem Tierheim geholt. Lulu.

Vom Bett aus rief er mir zu, kaum daß ich in sein Zimmer gekommen war:

Wieso bist du nicht in Berlin? Du mußt doch jetzt unbedingt in Berlin sein!

Die Tatsache, daß er demnächst sterben würde, hielt ihn keine Sekunde davon ab, solang es ging, dabeizusein, wenn etwas Wichtiges geschah. Es belebte ihn. Er hatte seinen Skizzenblock auf der Decke liegen und zeichnete eine Demo.

Du mußt da auch Ältere reinzeichnen, sagte ich.

Stimmt, antwortete er.

Wenige Tage später fuhr ich nach Berlin. Von einer der offenen Telefonzellen aus rief ich ihn an und hielt den Hörer in die Luft, damit er das helle, triumphierende Hämmerchengeklingel hören konnte, unter dem das martialische Monstrum Mauer einfach zerbröselte.

Er kam noch einmal nach Hause, zum letzten Mal. Drei Tage war ich in Berlin geblieben, es war kalt und hell, ein dünner Schneeschleier lag über allem. Ich habe niemanden angerufen, obwohl ich bis zum heutigen Tag in Berlin viele Menschen kenne. Aber ich hätte nicht gewußt, was ich in all der Euphorie und Zerbrechlichkeit hätte sagen sollen. Nichts war ewig, alles würde irgendwann sterben, auch die Systeme, die ihre eigenen Krankheiten so stur verschwiegen hatten. Aber es ging um alles weniger als ums Sterben in diesen sonderbaren Novembertagen, und ich bemerkte eine Sache, die ich mir bis heute nicht erklären kann: Nie vorher und erst recht nicht nachher habe ich so intensiv Gerüche und Geschmack von Essen und Trinken empfunden wie in jenen Berliner Tagen. Eine Currywurst, eine Linsensuppe, der Kaffee aus dem Plastikbecher, ein Bier – das alles war für eine kurze Zeit die Idee, der Inbegriff von sich selbst, von fast unerträglicher Intensität. Himmlisches Manna mit Ketchup. Wenn die Erleichterung, am Leben und mittendrin zu sein, solche Folgen hatte, war das sehr unheimlich und sehr unsolidarisch gegenüber dem, der gehen mußte. Aber es war so und kam nie wieder.

Ich kaufte ein blaues Stückchen Mauer, wickelte es in ein Taschentuch und fuhr wieder nach Hause. Mit dem Zug. Seit der Wende bin ich nie wieder nach Berlin oder von Berlin weggeflogen.

Mein Vater lag in seinem Atelier, den Kater an der Seite. Mittlerweile hatte er ein Sauerstoffgerät und zeichnete immer noch Bilder von Demonstrationen. Meine Mutter war unsicher und fragte ihn zu viel. Sie sah dünn und durchsichtig aus, und an ihrem Hinterkopf waren ihre kurzen schwarzen Haare innerhalb von Tagen weiß geworden. Es kann sein, daß sie sie einfach vergessen hatte zu färben, es gehörte aber zu ihrer Legende, *kein einziges weißes Haar* zu haben, und das von Natur aus. Mein Vater war mit Anfang Zwanzig weiß geworden, ich auch. Manchmal sah sie uns an, als wären wir von einem anderen, sehr fremden Stamm. Bald würde ich mit ihr allein bleiben und hatte nicht die geringste Ahnung, wie das gehen sollte. Ich versuchte, nicht darüber nachzudenken, und das klappte am besten, wenn ich arbeitete.

Damals, irgendwann in dieser Zeit des Abschieds, über den keiner sprach, muß ich mit meinem Roman *Afra* angefangen haben. Es war das alte Bayern und die alte *Tschechei*, wie meine Großmutter ihre Heimat genannt hatte, die in ziemlich rauhen Bildern in mir auftauchten und sich nicht mehr vertreiben ließen. Vieles von dem, was mich als Erinnerung heimsuchte, habe ich nicht erlebt, sondern nur als Geschichten anvertraut bekommen. Von Bauernhöfen und Wirtshäusern, vom Saufen und Schlachten hatten sie mir erzählt, die Verwandten aus dem Osten. Es waren keine Liebesgeschichten dabei. Ein Autor ist eine Bank, bei der viele einzahlen.

Im Dezember wollte mein Vater wieder ins Krankenhaus. Er fühlte sich schwach, und meine Mutter sagte ihm immer wieder, er müsse kämpfen, kämpfen, kämpfen.

Im Städel zeigten sie damals grade eine Ausstellung mit Bildern von Bernhard Heisig, den liebte mein Vater, und er bat mich, ihm einen Katalog mit ins Krankenhaus zu bringen. Das tat ich, neben seinem Bett lag sein Skizzenblock.

Ich hab' in der Eile mein Rasierzeug vergessen, sagte er. *Und mein Radio. Würdest du mir das morgen bringen können?*

Das waren seine letzten Worte für mich. In der Nacht gegen eins ist er gestorben. Im Schlaf, hieß es.

Erst am nächsten Morgen sollten wir kommen, sagte man mir nachts am Telefon. Indessen war ich bei meiner Mutter. Was tun mit den Stunden bis zum Morgen?

Wir durften ihn dann nur noch durch eine Glasscheibe sehen, in einer Art kleiner Kapelle, in deren Vorraum Plastikeimer standen.

So weiß ist er, flüsterte meine Mutter, *er ist so weiß.*

Die Plastikeimer waren gelb, eine lebendige, kräftige Farbe. Wir hatte unsere roten Rosen bei einem Angestellten abgeben müssen, sie lagen jetzt zwischen den weißen Händen des Toten.

Bis heute weiß ich nicht, warum ich nicht die Scheibe eingeschlagen, die Tür aufgerissen oder jemanden angeschrien habe. Ich hielt meine Mutter am Ellenbogen fest, und wir machten, was man uns sagte.

Dann kam die Jahrzehntwende, die letzte in diesem Jahrhundert, in diesem Jahrtausend. Es gab jeden Tag neue Nachrichten. Der Liebhaber und ich fuhren oft in die sogenannten neuen Länder, die für uns beide so neu nicht waren. Ich wollte noch soviel wie möglich von dem sehen, was im Schutz der Armut überlebt hatte, Schönheit und architektonische Besonderheit unter dem Grau. Da konnte man viel finden. Ich kaufte in den übriggebliebenen Läden Puppenhaustapeten, Buntpapiere und Scheuerpulver, ich war Mitte Vierzig und fand ein ganzes Land voller Kindheitskaufläden. Mir war klar, das würde alles in Windeseile verschwinden, schließlich hatten sie eine Menge dafür getan, um die gleichen Sachen zu bekommen, die es auf der anderen Seite gab. In den alten Bundesländern gab es die ersehnten neuen Dinge und in den neuen die verschonten alten. Ich schrieb viel in dieser Zeit, kurze Geschichten, kleine Essays, Artikel, mir war egal, für wen. Also, nicht für Springer, da war ich altmodisch. Das würde sich auch irgendwann geben.

In Wahrheit war alles Flucht, Flucht vor dem Haus, in dem soviel Arbeitsmaterial auf seinen Meister wartete, Hunderte von Rahmen und Leisten, Farbtöpfen, Papieren und Staffeleien. Mein Vater hatte gern im großen Stil eingekauft, und meine Mutter benahm sich, als sei jedes einzelne Stück Holz lebendig und fordere ihre Aufmerksamkeit.

Das Auto war gottlob schnell weg, sie hatte seine Anwesenheit in der Garage nicht ertragen, als sei es ein trauerndes, Futter verweigerndes, verwaistes Pferd. Aber vieles andere kam aus Schränken und kroch von Regalen herunter und stieg aus dem Keller herauf, eine Armee von vaterlosen Gegenständen, die jetzt keinen Lebenssinn mehr sahen und nach Aufmerksamkeit schrien.

Was soll ich damit machen, fragte sie bei ihren zahllosen Telefonaten, *was soll ich damit machen?*

Ich war nicht oft genug hilfreich. Ich war überhaupt nicht hilfreich, weil ich floh, wann immer ich konnte. Arbeit war Flucht. Ersehnte Flucht, aber nicht zu weit weg, das hätte ich mich nicht getraut.

Schmeiß es auf den Sperrmüll, verschenk's, es braucht doch eh keiner mehr, sagte ich verzweifelt.

Weißt du, was das alles gekostet hat? fragte sie bitter.

Ich hätte keine Ahnung, sagte ich, aber sie auch nicht, denn es habe sie nie interessiert. Sie wußte, wie entzückt er von jeder Art von Fülle, von Überfluß, von Auswahl gewesen war. Aber sie verstand es nicht. Dabei war die Sache ganz einfach. Sie hatte all das in ihrer Jugend gehabt. Er nicht.

Zur Zeit seines Todes, im Dezember 1989, begann im Frankfurter Museum für Völkerkunde eine Ausstellung, die *Langsamer Abschied* hieß. Rede einer von Zufall. Wer immer auch in solchen Dingen die Regie führt, hatte in diesem Fall noch eine wundervolle Ergänzung gefunden. Der Eiserne Steg mußte nämlich renoviert werden, deswegen wurde eine Fähre über den Main auf die Sachsenhäuser Seite eingesetzt. Mit der fuhr ich nun jeden Tag, manchmal sechs-, sieben-, achtmal, ein aus der Bahn geworfenes Fräulein Charon, immer über den Fluß hin und her. Es kostete, glaube ich, fünfzig Pfennige, und ab und zu ließen sie mich umsonst mitfahren. Diese Fahrten über den Main waren mein langsamer Abschied, wie für mich erfunden, sie retteten mich. Die Ausstellung habe ich oft angeschaut, auch sie war wichtig, und man konnte sich in ihr von sehr kreatürlichen Arten, mit dem Tod umzugehen, trösten lassen. Die aufgegessenen Toten, die verwahrten Knochen, die von Ameisen blankgefressenen Gebeine. Masken und Mützen, Schmuck und Tabu, alles war da. Ich mußte oft an Brasilien denken, wenn ich durch die Räume wanderte. Und an die juwelengeschmückten Heiligenknochen in den Kirchen meiner Vaterstadt Regensburg, an die goldgefaßten Zungenstückchen, Zähne und Nägel. Was mir früher befremdlich erschienen war in seiner Barbarei, kam mir jetzt vertraut und richtig vor. Ein Raum mit einem weißen Toten, roten Blumen und gelben Plastikeimern hätte gut in die Ausstellung gepaßt.

Ich glaube, daß die Sache mit den *Türmen des Schweigens* zum Beispiel meinem Vater sehr gut gefallen hätte. Sein ausgedienter Körper als Festmahl für Vögel, hoch über der Welt, in der Stille.

Wenn ich abends in der Dämmerung über den Fluß zurückfuhr, schaute ich auf die Lichter und die Banken. Es waren noch nicht so viele wie jetzt. Die Mainfähre, das war mein Zwischenreich, schmerzlos und ohne Erinnerungen.

Einmal schlug ich meiner Mutter vor, die kleine Reise mit mir zusammen zu machen, aber sie lehnte entsetzt ab. Schon wieder war ich ihr unheimlich und konnte doch nichts dafür.

Die Kunstzeitschrift *art* bat mich um eine Geschichte. Ich sollte mir ein imaginäres Museum ausdenken, ein gutes Dutzend Bilder, mit ganz persönlichen Begründungen, egal welches Sujet, von wem, aus welcher Epoche. Den Chefredakteur Axel Hecht hatte ich irgendwann im Hamburg kennengelernt, warum er grade jetzt für so ein Thema auf mich kam, gehörte zu den Fügungen, die mich in dieser Zeit auf den Beinen hielten. Ich wollte Hecht am Telefon absagen, mit dem Hinweis auf meinen Verlust und meine Lähmung, er merkte, daß ich log.

Jetzt grade, meine Liebe, sagte er hanseatisch sanft und bestimmt, *das wissen Sie doch!*

Ich suchte Bilder aus, in den Frankfurter Museen, bei mir zu Hause, in Büchern, ich suchte aus und verwarf, und nicht eine Sekunde war ich dabei allein.

Magritte nicht, hörte ich die Stimme meines Vaters, *er malt Kalauer.*

Leibl kennt kein Mensch. Einer der größten.

Leibl in einem Hamburger Magazin, das geht nicht, antwortete ich.

Er ließ mich machen. Er drängte sich nicht auf, und ich fühlte mich nie als seine Marionette. Nur als ich den blauen Fontana, *concetto spaziale,* ausgesucht hatte, hörte ich ihn lachen.

Na bitte. Obwohl du die Abstrakten angeblich nicht ausstehen kannst.

Etwas in mir hatte sich plötzlich und für immer verändert. Ich hatte vorher fast nur erzählende Bilder geliebt, Ungegenständliche waren für mich *Das-kann-ich-auch,* obwohl ich das natürlich nie gesagt hätte. Meine große Liebe zur *art brut* wurde von meinem Künstlervater in manchen Fällen zwar geteilt, aber, da glich er Reich-Ranicki, auch

beargwöhnt. Gefällig, zufällig, Gesehenes bloß reprodu-
zierend, das schlimmste Verdikt war *Kunstgewerbe*.

Über den Fontana hätte ich noch vor Monaten gesagt,
mit dem Messer eine blaubemalte Leinwand zerschlitzen
ist keine Kunst. Jetzt war das Bild ein Trost, ein Wunder-
werk, eine Schöpfung, ohne die die Welt ärmer gewesen wäre und ich auch. Spät im Leben entdeckte ich also
die abstrakte Kunst. Rothkos Streifen, Pollocks Kleckse,
Ueckers Nägel trösteten mich und hielten die Zeit an.
Sie wollten nichts, erklärten nichts, sie drängten sich nicht
in mein Hirn. Sie waren bloß da.

Vor einem Yves Klein, den es gottlob in Frankfurt gab,
verbrachte ich ganze Nachmittage im Blau, ohne daß ich
es merkte. Und ohne daß ich es merkte, schlichen sich
Chagall, Matisse, Degas, Renoir und noch ein paar andere
aus meiner Seele.

Einige davon sind zurückgekommen, lang danach, als
ich wieder glücklich sein konnte.

1990 wurde am 3. Oktober zum ersten Mal der Tag der
Deutschen Einheit gefeiert. Aus Regensburg, das schon
seit einiger Zeit von einer sozialdemokratischen Oberbürgermeisterin regiert wurde – für einen guten Teil der Regensburger zwei Schrecken auf einmal –, erreichte mich
die Frage, ob ich im Reichssaal die Rede zur Einheit halten
wollte. Ich neige noch heute dazu, solche Angebote erst
einmal für eine Idee der Zeitschrift *titanic* zu halten. Sie
wollten es aber wirklich, das heißt, natürlich nicht alle. Es
hätten ja mehr als genug anständige, wohlhabende und
über jeden RAF-Verdacht erhabene konservative Männer
zur Verfügung gestanden, denen diese Aufgabe hätte über-

tragen werden können. Indes, sie wollten mich, und heute, nach einem Vierteljahrhundert, glaube ich zu wissen, warum. Sie trauten dieser ganzen Einheit nicht recht, die Euphorie dort in der Nähe der Tschechoslowakei hielt sich in engen Grenzen. Da bot es sich an, jemanden wie mich zu nehmen, irgendwie fortschrittlich, aber nicht recht einzuordnen. Wenn's schiefgehen würde, war nur die Oberbürgermeisterin schuld, und der gönnte man es. Im Reichstag, einem der würdevollsten und ehrfurchtgebietendsten Räume von ganz Bayern, hatten im Lauf der Jahrhunderte schon ganz andere windige Gestalten geredet, der Raum hielt das aus. Nach dem ersten Schrecken war ich stolz und erzählte meiner Mutter davon. Wie ein kleiner Hund versuchte ich ihr allerhand Erfreuliches zu apportieren, aber das funktionierte nicht, und nach Regensburg wollte sie schon gar nicht. Nicht ohne meinen Vater. Das verstand ich.

Es gab keinen Skandal, nicht einmal einen kleinen, die Zeitung stänkerte hinterher nur verhalten und wies noch einmal auf die angesehenen, wohlhabenden und konservativen Männer hin, die sie, die Zeitung, als Redner doch sehr viel lieber gesehen und gehört hätte. Ich hatte mich über die beiden alten Herren von der jüdischen Gemeinde Regensburg gefreut, weil sie mir hinterher sagten, ihre Angst vor diesem Tag hätte sich fürs erste gegeben.

Aber wer kann wissen, was wird.

Die Straßen waren leer, als ich nach dem Empfang zum Hotel ging. Aus zwei, drei Kneipen kam der *schöne Götterfunken,* das Riesengemäuer meiner alten Heimatburg erhob sich vollkommen dunkel aus der engen Gasse in den dunklen Himmel. Ich bin mir noch nie so allein vorgekommen wie an diesem Abend.

Im Hotel, im schönen *Orphée*, saßen noch ein paar Grantler beieinander und hatten nichts dagegen, daß ich mich dazusetzte. Enthusiasmus ist in meiner Vaterstadt sowieso ein Synonym für Irrsinn, und die ortsübliche Skepsis war durch die Wiedervereinigung aufs Doppelte angewachsen. Die Grantler hatten in meiner Abwesenheit wohl schon alles Wesentliche zur Sache gesagt und noch einmal gesagt, jetzt waren sie in jenem Stadium fatalistischen Schweigens angekommen, das durch regelmäßige Äußerungen wie

No oans.

Mir aa no oans.

No amoi desselbe.

immer noch tiefer zu werden schien.

Es war ein schöner, vielleicht der einzig richtige Ausklang des ersten Tages der Deutschen Einheit. Ich freute mich, daß ich mitschweigen durfte, trank meinen Rotwein und fühlte mich nicht mehr allein.

Ist alles gutgegangen, sagte ich am nächsten Morgen zu meiner Mutter am Telefon. *Schade, daß du nicht dabei warst.*

Eine Lüge, und ich wußte, daß sie es wußte.

Ich sorgte für eine Menge Fluchten, die sie mir ausnahmslos übelnahm. Für sie war meine Arbeit eine Art Hobby, das wenig einbrachte, mich aber zuverlässig von wichtigen Dingen abhielt. Bei meinem Vater hatte sie das, glaube ich, genauso gesehen, aber nicht ausgesprochen. Menschen, die sich in der Welt herumtrieben oder in der Kunst, ohne daß handfeste Gratifikationen, also Geld, gesellschaftliche Achtung, Preise und ähnliches dafür eingetauscht wurden, erschienen ihr unglaubwürdig. Wir waren Flüchtlinge, Flüchtlinge vor der Ernsthaftigkeit und Schwere des Lebens.

Ich hätte nie heiraten dürfen.

Ich erinnerte mich täglich an diesen Satz meines Vaters und wurde trotzig. Er hatte, ich nicht. Oder nicht noch einmal. So nahm ich jeden Auftrag an, der mich wegtragen konnte, die zuverlässigsten Flügel bot mir in diesen Jahren das *FAZ-Magazin*, Gott habe es selig. Jede Woche, große *stories*, schräge Themen, Ironie statt Glamour, Expeditionen statt Tourismuswerbung. Die Fotografen waren sämtlich Stars, aber wir Autoren gingen unsere eigenen Wege. Anders als die Nabelschnüre beim Fernsehen, die ein Team unauflöslich verbanden, waren Schreibende und Bilder Machende Autisten, die sich höchstens mal in einer Kneipe trafen, meist aber einander überhaupt nicht kennenlernten. Gelegentlich sorgte das für Überraschungseffekte, wenn man dann das Blatt sah. Die klugen Redakteure hielten ihre Akteure in Unsicherheit, wer von ihnen nun wichtiger sei. Oder eine Geschichte gar retten könnte. Ich erinnere mich an unglaublich trist und dunkel fotografierte Karibikinseln, denen ich im Text ihre Farben zurückgeben sollte. Auf diese Reise wie auf viele andere war der Liebhaber mitgekommen, unschätzbar als Scout, Motivsucher, Enthusiast und wunderbarer Begleiter. Geschichten in Begleitung zu finden oder allein, ich liebte beides.

Aber es war ein Unterschied, wenn die Melancholie als einzige Gefährtin mit mir durch Venedig oder Südfrankreich ging. Südfrankreich, dieser erste Jugendort mit seinem Zauber, der so groß war, daß ich mich als Erwachsene lang nicht hintraute. Selbst wenn Aufträge wie die Filmfestspiele in Cannes mich in die Gegend führten, mied ich das Hinterland. In den Flieger, in den Trubel und dann bloß wieder weg, nur keine römischen Trümmer, über denen Ginster und Mohnblumen blühen. Kein *Musée lapidaire,* nicht die Stille der Salzseen und die schauerlichen, großen Geschichten von Liebe, Gefangenschaft und Tod. Sophia Loren beim Treppenruntergehen im Festspielpalais und Clint Eastwood beim Raufgehen und eine kleine Dicke namens Catherine Deneuve beim Essen im arabischen Restaurant um die Ecke, das waren Ereignisse, die der Seele nicht weh taten.

Aber weil eines Frühsommertages während der Festspielzeit in Cannes kein Hotelzimmer mehr zu kriegen war, mietete ich mich gegenüber in La Napoule ein, wo es nicht schön war und die Alarmanlagen der geparkten Autos Tag und Nacht keine Ruhe gaben. In der Bucht schaukelten Millionen von verlassenen, nutzlosen, dekadenten Dollars in Gestalt von Yachten aller Größen auf dem Wasser. Der Ort hatte weder Charme, noch gab es irgend etwas Interessantes zu sehen. Die *Crocques monsieur* schmeckte nach Pappe, und die Cola war warm. Die Menschen waren so unfreundlich, wie nur Franzosen unfreundlich sein können, dagegen half auch französisch Reden nicht. Vor einem Renaissanceportal an einer engen, lauten Straße blieb ich stehen und fragte mich, wie das hierher kam und was wohl dahinter liegen mochte. Eine Kirche? Dafür war überhaupt kein Platz da. Und wieso die Figuren auf so einem ehrwürdigen Portal in vielfältiger Weise und mit gradezu kamasu-trahafter Phantasie Unzucht trieben, wie man bei nähe-rem Hinschauen sehen konnte, erschloß sich mir auch nicht. Keine Kirche also. Und wenn man's recht bedachte, auch keine Renaissance.

Hinter einem Törchen war ein kleiner Kassenraum, in dem zwei schlechtgelaunte ältere Damen sich von mir ge-stört fühlten. Als ich die beiden überwunden hatte, ent-deckte ich das Reich des Henry Clews, für mich eine der großartigsten Neuerwerbungen in meiner Sammlung von Verrückten. Was Wölfli auf geschenktem Makulaturpapier gemacht hatte, war Clews in diesem Schloß am Meer aus der Zeit der Sarazenen gelungen. Das eigene Universum zu erschaffen. Der bitterarme Schweizer und der reiche Amerikaner waren Zeitgenossen, und während der eine, Wölfli, sich durch die Enge seines Lebens in der Anstalt von nichts abhalten ließ, war dem anderen, dem Millio-när, die Fülle seiner Möglichkeiten auch nicht im Weg. Sie, die voneinander nichts wissen konnten, machten das glei-che, sie erschufen einen Kosmos und kümmerten sich nicht um die öffentliche Meinung. Clews, obwohl er so großar-tig ist, hat in der Kunstgeschichte kaum eine Rolle gespielt, zu seinen Lebzeiten nicht und auch heute nicht.

In seinem Schloß findet man nichts Unbearbeitetes, Brunnen, Wände, Amphoren, Türen, Möbel, alles ist vol-ler Bildnisse und Texte, der Bildhauer Clews arbeitete mit allen Materialien, die es gibt. Und wie bei Wölfli und Metz sind immer wieder Texte zu finden, hier buchstäblich in Stein gemeißelt, *once upon a time* kann man wie ein Pro-gramm immer wieder lesen, und die Figuren die einen von überall her anschauen oder umkrabbeln, lassen an Märchen denken, an gotische Dome und Pharaonengräber, eben an alles, was sich um Moden nicht kümmerte, sondern um Ewigkeit.

Gegenüber in Cannes wuselte das Leben, und die Yachten schubberten sich an den Molen und gaben an. Aber in diesem Zauberschloß mittendrin war ich fast allein. Mit abgrundtiefer Verachtung sprach eine der Schloßwächterinnen vom Künstler Clews.

Ein typischer Amerikaner eben sei der gewesen, reich und ohne Kultur, nur mit einem Spleen. Und über seine Frau und Muse Marie, die den schönen Garten angelegt hatte, sagte dieses Urbild einer Concierge, die habe ja schließlich nichts anderes zu tun gehabt.

Mir erschien meine Entdeckung wie ein Wunder. Ich war allein, las und schaute, trauerte ein wenig um die verwaisten und ungepflegten Blumenrabatten und wußte, daß sie nur eine neue Liebe bräuchten. Gärten kann man nach Hunderten von Jahren wieder aufwecken.

Später habe ich über das verborgene Schloß von La Napoule geschrieben, für das *FAZ-Magazin*, das selbst die entlegensten Themen freudig aufgriff. Alle meine Weltenerschaffer habe ich dort unterbringen können, Wölfli, Metz und nun auch diesen. Clews ist 1937 mit nur einundsechzig Jahren gestorben, Marie hat ihn um mehr als zwanzig Jahre überlebt. Ich dachte, als ich seinen Grabspruch las, daß ich ihn unbedingt übersetzen müßte, vielleicht konnte man ihn ja mal brauchen:

Dann tanz ich fröhlich und bei mir / Das soll'n die kleinen Kinder sehn / Wie lustig ich bin, hier, ja, hier / Ach, laß

das Lernen endlich gehn. / Und nimm Geschichten, Wunder
auch / Nimm sie, die Mythen, Schall und Rauch.

Der Spruch ist noch länger, aber das Wesentliche birgt dieser schöne Schluß. Jeder muß für sich etwas suchen zwischen Makulaturpapier und Sarazenenschloß.

In den frühen neunziger Jahren löste Schreiben das Filmemachen für mich sachte ab. Ich mußte einsehen, daß hinter uns Alten schon eine Menge Junge standen, die unbedingt ranwollten, und daß jeden Tag neue Techniken aufkamen, die die Jungen bald beherrschten wie Atmen. Ich machte schon noch Filme, aber bei weitem nicht mehr so regelmäßig wie früher. Indessen gab es auch ein paar Bücher. Sie waren mein Weg zwischen Makulaturpapier und Sarazenenschloß.

Mit meiner Mutter telefonierte ich jeden Tag, und ich kaufte sogar ein Auto, um sie leichter besuchen zu können. Nach einem Dutzend Auffrischungsfahrstunden fühlte ich mich einigermaßen fähig, den alten Automatic-Golf heil in den Taunus zu bringen. Autofahren gehörte nicht zu meinen Talenten, ich hatte den Führerschein gemacht, das Fahren aber immer anderen überlassen. In meinem Beruf war das leicht, ich kam an die entlegensten Orte und fand dort immer eine Möglichkeit, noch weiter zu kommen. Dennoch war da eine Ähnlichkeit zu meiner Mutter, die ich, so gut es ging, ignorierte. Sie hatte gar nicht erst einen Führerschein gemacht, die Kriegszeit, die frühe Mutterschaft, und dann war ja mein Vater da. Hundert Gründe für den Verzicht auf Freiheit. Vor diesem Hintergrund hätte ich eigentlich am achtzehnten Geburtstag hinter ein Steuer steigen müssen und es nie wieder loslassen dürfen.

Es dauerte nicht lange, bis ich erkannte, was für ein Fehler mir mit dem Autokauf unterlaufen war. Mit beidseitiger Unfähigkeit wären auch die Lasten gleich verteilt gewesen. So aber war die Verantwortung, das tägliche Leben zu meistern, auf meine Seite gerutscht, und jedes *Ich kann jetzt nicht* geriet zum Angriff, zur Verweigerung, zur Herzlosigkeit. Meine Mutter wollte mir oder irgend jemand anderem nichts beweisen, zum Beispiel, daß sie auch allein klarkäme. Im Gegenteil, sie bewies unermüdlich, daß es nicht so war. Und wenn etwas schiefging, lag es daran, daß ich mich nicht gekümmert hatte. Ich liebte sie und wollte von ihr geliebt werden. Aber ich wollte dafür nicht bezahlen müssen. Auch nicht mit Leistungen. Und sie tat so, als müßte sie bezahlen, *hier hast du hundert Mark.* Damals habe ich gelernt, was für eine Dämonenrolle Geld in Familien spielt, egal ob viel, wenig oder gar keins da ist. Darum geht es gar nicht, sondern um die Lügen, die dranhängen, die Verwechslungen, die Ängste.

Dort, wo Geld hätte sein sollen, war keins, wie sich nach dem Tod meines Vaters herausstellte. Es hatte sich um eine ausbezahlte Lebensversicherung gehandelt, gut beschützt, für Notfälle gedacht. Aber da war nichts mehr.

Das leere Schließfach wurde zum Eingang zur Hölle. Macht, Machtlosigkeit, Stärke, die zu Schwäche wird, Angst vor Wahrheit, Schweigen und Lügen, der ganze Symbolmüll der bürgerlichen Familie fand sich auch in der meinen. Es drohte kein Absturz, ihre Versorgung ließ nichts zu wünschen übrig, aber das Dunkel des leeren Schließfachs nahm von der Seele meiner Mutter Besitz, dieser armen Seele, die mit Licht sowieso ihre Mühe hatte.

Sie konnte ihm nicht verzeihen, daß sie nicht wirklich erwachsen hatte werden müssen. Sie konnte ihm nicht verzeihen, daß sie das auch nicht gewollt hatte. Und mir konnte sie nicht verzeihen, was ich geworden war, auch so eine Gauklerin, die im Freudenhaus der Kunst ihr Plätzchen gefunden hatte und es nicht hergeben wollte.

All das weiß ich erst jetzt, aber ich habe es immer gespürt. Jeder kleine Erfolg, den ich ihr präsentierte wie ihre geliebten Katzen eine erlegte Maus, bestätigte ihr Mißtrauen gegen das, was ich tat. Es kamen ja nicht einmal richtige Bestseller dabei raus, so wie aus ihrem Mann keine Weltberühmtheit geworden war. Nur dieses verdammte, verdächtige Vergnügen an der Sache.

Es wurde mir zur Gewohnheit, Aufträge, über die ich mich freute, schlechtzureden. Sie sollte glauben, daß ich so arbeitete, wie es in der Bibel stand – im Schweiße meines Angesichts. So wurden Venedig, Istanbul, London und Paris zu anstrengenden und feindseligen Plätzen. Ich hätte so gern Freude und Neugier geteilt und mitgeteilt, aber es war nicht möglich. Sie war umgeben von unlösbaren Aufgaben, das Haus, der Garten, das Geld, die Mieter, das leere Schließfach, alles wollte etwas von ihr, und keiner war mehr da, an den man die Pein des Alltäglichen hätte delegieren können. Als sie Teile des Hauses vermietete, auch das Atelier meines Vaters, dachte sie wahrscheinlich, daß damit willfährigere und hilfsbereitere Menschen ins Haus kämen als ihre eigene Tochter. Das war aber nicht so, und ich suchte nach einer Stadtwohnung für sie, damit der Fluch des allzu großen Hauses endlich von ihr genommen würde.

Einmal, ganz unvermittelt, sagte sie zu mir:

Ich hätte noch so viel zu geben.

Dann tu das doch, hätte ich sagen mögen, *wer hindert dich daran?* Ich habe nichts gesagt und später über den Satz geweint, weil er so hoffnungslos traurig war.

Es waren Jahre ohne eine einzige Entspannung. Sie sah sich immer wieder Wohnungen an, aber:

Zu klein. Zu dunkel. Das Bad hat ja kein Fenster. Das ist keine richtige Terrasse. Wohin soll ich denn mit den Büchern? Da kann man ja nicht einkaufen. Was sind denn das für Leute.

Was sie wollte, war das Haus, aber ohne Probleme. Das konnte ihr keiner ermöglichen, das heißt, ich hätte es gekonnt, aber ich wollte mich retten, irgendwie retten. Im Grunde hatte ich das seit meiner Kindheit getan, mich retten, die Zugbrücken hochziehen, aufpassen, daß mich nichts frißt.

Anfang Dezember 1992 waren wir ins Puppentheater gegangen. Die Frankfurter Truppe *Klappmaul* brachte sie zum Lachen, und die Jungs mochten sie. Ein alter Freund meines Vaters war auch dabei, Professor, Film- und Opernkenner, Andreas Meyer-Hanno. An dem Abend spielten nicht die Klappmäuler, deren legendäre *Reise zum Mittelpunkt des Sofas* meiner Mutter eine ganz neue Theatererfahrung beschert hatte, wahrscheinlich die erste, die sie ganz für sich und nicht durch meinen Vater gemacht hatte. Seither war sie Puppentheaterfan, und ich war froh über diese Momente, in denen wir beide so tun konnten, als gäbe es so etwas wie eine gemeinsame Freude. An diesem Dezemberabend gab es ein Gastspiel, es war klug und lustig, meine Mutter saß rechts von mir, und ich schaute auf ihr schönes, lachendes Profil.

Am 14. Dezember jährte sich der Todestag meines Vaters zum dritten Mal. Ich rief sie am 13. abends an und fragte, ob sie auf den Friedhof gehen wolle. Die Antwort kannte ich schon, sie würde nein sagen. Sie haßte den Friedhof und hatte einmal gesagt, nirgendwo sei man einem Menschen ferner als dort. Daß ich so oft hinging, um meinen Mann, meinen Vater und wer sich sonst noch im Lauf der Jahre dort eingefunden hatte zu besuchen, hielt sie für bigott. Sie hatte ein pragmatisches Verhältnis zum Tod, das vor allem dadurch bestimmt war, daß sie keine Ahnung hatte, warum man denn eigentlich lebte. So sagte sie jedenfalls oft, auch über andere Menschen. Kranke oder Behinderte waren in ihren Augen besser dran, wenn es sie nicht gab. Darüber haben wir oft gestritten, dabei war sie der hilfsbereiteste Mensch der Welt. Sie hielt nur einfach nichts vom Leben. Ein paar Wochen vorher hatte sie mir erzählt, sie habe von meinem Vater geträumt. Er habe geweint und zu ihr gesagt, sie solle ihm verzeihen und er würde sie bald holen.

Wenn er das nächste Mal kommt, sag ihm, er soll sich Zeit lassen, antwortete ich patzig, und mich fror.

Ich möchte lieber einkaufen gehen, sagte sie an diesem 13. Dezember abends und daß sie sich darauf freue.

Am nächsten Morgen rief ihre Mieterin Puschi völlig aufgelöst bei mir an, sie habe den Notarzt gerufen, meine Mutter liege bewußtlos neben dem Telefon. In weniger als einer halben Stunde war ich mit meiner Freundin Ute im Taunus. Ich weiß bis heute nicht, wie sie so schnell von ihrem Job weggekommen ist.

Es war der 14. Dezember, der dritte Todestag meines Vaters.

Ich möchte lieber einkaufen gehen, ich freue mich drauf, sollten ihre letzten Worte sein. Noch lag sie da, zwischen dem lang verstummten Klavier und der kleinen Telefonkonsole, mit halb offenen Augen. Man hatte ihr eine Spritze gegeben oder Sauerstoff oder beides, ich weiß es nicht mehr.

Hat sie sich was angetan? fragte ich die Sanitäter, ich fragte alle, die im Raum waren, es waren viele. *Hat sie das selber gemacht?*

Sie wurde nach Bad Homburg in die Klinik gebracht, die folgenden Stunden waren hektisch, wie immer, wenn eine Schlacht gegen den Tod geschlagen werden soll. Diese hier, in deren Mittelpunkt meine schmale, hochmütige, traurige, schöne Mutter stand, war nicht zu gewinnen, das wußte ich eigentlich von Anfang an. Nach vielen Untersuchungen und Fragen, nachdem sie zwischen den Apparaten hin- und hergefahren worden war, vorbei an einem weihnachtsliedersingenden Kinderchor und begleitet von einem krampfhaft munteren Chefarzt, gab es eine Diagnose, sie hieß *Stammhirnblutung*.

Wir haben eine Vereinbarung, sagte ich. *Keine lebensverlängernden Maßnahmen.* Und nein, außer mir gebe es niemanden.

Unser Tierarzt war da, im Praxiskittel, Ute, alle zur Verstärkung. Es war klar, daß man jetzt Ruhe schaffen mußte für das wirklich Wichtige. Hätte man meine Mutter in die Uniklinik gebracht, wäre es ohne Entführung nicht gegangen, die dort hätten sie mir nicht überlassen, mir nicht und dem letzten Weg auch nicht. Noch in der Intensivstation war viel Blut aus meiner Mutter geflossen, aus ihrem Mund, es war sehr dunkles Blut. Man säuberte sie behutsam, nicht, ohne sie immer wieder mit ihrem Namen anzusprechen. Ich wußte, daß sie jetzt einen großen Teil des Wegs hinter sich hatte, und bat um ein Einzelzimmer. Das bekam ich, man stellte mir einen Sessel an ihr Bett. Das Zimmer war im fünften oder sechsten Stock, hinter den großen Fenstern war der graue Winterhimmel zu sehen, manchmal durchschnitt ihn ein Zug Vögel. Es war nicht schwer, sich neben sie zu legen. Es war nicht schwer, ihre Hand zu halten. An der Wand hing ein Foto mit drei jungen Tigern.

Ich war in ihrem Haus bei ihrem greisen Kater Pascha gewesen, um ihn zu füttern, danach bei mir. Ganz früh am Morgen fuhr ich wieder ins Krankenhaus.

Es war mir wichtig gewesen, mich besonders schön anzuziehen. Ein paar kleine Blumen hatte ich zusammengeklaubt, und dann wartete ich an ihrem Bett. Menschen kamen und gingen wieder.

Sie starb am Abend des 16. Dezember 1992, um halb acht. Einmal, Stunden vorher, hatte ich mir eingebildet, sie drücke meine Hand. Noch immer hielt eine große Stille an, obwohl Freunde da waren. In dieser Stille waren nur sie und ich und das Bild mit den drei jungen Tigern.

Wir begruben ihre Urne neben der meines Vaters, und ihre Lieblingspuppenspieler spielten bei der Trauerfeier ihre Lieblingsszene aus dem Sofastück.

Man trug in alten Zeiten nach einem Todesfall ein Jahr lang schwarze Kleider. Heutzutage trägt man die, um schlank auszusehen oder cool, im Theater sind Regisseur, Kostüm- und Bühnenbildner immer schwarz angezogen. Modejournalistinnen gehen in Schwarz, oft auch Maler. Es wäre keinem aufgefallen, wenn ich einfach weiter in schwarzen Klamotten herumgelaufen wäre, wie ich es gewöhnt war. Wie sich herausstellte, ging es nicht um eine Farbe, sondern um die Zeit. Ein Jahr. Das Trauerjahr. Bei meinem Vater hatte ich darüber nicht nachgedacht, er blieb mir einfach erhalten, mal deutlicher, mal schemenhafter. Bei meiner Mutter rollte das erste Jahr ihres Totseins unerbittlich ereignisreich ab, immer wenn ich jemanden nach der Dramaturgie solcher Trennungen fragte, zum Beispiel, was es mit der Gleichzeitigkeit von Verzweiflung und Erleichterung auf sich habe, bekam ich zu hören, das sei *alles ganz normal.*

Es war gut, daß ich beim Tod meines Mannes gelernt hatte, auf die Dynamik der Gegenstände zu vertrauen. Alles fand irgendwie einen Platz, man mußte nur warten können. Nachdem der Katzengreis Pascha bei liebenswürdigen und nervenstarken Freunden gut untergekommen war – ich hatte ihn nicht zu mir nehmen können, weil er sich mit keiner anderen Katze vertrug – und alle Fische in einen schönen Teich umgesiedelt waren, kam eine große Ruhe über mich. Ich war für niemanden mehr verantwortlich. Das Haus, die Möbel, die Bücher, das waren nur Sachen. Den Garten im folgenden Frühjahr so ungestüm aufwachen zu sehen, das war ein überraschend heftiger Schmerz. Aber der verging wieder.

Ein halbes Jahr lang ließ ich das Haus mehr oder weniger in Ruhe. Ich veränderte nichts, es wurde geputzt, der

Garten gepflegt und der Rasen regelmäßig gemäht. Manchmal wohnten auch Freunde dort. Puschi lebte im ersten Stock, das Haus verwaiste nicht. Es lebte aber auch nicht, es lag in einer Art Koma. Es wurde nicht mehr gekocht, gelesen, gestritten, gelacht, gearbeitet, aber für all das war es doch einmal entstanden. Der Pool, früher Platz für so viel Spaß, nach dem Tod meines Vaters ein pflegebedürftiges ständiges Ärgernis, war längst abgelassen, ein fahl türkisgrünes Loch.

Nicht eine Sekunde habe ich daran gedacht, es zu behalten. Das Haus hatte viel Kraft aufgefressen, jahrelang war es immer als erstes dran, es wollte bezahlt und gepflegt werden, beachtet und, wenn nötig, geheilt. Ein Haus, das hatte ich begriffen, seit ich ein Teenager war, ließ einen nicht einfach leben. Da waren die Nachbarn und was sie sagten oder nicht und welche Hecken sie pflanzten und ob sie den Schnee wegräumten oder nicht. Und das kaputte Dach und die Sickergrube. Und Leitungen für alles mögliche, die so krankheitsanfällig waren wie bei einem Menschen die Adern. Das waren irgendwann die hauptsächlichen Gesprächsthemen und Probleme geworden, so ein blöder, vorgartenbreiter Kosmos, aus dem man nur abhauen konnte.

Ich hätte nie heiraten dürfen.

Ja, es gab auch die schönen Zeiten, natürlich. Da war der vorgartenbreite Kosmos Schutz vor den Zumutungen des Lebens und Freude mit Freunden, das Trauerjahr ließ viel Platz für Erinnerungen.

Einer, an den ich in diesem Zusammenhang überhaupt nicht gedacht hatte, half mir sehr, Ignatz Bubis. Wir waren uns schon früher begegnet, auch bei den Reich-Ranickis, ich hatte zweimal über ihn geschrieben. Das war uns beiden nicht unangenehm gewesen, weil ich ihn über meine Position in den Zeiten des Häuserkampfs nicht im unklaren gelassen hatte. Er war neugierig, erklärte mir, wie er die Dinge sah, und ich tat das gleiche. Wir haben uns auf eine sehr angenehme Art überhaupt nicht verstanden. Nachdem ein guter Teil des Trauerjahres in Gesellschaft des komatösen, aber immer noch gefräßigen Hauses vergangen war, bot er mir an, die Sache mal in Augenschein zu nehmen.

Ich war beeindruckt, zumal er mir kurz zuvor, in einem anderen Zusammenhang, seinen Terminkalender gezeigt hatte, in dem nicht einmal ein Fitzelchen Zeit zum Händewaschen zu finden war. Aber irgendwelche höflichen Abwehrversuche konnte ich mir nicht leisten, Bubis war genau der richtige, um mich aus dem emotionalen Gewirr zu befreien. Der Tod macht viel zuviel zum Symbol, Dinge, Möbel, jeden verdammten Grashalm – *da hat sie noch gesessen, daraus hat sie noch getrunken, das hat sie gepflanzt.*

Da war Ignatz Bubis ein großartiges Gegengift. Er hatte ein untrügliches Ding – Wert – Verständnis, Ding A hatte Wert B, und alles andere war Sentimentalität. Von Trauer hatte er mehr Ahnung als wir alle zusammen, aber grade deswegen war Greifbares, Zählbares, Bewertbares bei ihm gut aufgehoben.

So packte er mich ins Auto zwischen seine Bodyguards, wir fuhren in den Taunus, und er verlor keine Zeit. Unbeirrt stapfte er in den Keller, auf den Dachboden, durch die

Zimmer, er sah sich das Atelier an, die bunte Küche, den schönen Garten. Dann trank er wie seine Leibgarde, um deren Wohlergehen er sich immer als erstes kümmerte, einen Kaffee und nannte einen Preis.

Darunter gehen Sie nicht, sagte er bestimmt. *Besser, Sie warten. Oder ist es eilig?*

Das sei es nicht, antwortete ich.

Der Preis, das war eine Zahl. Ich wollte nicht darüber nachdenken, was das Ding meine Eltern wirklich gekostet hatte, an Entbehrungen, finanziellen Ängsten, an Freiheitsverlust, Unbekümmertheit, egal. Mir war jetzt ganz allein überlassen, das alles umzuwandeln. In eine Zahl. In Leben. Ich würde mir davon Freiheit und so viel Unabhängigkeit kaufen, wie ich brauchte.

Wissen Sie einen, der das Haus für mich verkauft und das gut macht? fragte ich Bubis, der ungeduldig seine Jungs zusammentrieb und schon dem nächsten Termin zustrebte.

Nehmen Sie einen aus der Gegend, das sind die besten, sagte er. *Frankfurt ist Frankfurt. Taunus ist Taunus.*

So machte ich es, genau wie er gesagt hatte. Ich nahm einen Makler aus der Gegend, der meine Mutter gekannt hatte, ich ging mit dem Preis nicht runter, und ich wartete.

Eins hatte ich beiden stumm versprochen, mir selber auch. Die Geschichte des Hauses würde weitergehen, das hieß, Leute mit Kindern. Nicht diese Vordertaunusmörder, die jedes Grundstück, jeden freien Meter Rasen mit dämlichen teuren weißen Residenzen zubauten. Die nicht, für kein Geld der Welt.

Ich wartete, und schließlich kamen sie. Drei wie die Orgelpfeifen und eins deutlich sichtbar im Bauch sowie eine ungeheuer fromme Schwiegermutter, die einen ungefragt mit Segens- und Erlösungswünschen überschüttete. Mit der Besatzung konnte nichts schiefgehen, der Kreis schloß sich, und mein Kinderglauben bekam eine schöne Schluß-pointe.

Die Nachbarn waren traurig. Die Poolfeste von einst waren mit den neuen Besitzern wohl nicht denkbar, aber das ging mich nichts mehr an. Meine kommenden Feste würden ganz woanders stattfinden, da war ich mir sicher. Ich war entschlossen, glücklich zu werden. Bezahlt hatte ich genug im voraus. Alles, was nach Familie aussah, mach-te mich unkritisch. Den kleinen Verlag, in dem ich seit wenigen Jahren publizierte, hielt ich dafür, sogar für eine klassische Wahlverwandtschaft. So fand ich es nur fol-gerichtig, daß mein verkauftes Haus behilflich war, das Haus, in dem meine Arbeiten so freundlich behandelt wurden, aus einer finanziellen Klemme zu retten. Nicht wenige haben mich damals für verrückt erklärt, und sie behielten recht.

Für mich aber war es in der Reihenfolge vollkommen lo-gisch: Erst war zur Messe 1992 *Afra* erschienen und be-kam ganz schön Luft unter die Flügel, fünfstellig die Ver-kaufszahlen, nichts zum Durchdrehen, aber Grund für eine verhaltene Freude. Wenige Wochen später war der Verlag pleite, und meine *Afra* fiel mit runter, wie ein an-geschossener Vogel. Alle Autoren – fast alle – entdeckten ihre alten Solidaritätstugenden, man traf sich und fand Schuldige und gab Interviews und redete, das System war der Feind und seine kapitalistischen Stellvertreter, in unserem Fall ein Geldgeber, der plötzlich die Idee gehabt hatte, mitreden zu wollen. Die Autoren hatte, jedenfalls soweit ich weiß, der *Crash* kalt erwischt. Die Zeit der Verlagspleite habe ich als eine Mischung aus Studentenbewegung und Häuserkampf, durchmischt mit etwas Börneplatzpathos in Erinnerung.

Ein Vierteljahr nur, Mutter weg, Verlag weg, Buch weg. Da war es doch klar, daß gegen Ende der Trauerzeit ein Teil meines Erbes dafür sorgte, diese Grundfesten, so gut es ging, wiederherzustellen.

Ich hatte mich immer für einzelkampferprobt gehalten, das war ich auch, solang ich noch einen Zipfel Kindheit in der Hand hielt. Aber jetzt war auch der letzte unwiderruflich weg. Wie eine Ameise, die blind und nach Regeln, die sie nicht gemacht hat, versucht, ihren zerstörten Bau zu reparieren, so reagierte ich bei der Rettung dieses Verlags, der einzige Bau, der mir geblieben war.

Ist dann auch zehn Jahre lang einigermaßen gut gegangen, jedenfalls wenn man so entschlossen blind war wie ich.

Mein halbes Jahrhundert habe ich groß gefeiert. Im Mai 1994 wollte ich ein möglichst fröhliches Schiff mit vielen Leuten beladen und tat das auch.

Mit fünfzig braucht man keinen Zipfel Kindheit mehr. Die Sache mit der Freiheit wollte gelernt sein. Das sollte noch dauern. Geldrausschmeißen war schon mal kein schlechter Anfang.

Mit unbekanntem Ziel

Die Wende, die ich nur halb bewußt mitbekommen und von der ich in der Hauptsache Euphorie im Gedächtnis behalten hatte, erwies sich als gar nicht so einfach. Im deutschen PEN konnte man das wie unter einem Brennglas beobachten, und ich erinnere mich daran, mit wieviel Erbitterung Positionen verteidigt wurden. Die Generation Grass, Simmel, Ossowsky und andere waren sich einig, daß wir den zur Vereinigung verdonnerten Kolleginnen und Kollegen Ost nichts vorwerfen durften. Denn wir hätten uns in der gleichen Situation ebenso verhalten wie die. Basta. Der scheu vorgebrachte Einwand, man sei aber doch vielleicht ein Dissident geworden, wurde weggewischt. Man kann sich heute gar nicht mehr vorstellen, mit wieviel Hohn und Überheblichkeit politische Standpunkte vertreten wurden, die schüchterne Göttin Skepsis, die ich immer geliebt habe, hatte nichts zu melden. Johannes Mario Simmel, mit dem ich befreundet gewesen war, entzog mir seine Zuneigung, erklärte mich zur reaktionären Gans und wandte seine Liebe jenen dazugekommenen Kollegen zu, die den Untergang ihres Reichs bedauerten und dessen verlorene Errungenschaften priesen. Merkwürdigerweise hatten grade die Autoren, die am heftigsten für die schonungs- und tabulose Aufklärung jedweder Nazivergangenheit plädierten, das Frageverbot den neu Hinzugekommenen gegenüber verfügt.

Ja, das war halt so, was konnte man machen. Zu dieser

Zeit, Mitte der Neunziger, war ich immer noch fixiert auf familienähnliche Strukturen, und die konnte man der ehrwürdigen Schriftstellervereinigung nicht absprechen. Da gab es wie im echten Leben Patriarchen und Clowns, schwarze Schafe und strenge Mütter, Spieler, Gewinner und Verlierer, und wie in jeder richtigen Familie wurde viel über Geld geredet und noch mehr darüber gelogen. Ich habe die PEN-Kongresse geliebt, auch wenn meine politische Unzuverlässigkeit und mein mangelnder Ernst oft unangenehm auffielen. Aber dann löste sich doch abends alles, egal in welcher Stadt, in den entsprechenden Bars in Wohlgefallen auf, und manchmal hat er auch getanzt, der Kongress.

Dann bin ich ausgetreten, 1996. Ich ging nicht allein, die Unvereinbarkeit zwischen den Mitgliedern war nicht nur mir aufgefallen. Wieder hatte ich etwas verloren, das einer Familie glich.

Zum Treffen in Quedlinburg, für dessen Ortswahl ich verantwortlich war, weil ich allen beschrieben hatte, wie wunderbar die Stadt sei und auch noch im Osten, was man ja brauche – zu diesem Treffen bin ich dann als Journalistin gefahren und nicht mehr als Mitglied. Das war merkwürdig.

Als ich dabei war, die PEN-Korrespondenz aus meinem Schrank und meinem Leben zu entfernen, brachte ich es letztlich nicht fertig. Diese Maulerei, die Anwürfe und Bitterkeiten und die Selbstgerechtigkeit politischer Bescheidwisser würde ich mit später selber nicht mehr glauben. So packte ich alles in einen großen, dicken Umschlag und klebte ihn zu.

Was ich nicht bedacht hatte – ein großer Teil davon waren Faxe, die meisten auf Thermopapier. So haben sich alle Bosheiten drin, in ihrem Couvert, still und endgültig in die Unsichtbarkeit verabschiedet.

Das ist doch schön. Es gibt Kollegen, die haben im Briefkopf stehen:

Mitglied des deutschen PEN-Clubs.

Ach, denke ich, wenn ich das sehe, ich könnte ja zurück. Sie müßten mich statutengemäß wieder reinlassen, ohne Wenn und Aber, ohne öffentliche Selbstbezichtigung oder tätige Reue. Diese Option, selbst wenn ich die Familie nicht wiedererkennen würde und die mich auch nicht, diese Option bleibt.

Quedlinburg hatte ich Anfang der neunziger Jahre kennengelernt, und ich liebte es sofort. Es war wie eine schöne Frau in dreckigen Klamotten. So wie in vielen Gegenden der neuen Länder ging es um Entdeckerfreude, und die mußte von außen kommen. Von innen gesehen waren das Fachwerkensemble, die Villen der Blumenzüchter und die Parks, Domberg und Künstlerhaus, alte Bücher, Holzplastiken, diese Endmoränen einer untergegangenen Zeit nichts als eine Last. Das alles schrie andauernd *Rette mich!*, und die Einheimischen antworteten: *Wie denn, verdammt noch mal? Sei du gefälligst nicht so unbequem und lästig!*

Der Zorn gegen das anspruchsvoll und gekränkt herumstehende schöne alte Zeug kannte ich aus Regensburg. Dort hatte es sich durchgesetzt, und das wünschte ich mir auch für diese wunderbaren Neuentdeckungen, daß nicht die Sehnsucht nach rechtem Winkel, doppeltverglasten Normfenstern und Fußbodenheizung alles plattmachen würde. So kam es auch nicht, wovon unter anderem auch ein krummes, schiefes und einzigartig luxuriöses Hotel namens *Theophano* am Marktplatz Zeugnis ablegte. Gabriele und Reinhard, seine Erfinder und Retter, waren von draußen, vom Westen, gekommen und hatten sich Stück für Stück, Gebäude für Gebäude durch die Labyrinthe der Besitzverhältnisse, Rückübertragungen, Denkmalschutz-, Brandschutz- und sonstigen Auflagen gekämpft. Dann war es da, das Ensemble mit dem Kaiserinnennamen, und wir tanzten an einem unvergeßlichen Silvesterabend, 1994, auf dem dünnen Schneetuch im Innenhof den Donauwalzer. Der Burgberg lag am anderen Tag, am 1. Januar, vereist da, wie unter Glas.

Wahlverwandtschaften waren notwendig, das merkte ich immer mehr. Die Liebe aber bedeutete was anderes. Der Liebhaber und ich waren, wenn wir zusammen waren, großartig. Aber das Leben außerhalb der Liebe war genauso wichtig. Ich weiß, Paare tun viel dafür, sich das nicht eingestehen zu müssen. Normalerweise hält man die Vermischung von Leben und Liebe für das *Ziel, aufs innigste zu wünschen*. Daran hatte ich eigentlich nie geglaubt. Meine beiden Versuche diesbezüglich wurden einmal vom Tod und einmal von mir beendet. Ich sollte es nie mehr darauf ankommen lassen. Die Liebe war eine Farbe im Puzzle, eine leuchtende, vielleicht die intensivste.

Wir entdeckten den Süden Thailands für uns. Das war 1994, nach dem Trauerjahr, nach dem Verkauf meines Hauses, von dem ich nie überzeugt war, daß es mir wirklich gehörte, nach der Abbezahlung meiner Wohnung, nach der Neuanlage meines winzigen Gartens, der später ein wenig berühmt werden sollte, nach dem Verlust meiner Katze Lulu, bei deren Tod ich alles rausheulte, was nach dem Tod meiner Mutter in mir steckengeblieben war, nach dem Zuzug einer neuen Katze, die Medi hieß und Lulu sehr glich, nach dem Einzug meiner Freundin Ute in die Wohnung über mir – nachdem also mein Leben wieder eine erwachsene Ordnung angenommen hatte, fand ich, es sei Zeit, wegzufliegen. Weit weg.

Thailand, warum nicht. Bisher war ich nur mit einem Bein in Asien gewesen, in Istanbul, das zählte nicht. Ich war über fünfzig, und es wurde Zeit für eine neue Art Leichtsinn. Dazu gehörte Luxus, zum Ausprobieren. Da wir nicht zusammen flogen, buchte ich *business* und kam mir vor wie eine Oligarchenfrau.

Ich darf das, sagte ich mir immer vor, *ich darf das.*

Natürlich mußte ich an die Vorbilder denken, die ihr Erbe klaglos dem Vietcong, römischen Waisenhäusern oder norddeutschen Kunstmuseen überlassen hatten, aber ich fand, das mit dem Verlag sei genug der Güte. Für Tiere habe ich schon gespendet, als ich noch selber hätte Spenden brauchen können.

Es war kalt in Deutschland, als ich mich auf den Weg machte, um mir eine Portion Glück zu nehmen.

Der Flughafen von Koh Samui war damals noch eine von überwältigenden Bougainvilleahecken gesäumte Bukkelpiste, der Pilot mußte nur die Mitte zwischen den beiden Blütengebirgen treffen. Die Ankunftshalle war eine Bretterbude, von deren Decke herunter Geckos zwitscherten. Es gibt kein Wort, das die Geckolaute wirklich beschreibt, aber sie sollten mein Lieblingsgeräusch werden.

Es gab einen kleinen Paßschalter, auf dem Lehmboden hüpften Frösche herum. Jemand hatte die Koffer in einer Reihe in die Sonne gestellt. Der Liebhaber hatte mich abgeholt, und natürlich war alles organisiert, Koffer, Taxi, Weg zum Resort.

Er war schon öfter hier gewesen und freute sich über mein Staunen. Es war etwas ganz anderes, dachte ich, wenn wir beide einen neuen Ort betraten. Egal, wo der war, es konnte ein ganz unscheinbarer Platz sein, wir waren gleichberechtigte Entdecker. Im übrigen erschien uns kein einziger Ort, den wir zusammen besuchten, unscheinbar.

Koh Samui präsentierte er mir, als habe er bei der Erschaffung mitgewirkt. Ich mußte an meinen Freund Froni denken, der hier gewesen war, als nur ein paar italienische Ornithologen über die Insel streunten und es kein einziges Hotel gab.

Immer will einer noch früher dagewesen sein, dachte ich. Und immer wollen sie keine Touristen sein.

Das schönste Wasser der Welt ist die Andamanensee. Tag und Nacht, mit immer bereiten Armen, weich und endlos. Als sei sie für die Menschen da, ohne Brandung, ohne Zornesausbrüche, eine warme, flüssige Sicherheit, in der man sich stundenlang wiegen konnte. Was für ein Irrtum. Aber damals schien es so, und mir wuchsen fast Häute zwischen den Fingern.

Dann waren da noch Götter, die es zu verstehen galt, so gut es ging. Vor jedem Haus stand auf einem Pfosten ein Häuschen für die Geister, bunt, ordinär, manchmal angeberisch goldüberkrustet und manchmal vergammelt, mit Opfergaben in Gestalt von Cola, Müsliriegeln oder Orangen. Handfester jedenfalls als die Kränze, Engelsköpfe oder Gedenktäfelchen, mit denen man bei uns daheim den Toten bewies, daß man dagewesen war. Aber im Grunde gab es keinen großen Unterschied.

Den goldenen Riesenbuddha hatten sie damals erst ein Dutzend Jahre auf ihrer Insel, er trug noch keinen Strahlenkranz um den Kopf, was ihn viel eindrucksvoller als heute aussehen ließ. Um seine Füße war schon das Gewusel der Marktbuden und Händler, Losverkäufer und Wassersegen, Souvenirbuddhas in klein zum Anbeten und in winzig für um den Hals, die unvermeidlichen Batikshirts – außer der Hitze war es kein Unterschied zu Altötting oder Lourdes. Die Menschen wollen was essen, was anfassen können und erlöst werden, da wie dort. Wo ist der Unterschied zwischen der schwarzgeräucherten Altöttinger Wundermaria, der Gipsmadonna von Lourdes und diesem goldenen Sitzriesen mit seinem spitzen Hut?

Auch meine vertrauten Toten fand ich in vielen Klöstern wieder in Gestalt der Wundermönche, die man in Glasvitrinen hatte eintrocknen lassen. Sie sahen aus, wie der bedauernswerte Geliebte der Eos, Tithonos, ausgesehen haben muß, wie große Heuschrecken. Die schlampige Göttin hatte ihrem Liebhaber zwar das ewige Leben, nicht aber die ewige Jugend verschafft. Einfach vergessen. Die Mönchsmumien standen meist in schönen Palmenhainen, ihre Glashäuschen waren mit welken Jasminketten geschmückt. Solche Blumenketten hingen auch an den Rückspiegeln fast aller Gefährte, die über die Insel rumpelten. Das war deren Art von Christophorusmedaille. Eigentlich erinnerte mich alles an mein Kindheitszuhause, nur das

Meer und die Sonne, das war eine eigene Welt, die mich zum Zurückkehren bringen würde.

Aber erst einmal flog ich allein nach Hause, mußte Abschied nehmen von den Fröschen, dem Gegicker der Geckos und der Liebe. Die winzigen toten Mönche trieben den ganzen langen Rückflug über ihr Unwesen in meinem Kopf.

Daß dieses sehr vertraute, sehr fremde Land zu einer Art zweiten Heimat wurde, war mir lange nicht bewußt, auch nicht, als ich zum vierten, fünften, sechsten Mal dort gewesen war. Immer im Süden, immer am Wasser, immer mit ihm.

Auf dem Weg durch mein sechstes Jahrzehnt sammelte ich noch so viele Menschen aus der Generation meiner Eltern und Großeltern ein, wie ich konnte. Zu den wichtigsten gehörten Paul und Goldy Parin. Sie lebten in Zürich, rauchten und lasen die Nächte hindurch, und ich sah an ihnen, wie es war, sich ein Leben lang in der Welt herumgetrieben zu haben, arbeitend, beobachtend und an den eigenen Körper nur dann denkend, wenn man ihn genießen wollte, wenn man ihn noch nicht als Hindernis oder als Feind kennengelernt hatte. Wie es war, wenn man sich dann rechtzeitig ohne Zorn zurückzog, in ein Gehäuse, in ihrem Fall eine angenehm unordentliche herrschaftliche Wohnung am Zürichsee. Beide Parins waren Psychoanalytiker. Sie hatten viel Zeit in Afrika verbracht, sie erzählten fröhlich und diskret von ihren vergangenen Lebensverwirrungen, Goldy war sechs Jahre älter als Paul. Ich liebte ihre Küche. Die Wände waren von Erinnerungsfotos bedeckt, deren Ränder vom Kochdunst aufgebogen waren, zu jedem Bild hatten sie eine Geschichte, und zu jeder Geschichte brauchten sie eine Zigarette. Beide waren radikal in ihren politischen Ansichten, sie hatten das auch gelebt und nicht nur drüber geredet. Mit Goldy, die 1911 geboren war, verband mich die Liebe zum Anarchismus.

Jeder, jeder, jeder ist für sich verantwortlich, sagte sie und wußte, glaube ich, so gut wie ich, daß sie damit von einem Privileg sprach und von einem manchmal bitter schmeckenden Geschenk. Deswegen wollte keiner so denken, weil es schöner und glanzvoller war, anderen ihr Glück zu erklären und zu verschaffen. Anarchisten mußten sich andauernd anstrengen. Es war eine wunderbare Sache, mit Goldy zu reden, denn ich wurde das Gefühl nicht los, daß da eine war, die mich wirklich verstand. Nicht sie war die Alte, nicht ich die Junge. So eine Mutter hätte ich gern gehabt, und ich wußte, auch meine Mutter hätte gern so eine Mutter gehabt. Mutterschaft war einer der Gründe, weswegen es die Psychoanalyse überhaupt gab, so habe ich Goldy verstanden. Sie, die Mütter, verhinderten das Verantwortlichwerden ihrer Brut. Über ihre eigenen Wünsche und Versuche hinsichtlich einer Familie schwiegen beide.

Beide Parins waren sehr klein und zierlich, ein kluges, etwas unheimliches, liebenswürdiges Zwergenpaar. Paul fuhr leidenschaftlich gern Auto, konnte aber fast nicht übers Lenkrad gucken. Wir redeten viel über meine Zeit in der Schweiz, die brachte beide zum Lachen.

Auch wenn ich lange nicht am Zürichsee gewesen war, dachte ich an die beiden wie an einen immer zur Verfügung stehenden Fluchtort, so wie früher die Regensburger Burg. An beiden Orten war diese lässige Großzügigkeit zu

Hause, die auch die verwirrtesten Lebensfäden wieder auf-
dröseln konnte, einfach durch Warten, Reden, Trinken,
Rauchen und Schweigen. Gut, daß es so was für den Fall
der Fälle wieder gab.

Es muß 1996 gewesen sein, daß die beiden in einer linken Frankfurter Buchhandlung zu einer Lesung eingeladen waren. Goldy war damals schon so gut wie blind,
ich saß neben ihr und schaute auf ihre winzige, knochige,
ringbedeckte Hand. Wir teilten die Liebe zu klotzigem Fin-
gerschmuck und hatten einander versichert, daß an unseren Händen auch Ringe aus dem Kaugummiautomaten wie
von Cartier aussähen, woran man im übrigen wahre Ari-
stokratie erkenne, jawohl. Es trieb mir die Tränen in die
Augen, daß sie immer noch die falschen Swarovskis in Mö-
veneigröße trug, die ich ihr aus Thailand mitgebracht hatte,
und den grünen Muschelring aus Israel, der drei Viertel
ihres Zeigefingers bedeckt. Sie konnte sie nicht mehr sehen und hatte sie ausgesucht, damit ich sie sähe.

Eva, sagte sie in ihrem wunderbar edlen Schweizerisch,
*Eva, dem Paul seinen Achtzigsten wart ich noch ab. Aber
dann hab ich genug, dann geh ich.*

Ich streichelte ihre geschmückte Hand und sagte nichts.
Auch nicht darüber, daß sie Opfer eines Straßenüberfalls
geworden war, am hellichten Tag, einer hatte die kleine
Person zu Boden gestoßen und bestohlen. Ich konnte nicht
darüber reden. Es hätte ihren Stolz verletzt, den Stolz der
Anarchistin, die immer für sich verantwortlich ist.

Das kannst du dem Fuchs nicht antun, sagte ich.

Er war der Fuchs, sie die Katz. Es gab ein Foto von den
beiden mit den entsprechenden Tieren, aber diese Namen

hatten nichts mit den gängigen Tierkosenamen zu tun, die bei Paaren so beliebt sind. Hasen und Mäuse wären für die beiden nichts gewesen. Wahrscheinlich psychoanalytisch durchdacht, hatten sie diese beiden klugen Tiere ausgewählt: Er schlau, sie geschickt auf die Pfoten fallend, mit sieben Leben, auf die sie jetzt freiwillig verzichten wollte.

Der kommt schon durch, sagte sie, *der Fuchs kommt schon durch. Das ist sicher. Der Fuchs hat alles, was es zum Durchkommen braucht.*

Sie behielt recht, der Fuchs trauerte sehr um die Katz, die die große Reise allein angetreten hatte, aber er lebte noch mehr als zehn Jahre ohne sie, und das nicht schlecht. Ein intelligentes System von Freunden und ehemaligen Schülern, angeleitet von seiner ehrwürdiger werdenden Haushälterin, sorgte für ihn, sie kauften ein, kochten, entkorkten Weinflaschen und leerten Aschenbecher. Von Goldys Geist und dem lebendigen Paul konnte man lernen, wie man aus den Zumutungen und Grausamkeiten des Lebens Festlichkeit herausholen kann. Das ist vielleicht eine der wichtigsten Fähigkeiten, die es gibt.

Meinen Presseausweis für Bosnien habe ich immer noch. Dahin fuhren wir 1996, es war eine meiner letzten PEN-Unternehmungen. Innerlich war ich schon längst weg, war aber froh, bei dieser Reise dabeigewesen zu sein. Ich übte mich dort wieder im Alleinsein, hatte ein ganzes, zerschossenes Haus für mich, und meine oft erprobte Liebe zu Taxifahrern half mir auch hier. Sie sind die besten Kenner, sie haben viele Geheimnisse, auch der, der mich durch Sarajevo fuhr. Sprache ist nicht so wichtig, es gibt eine Art

Esperanto aus Bewegungen und Blicken. Hundertmal habe ich auf dieser Reise Pracht gesehen, die der Katastrophe abgetrotzt war. Kitschige, rüschenbedeckte Kleider mitten im Dreck. Schöne Besäufnisse in halb zusammengefallenen Kellern. Wahnsinniges Gesinge in abgeranzten Vorkriegsbars. Schönheitssalons mit einer Ausstattung bestehend aus einem halben Kajalstift, drei Niveapröbchen und einer Brennschere. Das *Albinoni-Adagio* mitten in den Trümmern, das hatte ich schon im Fernsehen gesehen. In der Wirklichkeit wollte man vor Rührung und Glück sterben, während man es sah und hörte.

Das Festliche unter allen Umständen rausholen – hier, mitten im dürftig befriedeten Chaos, war das gar nicht so schwer. Wir, die entsandten Schriftsteller, die eigentlich nur zur tapfer eingerichteten Buchmesse eingeladen waren, fanden uns bei der Abfahrt erst wieder richtig zusammen. Jeder behielt seine Erlebnisse für sich.

Ich schämte mich für meine politischen Zweifel, die immer stärker wurden, je älter ich war. Angegriffene und Angreifer wären in Bosnien leicht auseinanderzuhalten, dachte ich. Aber immer öfter wurde mir klar, daß ich nichts verstand. Zwei Voraussetzungen, irgendeiner Sache auf der Welt sicher sein zu können, fehlten mir: Religion und Familie. Beides war für mich nicht bedingungslos, deswegen würde ich nie verstehen, warum ganze Völker dafür litten und töteten. Warum war diese hübsche Stadt Sarajevo, in der es vor dem Krieg bunt und vielfältig zugegangen sein soll, jetzt ein zusammengeschossener, erschöpfter Ort, in dessen Parks die Toten vergraben waren?

Im Jahr zuvor hatte ich eine schöne, fast völlig einsame

Zeit auf der Insel Lesbos verbracht, an die Ereignislosigkeit dort dachte ich mit großer Sehnsucht zurück. Ich suchte nach Spuren von Sappho, fand keine, schrieb darüber, daß ich keine fand, und übersetzte mutig ihre Gedichte. Ich hatte mit den Jahren gelernt, daß unser Beruf ohne eine gewisse Dreistigkeit zu nichts führt.

Heute ist Lesbos ein Fluchtort für Menschen aus zerbrechenden oder schon zerbrochenen Ländern, und an seinen Stränden sind unzählige Tote angeschwemmt worden. Vor lächerlichen zwanzig Jahren war diese Insel ein Ort gewesen, der einen glauben ließ, es würde niemals etwas Schlimmes geschehen. Lesbos war ein Ort wie in einer Zeitfalte verkrochen. Außer ein paar übertriebenen Bauten, die sie errichtet hatten, weil sie nicht wußten, was sie mit dem Europageld machen sollten, gab es nichts, nur Olivenbäume, von denen man weiß, daß sie nie sterben. Manchmal zogen Tümmler in der Bucht vorbei.

Diese Reise sollte für mich der Maßstab für alle Reisen werden, ich ahnte, daß es nicht mehr gar so viele sein würden. Asien mit dem Liebhaber, jedes Jahr, das ja. Ich versuchte, Thailand zu verstehen. Aber da war wieder das gleiche, Familie und Religion, und das noch asiatisch. Fremder konnte man gar nicht sein, also fand ich mich einfach damit ab und traute nur meinen Augen. Diese zwei, drei Wochen, immer am Anfang des Jahres, fiel mir das vollkommene Miteinander unglaublich leicht. Wir waren wirklich eins. Lang hätten wir diese Tausendgradliebe aber beide nicht ausgehalten. Es war gut so, wie es war, auch wenn wir beide im Lauf der Jahrzehnte zu Abschiedsvirtuosen wurden, notgedrungen.

Filme machte ich kaum noch, die neuen Generationen von Kollegen hatten sich längst etabliert, und ich winkte nicht mehr jedem Auto vom Hessischen Rundfunk hinterher, das an mir vorbeifuhr. Noch vor wenigen Jahren hatte da immer einer oder eine dringesessen, die ich kannte. Jetzt lief ich Gefahr, für eine freundliche Irre gehalten zu werden.

Die größte Veränderung meines Berufs bestand darin, daß man von Technik etwas verstehen mußte. Früher hatte man als Autorin so hübsch über den Wassern geschwebt, und die lieben Kollegen von Kamera, Ton und Licht nahmen das gutmütig zur Kenntnis. Es wurde gern gesehen, wenn man nicht ganz doof war und wußte, was Belichtungszeit oder Schienenfahrt bedeutete. Aber sie ließen einem das bißchen Künstlertum, das wenige Jahre später schon verschroben und abgehoben sein würde. Ich bin heute immer wieder erstaunt darüber, wie klein das Equipment ist, womit man einen Film machen kann. Und wie langweilig vieles geworden ist, was mir noch wenige Jahre vorher als Abenteuer erschienen wäre. Es liegt am Geheimnis. Da ist kaum noch was zu lüften, weil alles schon gelüftet ist und in jeder Position, zu jeder Tages- und Jahreszeit betrachtet werden kann. Auch die aktuellen Kriege. Man weiß alles, und das macht einen kalt, weil man keine Lust hat, verrückt zu werden.

Noch ein Film würde mir beschert werden. Ein besonderer.

Familie und Religion – obwohl mir beides verdächtig vorkam, wollte ich doch von beidem ein kleines Stück haben, auch wenn es Talmi war, Simulation, halt Theater, wie so oft in meinem Leben. Als Religion war das thailändisch Buddhistische als Ergänzung geeignet, das würde sich Jahre später noch beweisen. Als Teilzeitfamilie und Wahlverwandtschaft hatten sich die Reich-Ranickis angeboten, die älter wurden und diese Rolle ganz gern spielten.

Weihnachten feierte ich seit dem Tod meiner Mutter mit ihnen und anderen Freunden, wobei sie das unangefochtene Königspaar waren. Mit Familientisch, Kochen, Reden, sogar Vorlesen, es war für viele Jahre eine alljährlich zwar anstrengende, aber erfreuliche Galavorstellung. Ich hatte mein Als-Ob und die beiden etwas Wärme. Wärme war von außen durch Erfolg, Auftritte im Fernsehen, Artikel in der *Bunten* und allerlei Ehrendoktor- und Ordenskram nicht zu kriegen. Das wußte er auch, sie sowieso. Er hatte sich in seinem Leben so oft aus dem Fast-vergessen-Werden wieder an die Spitze gekämpft, das strengt an. Wenn ich ihn aber fragte, warum er das mache, seine Bücherregale würden doch unter den Vergessenen gradezu ächzen und alle Anstrengungen, die Unsterblichkeit betreffend, seien vergeblich, dann kollerte er vor Zorn und zieh mich zynischer und widerwärtig fatalistischer Haltung. Ich habe heute noch den Verdacht, daß ich für ihn ein gutes Beispiel für weibliche Inferiorität war. Nicht intellektuell, das gewiß nicht. Aber von der Lebenshaltung her.

Sich einfach so mit den Gegebenheiten des Lebens und des Todes abzufinden war seine Sache nicht. Um dies aber zu überprüfen, so stelle ich mir das vor, beschloß Marcel Reich-Ranicki eines Tages, sein Leben aufzuschreiben. Den autobiographischen Fallen, die er am Beispiel seiner Kollegen unzählige Male gesehen hatte, entging er souverän.

Er maß seine Vergangenheit nicht mit der Elle seiner Bedeutsamkeit, er war, obwohl es Gründe genug dafür gegeben hätte, nicht gerührt über sich selber. Eine so unfaßbare Geschichte wie die seine vertrug einen trockenen Ton, vielleicht sogar nur diesen. Ich habe keine Ahnung, ob ihm die Wiederbegegnung mit sich selbst und mit Tosia schlaflose Nächte bereitet hat. Man geht ja die einzelnen Stationen noch einmal ab und ist gezwungen, genau hinzuschauen.

Einen Roman, niemals! hat er oft gesagt, und wenn er jemals gedichtet hat, wußte er das lebenslang gut zu verbergen. Aber eins, das war ihm so wichtig wie kaum etwas anderes:

Wird das jemand lesen wollen?

In den Monaten während seiner Arbeit an *Mein Leben* sind wir öfter miteinander essen gegangen als sonst, zu dritt. Tosia saß meist schweigend dabei, während Marcel mit mir seine Fortschritte erörterte. Die Frage nach dem Unterhaltungswert seiner Geschichte hätte bizarr, sie hätte kokett oder sogar blasphemisch sein können, aber sie war nichts davon. Für ihn, und dafür wurde er heftig angefeindet, war Unterhaltsamkeit das trojanische Pferd, mit dem man Wahrheit in die Köpfe tragen konnte. *Was* er für unterhaltsam hielt, war manchmal merkwürdig. Er wurde von heftigen literarischen Zuneigungen ergriffen, die nicht jeder unbedingt verstand, auch ich nicht. Mit seinen Abneigungen war es ähnlich. Nur eine Eigenschaft katapultierte Autoren und ihre Werke ein für allemal aus seinem Kanon: Langweiligkeit. Er freute sich, wenn ihn jemand haßte, über den er nie ein Wort verloren hatte. Er kannte jede Art Pein, die Dichter und Dichterinnen zu erdulden hatten, von der Nichtachtung bis zur Ablehnung, für eine ganze Menge davon hatte er gesorgt. Und jetzt begab er sich selber ins Feuer, mit *seinem Leben*. Es wurde ein fulminanter Erfolg, den er genoß. Auflage um Auflage, Preise, Presse, Respekt von fast allen Seiten. Was ihn betrübte, war das Schweigen seiner literarischen Opfer. Er hätte sich Lob und Respekt von Literatenseite so gewünscht.

Es würde nicht mehr lang dauern, bis er achtzig wurde, und obwohl es ihm nicht selten gelungen war, einen literarischen Streit wie eine Grundsatzkrise zu orchestrieren, war er, was sein Buch betraf, eher still. Wer sich auf Posaunentöne wie beim Historikerstreit oder Walser-Konflikt oder wie bei manchen Entgleisungen im *Literarischen Quartett* gefreut hatte, sah sich enttäuscht. Diese Geschichte, seine Geschichte und die seiner Frau, hatte ihre eigene Würde. Sie hinderte ihn an irgendwelchen Harlekinaden, die ihm sonst gern mal unterliefen. Nicht, daß er das nicht gewußt hätte, aber er war eine Mimose, wenn man ihn drauf aufmerksam machte. Dieses Buch, sein *Leben*, hatte ihm, so war mein Eindruck, eine Art Kraft der Stille gegeben. Seine eigene Geschichte hatte ihn gezähmt.

Zu seinem Achtzigsten machte ich meinen letzten Film. Das war im Jahr 2000, die Jahrtausendwende war ohne Weltuntergang überstanden, nicht einmal einen Schiffsuntergang hatte es für mich und meine hundert Gäste auf dem Main gegeben. Die Reich-Ranickis, die Silvester für ein unangenehmes Fest hielten, feierten in gebührender Ernsthaftigkeit mit ihren Freunden Karin und Rüdiger in Bad Homburg. Das war Tradition, von dort sah man das Feuerwerk aus sicherer Entfernung. Ich hatte mein Schiff, die *Goethe*, schon vor Jahren gechartert, mit nur halbherzig knabbernden Gewissensbissen. Man hätte mit dem Geld Wichtigeres tun können, aber so wurde es eben möglichst fröhlich und mitten im Geschehen verballert. Wenn ich die Fotos anschaue, was ich selten tue, sehe ich auch einen Reigen seliger Geister, Robert Gernhardt, meinen Freund Froni, den armen Klaus Strunk, meine liebe Freundin Inge, die ich die Kirgisin genannt habe, und noch andere. Ich hoffe, sie alle hatten ihren Spaß auf dem Main, unter dem 2000er Riesenrad, mitten im Geschrei und Geknalle, wahrhaftig die Feier eines Augenblicks.

Der Film über Reich-Ranickis Leben war längst geplant, eine Dokumentation. Das Team war zusammengestellt, der Autor oder die Autorin stand fest, aber ich merkte, daß sich in der Gustav-Freytag-Straße finstere Wolken zusammenballten. Ich kann mich nicht mehr daran erinnern, wer es war, der Marcels gewaltigen Unmut erregt hatte, aber warum es so war, weiß ich noch. Der unglückliche Filmemacher – oder war es eine Sie? Wer auch immer hatte sehr viel geredet, um einen guten Eindruck zu machen. Das war bei Marcel genau der falsche Weg. Kurze Ansagen, möglichst präzise Zeitangaben: *Wir brauchen zwanzig Minuten und nehmen eine halbe Stunde auf, falls wir doch ein paar Schnitte machen müssen, glaube ich aber nicht, es ist nur zur Sicherheit* – so was war in Ordnung. Das mochte er. Antworten nur auf explizite Fragen, kein Lebenslauf mit einer Liste von Eliteuniversitäten und möglichst keine philosophischen oder philologischen Höhenflüge. Jeder junge oder auch nicht ganz so junge Journalist hatte furchtbare Angst vor ihm. Die Angst führte entweder zum Stottern und Verstummen, dann konnte er nett und väterlich sein, oder zur Aufgeblasenheit, das ging schief. Angeberei machte ihn fuchtig.

Er war, wie sich im Lauf der Jahre herausgestellt hatte, wirklich der einfachste Interviewpartner der Welt. Es genügten stichwortartige Fragen, man mußte nur einen Schalter anknipsen und ihm genau zuhören. Er baute in den Fluß seiner Rede gern kleine Stolperfallen ein. Widerspruch machte ihn ungeheuer munter, er mußte aber begründet sein, und das knapp. Humor war wichtig, über einen guten Witz oder eine schön gezuckerte Frechheit konnte er sich totlachen. Was bei der Planung für seinen Film schiefgegangen war, weiß ich nicht. Jedenfalls besann man sich im Sender auf mich, die längst auf dem Altenteil gelandete ehemalige Kollegin, und ich bekam tatsächlich den Auftrag für meinen allerletzten Film.

Was tun? Reisen wollte er nicht mehr gern und nach Polen schon gar nicht. Die Kränkung, die Polen ihm zugefügt hat, konnte und kann ich gar nicht ermessen. Ein Pole hatte ihn und Tosia gerettet. Aber da war eine traurige Erbitterung, die andere, nicht ohne weiteres sichtbare Wurzeln hatte.

Ich kam dann auf die für heutige Begriffe ungeheuer schwerfällige Variante, das Material zu sammeln, es ihm zu Hause auf Video zu zeigen und beim Betrachten seines Lebens mit ihm darüber zu sprechen. Neidvoll denke ich daran, wie einfach das jetzt wäre, keine zwanzig Jahre später. Technisch gesehen jedenfalls. Man könnte alles skypen, eins zu eins. Ob es die Sache ertragreicher gemacht hätte, wenn ich ihn die ganze Zeit digital bei mir gehabt hätte? Eher nicht.

Zunächst einmal galt es also, Erinnerungsfutter für ihn zu sammeln, das taten wir in Berlin; Hamburg und Warschau, aber zuerst in Włocławek, seinem Geburtsort an der Weichsel.

Spät im Leben noch mal eine richtige Drehreise, mittelmäßige Hotels, Raststellenessen, Diskussion über Rauchpausen und im Stau begonnene Lebensbeichten. Großartig. Ich wußte gar nicht, wie sehr ich das vermißt hatte, und gab mir alle Mühe, so zu tun, als wäre Warten an der polnischen Grenze oder verschobene Interviewtermine immer noch mein tägliches Brot. Das Team war gelassen und freundlich, ihr tägliches Brot war das ja. Die Schwerstalkoholiker, Abhauer, Fremde-Mädchen-Mitbringer, die Schwänzer und Genies, an die ich mich wehmütig erinnerte, waren längst Geschichte. Oder tot.

Ich stand tatsächlich an einem kühlen Nachmittag vor dem Geburtshaus des Kindes Marceli. Von meinem Handy rief ich ihn an.

Kannst du dich an den Engel an eurem Haus erinnern?

Mein Kameramann tobte sich schon längst an dem Engel aus, von allen Seiten, immer wieder das Glück, wenn sich etwas Individuelles, etwas Wiedererkennbares anbot.

War da ein Engel? fragte er überrascht. *Und du bist direkt dort? Grade jetzt, in diesem Augenblick?*

Ich schilderte ihm, was ich sah.

Ja, sagte er, und ich merkte, wie nah es ihm ging, daß ich dort stand. Dort, an diesem Ort, in diesem Augenblick.

Ja, da ist es. Aber der Engel …

Das war meine erste Polenreise seit einem Vierteljahrhundert, in ein anderes Polen, ein anderes System. Nach dem alten roch es aber noch überraschend oft, zum Beispiel bei den unfreundlichen Hotelangestellten. Meine Polenliebe hatte ich wie einen alten Koffer wieder hervorgeholt, siehe, sie war noch da. Sogar Warschau, das ich jetzt erst kennenlernte, gefiel mir, die wiederaufgebaute Altstadt, diese großartige Trotzreaktion der Polen nach der Zerstörung durch die Deutschen, sah jetzt wirklich alt aus, geliebt, belebt und unversehrt.

Ich habe den Grund unseres Aufenthalts nicht oft angerufen, sein Buch als Orientierung sollte genügen. Sein Warschau war aus Papier, genau wie sein Berlin. Wir waren in seiner alten Schule, besuchten Freunde, die wir nach ihm fragten, solche, die er als Dichter entdeckt hatte, wie Ulla Hahn, solche, die er immer verschont hatte, wie Siegfried Lenz. Als unser Material dann komplett war, habe ich es geschnitten, erst einmal grob in Form gebracht, nicht sklavisch dem Buch folgend. Es war mein erster Digitalschnitt, und ich schaute ratlos auf die Geschwindigkeit und schnelle Verfügbarkeit der Bilder. Streifen vom Galgen klauben und beim Zusammenkleben zuzuschauen, das hatte so eine wunderbare Dinglichkeit gehabt, eine Langsamkeit, die auf immer verloren sein würde. Trauerte ich ihr nach? Weiß ich nicht, eher der Tatsache, daß ich mit dieser totalen Verfügbarkeit der gesamten Welt in Bildern nicht mehr befaßt sein würde. Als bloggende Greisin sah ich mich nicht.

Es war schön, gemeinsam mit dem alten Paar Marcel und Tosia anzuschauen, was wir da zusammengetragen hatten,

Kassette einlegen, starten. Da war das Ghetto gewesen. Graue Blöcke. Da waren die Fotos der Sammlung Ringelblum, die in Milchkannen vergraben Zeugnis abgelegt hatten. Licht machen, seine Reaktion drehen, seine Einlassungen.

Tosia sollte nicht mitreden, das wollte er nicht. Aber sie saß immer dabei, es gab zu Anfang ein paar Wortwechsel zwischen beiden, auf polnisch. Dann sagte sie nichts mehr. Nur als wir ihm das Interview mit der Tochter seines Retters Bolek zeigten, schaute er zu seiner Frau.

Die hätten uns Essen gegeben, sagt sie, sagte er höhnisch.

Dann kam ein langer, erregter Wortwechsel zwischen beiden, auf polnisch. Wäre ich eine richtige Journalistin gewesen, hätte ich den mitgedreht und dann übersetzen lassen. Habe ich aber nicht. Jedes Buch, jedes Leben hat seine abgewandte Seite, die respektiert werden will. Bei Tosia war der Hunger ein ganz großes Trauma.

Sie tut so, als hätten wir bei ihnen Essen bekommen! Das wollte er sagen, und damit, daß es nichts gegeben habe, aber er war doch der Retter gewesen, der längst tote Vater, und so wollte Marcel keine Unfreundlichkeit zulassen.

Er hatte ein untrügliches Gefühl dafür, wie etwas ankommt, beim Zuhörer, beim Leser. Auch wenn er wütete, kalkulierte er. Sein Staunen über manche Reaktionen habe ich ihm nie geglaubt.

Der Film war eine wahre Fusselarbeit, Schnitt, Reaktion, Gegenschnitt, Zwischenschnitt, heute technisch ein Klacks, damals Gebastel. Ich hatte richtig Spaß daran, und einer der Monarchen vom ZDF sagte zu mir, den Film hätten sie auch gern gehabt. Das war Anerkennung genug.

Im übrigen ist er, wie so vieles, still im Archiv verschwunden, es ist wie beim Bücherschreiben. Neue Generationen machen alte Sachen neu und ganz anders. Oder sie denken es. Noch Jahre später bin ich einzelnen Einstellungen aus meinem Film von damals in anderen Filmen begegnet. *Hallo, schön dich zu sehen.*

Indessen wurden Tosia und Marcel viel später, 2009, Gegenstand eines Spielfilms, was Marcel in jeder nur denkbaren und auch mancher undenkbaren Weise zu beschleunigen suchte. Die Sache versetzte ihn, bei dem man ja einiges gewöhnt war, in unkontrollierte Verzweiflungs- und Wutausbrüche, gegen das Fernsehen, die Produzentin, das Schicksal oder eine teuflische Verschwörung von allem zusammen. Wenn ich ihm zu erklären versuchte, daß Warterei, Geldauftreiben, Casting und Rückschläge aller Art zu diesem Job gehörten und daß aus den schönsten Projekten erst spät was würde – daß aus manchen gar nichts wird, habe ich ihm nicht gesagt –, richtete sich seine Wut gegen mich. Als ob er Zeit hätte für diese demütigende Warterei! Als ob er Zeit hätte!

Dieser Spielfilm war ihm, schien mir, wichtiger als alles andere. Auf sein Leben waren schon längere Zeit keine Scheinwerfer gerichtet gewesen, so muß er es empfunden haben, aber er brauchte das Licht so sehr.

Der Film wurde sehr gut, wir saßen in einem Vorführraum des Hessischen Rundfunks, und das alte Paar sah dem jungen Paar auf der Leinwand zu. Matthias Schweighöfer war nie so klar und glaubwürdig wie als junger Marcel in diesem Film.

Endlose stumme Sekunden nach der Vorführung, ich

glaubte die Schweißtropfen des Regisseurs Dror Zahavi rinnen zu hören. Das Lob ließ auf sich warten, viel zu lang, aber endlich kam es dann. Er hat seinem Leben auf der Leinwand zugeschaut, dachte ich später. Aber er hat es am Ende nicht erkannt.

Noch war aber die Jahrtausendwende grade vorbei, mein sechstes Jahrzehnt füllte sich, an einem Septembermorgen waren der Liebhaber und ich in der Pfalz, um Kürbisse zu kaufen. Jeder für sich, Herbstschmuck für zwei Leben. Ich war gierig und unbedacht, er zögerlich und kritisch, wie immer, wenn wir etwas kauften. Das kam nicht oft vor, und das war gut so. Dieser Bauernhof, den wir jedes Jahr aufsuchten, war im Herbst ein Ort, der in seiner Pracht und Farbigkeit nur Schönes im Leben verhieß, Überfluß der unschuldigsten Sorte. Kürbisse in Rot, Orange, Weiß und Grün, gestreift, warzig, wie Gänse oder Turbane geformt, von riesenhaft bis winzig klein, sorgsam und nach einer schönen Ordnung zu Bergen gehäuft. Man konnte eigentlich gar nichts mit ihnen anfangen, außer sie zu bewundern. Die essbaren waren die unscheinbarsten. Damals schliefen auf den größten Exemplaren noch Katzen in der Sonne, die wurden dann in den Jahren drauf immer weniger. Die Autostraße führte direkt am Hoftor vorbei.

Sie wolle jetzt keine mehr, es gehe einem doch immer nah, wenn eine hin sei, sagte die Besitzerin, die mit uns zusammen älter geworden war und sich jedes Jahr über unseren Besuch freute. Ich sah ihr an, wie neugierig sie auf die Gründe für den getrennten Einkauf gewesen wäre.

Mein Handy klimperte, Ute war dran. Es sei etwas Furchtbares in New York passiert.

Ich weiß bis heute nicht, ob dieser 9. September 2001 wirklich eine Zeitenwende gewesen ist, wie behauptet wird. Die Zeit dreht sich nicht so abrupt um die eigene Achse, wie wir uns einreden lassen. Das war auch am 9. November 1989 nicht so, in einem anderen Jahrhundert, in einem anderen Jahrtausend. Es sind die Bilder, die auf unserer Wahrnehmung kleben und sich nicht davon ablösen lassen. Vom Massaker an Tausenden irakischer Kurden zum Beispiel gab es die nicht. Es war genug geschehen, aber nur das wurde zur Ikone, die Türme, die Menschen, wie alles sich in Rauch auflöste.

Keine gute Zeit, aber die freie Welt schien sich mächtig um Zusammenhalt und Stärke zu bemühen. Man fühlte sich irgendwie gefordert, ohne eine Ahnung zu haben, was man gegen Leute, denen der eigene Tod völlig egal war, eigentlich unternehmen sollte. Es war ein gigantisches Investitionsprogramm, wirtschaftlich und ideologisch, das *Nine Eleven*, wie bald jeder dieses Armageddon nennen würde. Ich beschäftigte mich wieder mit meinen Mappen, in denen sich allerlei Blätter sammelten.

Etwas war zu Ende, etwas fing an, wie immer. Plötzlich wurden Leute, die man kannte, alt. Man redete nicht mehr über Pläne, sondern über Aufgaben. Nicht mehr über die Liebe, sondern über Krankheiten. Angst wuchs wie Moos in den Seelenecken. So richtig ehrlich wollte man aber nicht darüber reden, statt dessen folgte die Choreographie des Trotzes, Fitnessstudio, Weltreisen, ein paar neue Ehen.

Es ergab sich die wunderbare Möglichkeit, den Jahrhundert- und Jahrtausendkatastrophen ebenso wie den kleinen Unglücken zu entfliehen. Mit Hilfe einer alten Freundin, der Donau, an der ich schon einmal entlanggeschrieben hatte, sagte ich Sorgen und allerlei neuen Verzagtheiten erst einmal Adieu. *Mama Donau* hatte ich das kleine Buch über sie genannt, der Auftrag, ein Hörstück über sie zu machen, kam im richtigen Moment. Der Donau noch einmal, aber ganz anders, zu folgen war eine Chance, wie sie sich nicht oft bot. Ich habe immer sehr gern für den Hörfunk gearbeitet. Aber so ein Dreistundenbrocken, eine Art Dokumentationsoper, wird einem nicht alle Tage geboten. Ein Aufnahmegerät, und schon konnte es losgehen. Andere Kollegen – das Projekt hieß *Die Ströme der Welt* und war der Schwanengesang eines in Pension gehenden Redakteurs – hielten dem Ganges, dem Mississippi oder dem Nil ihr Mikrofon vor die Wellen. Da war ich mit meiner Donau eher unscheinbar, aber das war mir grade recht. Und es würde in den drei Stunden keinen einzigen Walzer geben, das versprach ich mir am Anfang, auf dem Weg nach Regensburg. Da fing sie für mich seit je an, die Donau. Dort entschied sich: Erst nach Osten oder erst nach Westen?

Einen Fluß hörbar machen, das war eine Herausforderung. Leider hatte ich nicht den avantgardistischen Mut, drei Stunden lang verschiedenes Strömen, Plätschern, langsam Fließen, Stürzen, Verharren des Wassers hören zu lassen auf den zweitausendachthundert Kilometern seines Wegs ins Meer. Die konkreten Dichter oder Komponisten hätten sich das getraut. Stimmen der Bewohner in und über ihr hätten meine Stromsinfonie begleitet, das Schnappen der Karpfen, die Lieder der Wasseramseln und der Frösche, Kranichschreie, die Glocken an der jungen Donau in Donaueschingen und an der sterbenden, sich ins Meer auflösenden von Tulcea, einander auf ewig fremd.

Ich machte meine Sache, wie es sich gehört. Heute weiß ich, das war ein Fehler. Töne und Lieder wurden eingesammelt, Schiffsgeräusche, mein Lieblingsgeräusch war das laute, sehr endgültig klingende *Rums* des Wehrs bei Sigmaringen.

Weit im Osten, in Rumänien, wurde mein Freund Mircea Dinescu, ein in einem Donauhafen residierender Dichterfürst, nach meinem dortigen Aufenthalt von Anwohnern gefragt:

Was macht denn die Verrückte, die immer ein Mikrophon ins Wasser gehalten hat?

Meine wenigen Versuche, allein die Stimme des Flusses klingen zu lassen, ohne alles andere, stießen oft auf Unverständnis.

In Regensburg mußte einer immer dazwischensingen, weil:

Sunst hearst ja nixn außer nix im Wasser! Kimmt ja grod ned amoi a Schiff!

Dann sang er:

Hob mi, hob mi, hob mi, hob mi, hob mi, hob mi, hohob mi – gern!

Dafür kam im Osten die Grenzpolizei. Ich stand in Rumänien, am anderen Ufer war Moldawien, und ich hielt ein Mikrofon – nein, nicht ins Wasser, das sah nur so aus, sondern drüber. Das Schilf flüsterte. Ich sehnte mich nach Fröschen. Zwei Grenzpolizisten fragten mich mit lauten Stimmen viele Dinge, die ich nicht verstand. Jemand rettete mich und erklärte der Polizei mein Tun.

An Verrückten ist in dieser Gegend kein Mangel, das

hatte mir schon fast dreißig Jahre früher gefallen, als ich zum ersten Mal da war. Obwohl damals ein ganz anderes System regierte, ein totalitäres, schien das Beharrungsvermögen sanften Wahnsinns dieses ebenso überlebt zu haben wie das Chaos nach der Wende, Revolution, nach dem Tyrannenmord, wie immer man es nennen will.

Außenseitertum, Zigeunermusik, Dichtung, Philosophie, Rauch und Schnaps war und ist für mich Rumänien, natürlich auch das hoffnungslose, entsetzliche Heulen der Hunde von Bukarest und die allgegenwärtige Traurigkeit. Sooft ich dort gewesen bin, so weit entfernt bin ich geblieben und hatte doch nah sein wollen.

Vielleicht mach' ich das doch mal, ein Dreistundenstück die ganze Donau entlang, nur mit der Musik ihres Wassers und den Stimmen derer, die in und über ihr leben.

Mein sechzigster Geburtstag hat vielen Menschen gut gefallen, jedenfalls haben sie das gesagt. Ich hatte nichts mit ihm zu tun, meine Freunde geheimniskrämerten herum, und ich versuchte, herauszufinden, was das heißt, *sechzig*. Zuschauerraum auf jeden Fall, man will ja nicht mehr das Käthchen oder die Julia geben. Für die Mutterrolle ist es zu spät, die habe ich nie lernen wollen und dafür gesorgt, daß ich es nicht mußte. Lehren? Lehren ist was Nettes, und das gütige Schriftstellerbeschäftigungsprogramm in vielen Ländern Europas sorgt dafür, daß aus schreibenden Menschen relativ schnell und leicht lehrende Menschen werden können. Hier eine Dozentur, da eine Ehrenprofessur oder nur ein Schreibkurs oder ein Gastsemester an einer Uni, die Gelegenheiten sind zahlreich, ebenso wie die Spielarten, sie zu nutzen.

Die Voraussetzungen sind gut. Es gibt sehr viele Menschen, die schreiben wollen oder glauben, es unbedingt zu müssen. Daran haben die grenzenlosen digitalen Möglichkeiten, das zu tun, merkwürdigerweise überhaupt nichts geändert. Die Menschen sind bereit, Geld dafür zu bezahlen, damit ihnen jemand, der keinerlei pädagogische Voraussetzungen hat, den Weg ins Wunderland der Literatur zeigt.

Ich habe das auch gemacht, Leuten wider besseres Wissen das Schreiben eingeredet, dachte ich bei meiner Bilanz, während ich versuchte, mein Mißtrauen gegenüber den vielen anstehenden Geburtstagsüberraschungen nicht zu deutlich zu zeigen. Diese Kurse konnte man als gerechten finanziellen Tribut für ein karges Autorendasein ansehen, das war vielleicht gar nicht falsch. Allerdings schien es nicht logisch, für die schneeballartige Verbreitung eines so unsicheren, fragilen und entbehrungsreichen Berufs auch noch selber zu sorgen. Denn die Möglichkeiten für Schreibende, selbst für Neulinge in dem Job, als Lehrende für Nachwuchs zu sorgen, wuchsen und wuchsen. Ein Konzern finanzierte sogar einen Schreibkurs im Vorfeld des Bachmann-Wettbewerbs. Wir Dozierenden nannten ihn die *Häschenschule.*

Wenn Sechzigwerden hieß, ein immer schlechteres Gewissen herumzuschleppen und sich vor Geburtstagsüberraschungen zu fürchten, hielt sich meine Freude in Grenzen. Überhaupt Freude. Wie man erreichen konnte, daß sie bei einem blieb, war mir noch nicht ganz klar. Ich kaufte mir, wie ich leider erst nach dem großen Tag angesichts der Fotos feststellte, einen unglaublich häßlichen

Rock, der auch noch kratzte. Das sah man natürlich nicht auf den Bildern, dafür eine Frisur, die nicht zu mir paßte, weil ich Frisuren, die wie solche aussahen, eigentlich nicht leiden konnte. Es hätte alles besonders toll werden sollen. Ich war bei Gott alt genug, wissen zu können, daß das nie klappt.

Aber, wie gesagt, den Gästen, die ich im halbdunklen Saal kaum sehen konnte, hatte es wohl gefallen.

Und nun war ich endlich, für ganz kurze Zeit das, was Kafkas Nichte wohl vor vielen, vielen Jahren in einer leeren Prager Großküche gemeint hatte, als sie sagte, das wolle sie niemals werden:

Eine literarische Zimmerpalme.

Die Überraschungen waren meine alten Filme auf Großleinwand.

Am zweiten Weihnachtstag 2004 begann, was für mich einschneidender war als der 11. September gut drei Jahre zuvor. Wie immer wollten der Liebhaber und ich Anfang des neuen Jahres in Thailand sein. Jeder für sich sahen wir die ersten Bilder, wie dieses sanfteste aller Meere sich anschickte, alles zu zerschlagen, zu verschlingen, zu ersäufen und verschwinden zu lassen, was ihm nahe war.

Man verstand die Bilder und Berichte erst nicht, Sturmflut, Hurrikan, das alles hatte man schon mal gesehen, das geschah irgendwo, wo man nicht hinkam. Dieses Meer aber hatte irgendwo weit draußen tief eingeatmet, sich zurückgezogen, seine zappelnden Bewohner verreckend am Strand zurückgelassen. Dann hatte es ausgeatmet und bis hoch in die Berge alles zerstört, was ihm nicht schnell genug hatte entkommen können. In Thailand hatte es Khao

Lak am schlimmsten getroffen, war zu hören. Da waren wir schon ein paarmal gewesen, es war nicht chic dort, das mochten wir gern. Dunkle Holzhäuschen, die auf Pfählen standen, Felsen wie Elefantenrücken und die nächtlichen Schreie der Geckos, die nachdenklich und resigniert klangen. Es war eine fast spießige wunderbare kleine Welt, mit überraschend magischen Erlebnissen. Ich hatte keine Ahnung, wieviel davon übrig war. Im Fernsehen hatte man Häuser wie Spielzeuge herumfliegen sehen, Pools, die sich mit toten Tieren füllten, Restauranttische, die wie Korken tanzten. Jeder Überlebende war ein Reporter, das Unglück zersplitterte in Tausende von verrückten Einzelheiten. Einer erschlug eine Schlange, die sich auf denselben Baum geflüchtet hatte wie er. In einem Kleiderschrank als Boot hatten zwei junge Leute überlebt. Touristen auf einem Angelausflug waren mit einem Kutter weit draußen auf See gewesen, das Untier war unter ihnen durchgerast, sie hatten nichts bemerkt. Als sie sich an Land für ihren Fang feiern lassen wollten, war alles in Trümmern, und man sammelte die Toten ein, die das Meer ans Ufer gespien hatte.

Ich hatte wieder eine Mappe, die sich sachte füllte. Was mich an Thailand interessierte, war, daß man immer weniger begriff, je mehr davon man kannte und sah, eine uralte Frage, wenn es um das Fremde geht.

Der Tsunami, die Apokalypse hatte alles verändert, ich würde lange brauchen, um das zu verstehen.

Natürlich fliegen wir, sagte der Liebhaber, *wir haben doch Koh Samui gebucht, dort ist alles in Ordnung.*

Tatsächlich flogen wir, obwohl klar war, wieviel tausend Tote der Tsunami angehäuft hatte, wie vieles verwüstet, vernichtet, verschleppt war. Auch Leute, die ich kannte, hatte es getroffen, der Sohn einer Freundin wurde verletzt und fand Frau und Kinder erst nach Tagen wieder. Eine große Truppe von Helfern hatte sich auf den Weg gemacht, um das Chaos zu ordnen. Forensiker wurden gebraucht. Das Meer spuckte höhnisch immer noch Tote aus, und die Hitze machte sie schnell unkenntlich. Da kann man doch nicht Urlaub machen. Das ist unmöglich.

Die brauchen jetzt grade Touristen, hieß es. Das heißt es immer. Ich wollte nicht hinfliegen und wollte es doch. Nicht ganz nah dran, aber näher. Mir war nicht geheuer, mit diesem Ereignis, das immer noch betäubte, mit mir selber, weil ich so oft erlebt hatte, wie sich die Welt sachte über einer Katastrophe wieder schloß. Beim 11. September hatte sie es nicht getan, weil die Wunde umsichtig offen gehalten wurde. Der Tsunami ließ sich nicht politisieren, also würde man ihn, wenn endlich Tausende und Abertausende von Toten ihre Gräber im Wasser, in der Erde oder in der Luft gefunden haben würden, allmählich vergessen. Das dachte ich, aber die folgenden Jahre zeigten etwas anderes.

Auf Koh Samui merkte man tatsächlich nichts von allem, obwohl es erst Wochen her war. Die Sprache war eine unüberwindbare Mauer, und die skurrilen Überlebenslegenden von Schildkröten, Pythons oder Elefanten erfuhren wir aus eingeflogenen deutschen Zeitungen.

Manche der Zimmermädchen und der Boys schienen traurig zu sein. Ich hätte gern gefragt. Aber das einzige Wort, das uns verband, war *Tsunami*. Natürlich konnte ich *bitte* und *danke* und *auf Wiedersehen* in ihrer Sprache sagen, aber das bedeutete nichts, das konnte jeder. Die paar Brocken Thai hatten das *prego* und *grazie* und *arrivederci* des vergangenen Jahrhunderts längst abgelöst.

Aber wenn man *Tsunami* sagte, fragend oder mit Ausrufezeichen, dann kam das Wort zurück, ernst und melancholisch.

Ich muß nächstes Jahr wieder hin, nicht nach Koh Samui, das stimmt hier alles nicht, für mich.

Der Liebhaber gab mir recht. Das kam selten vor.

Der Flughafen von Koh Samui war eine Betonpiste geworden, ohne die Einrahmung der blühenden Büsche, es gab keine Frösche mehr, die den Ankommenden zwischen den Beinen herumhopsten und sie auf ein paar Tage im Garten Eden vorbereiteten. Die Abreisenden hatten sich immer traurig von ihnen verabschiedet. Wo auf der Welt gab es schon Frösche am Flughafen? Nun, man ging mit der Zeit und hatte sie wegmodernisiert, genau wie die Geckos und die Bougainvilleabüsche. Würde der Tsunami dabei helfen, das Alte, das Verlorene endlich wieder zu achten?

Das sei, sagte mir wenig später eine weitgereiste Freundin, eine saudumme Frage.

Du kennst doch Asien!

Und ich dachte beschämt daran, wie neidisch die Regensburger in meiner Kindheit auf die Städte waren, denen die Bomben des Zweiten Weltkriegs das Alte vom Hals geschafft hatten.

Das Meer war mir verdächtig geworden. All die Jahre vorher hatte ich förmlich drin gelebt, egal, ob in Koh Samui, Phuket oder Khao Lak. Mein erster Weg am Morgen führte ins Wasser und der letzte in der Nacht oft auch.

Zwei- oder dreimal hatte ich Meeresleuchten erlebt. Ich

schaukelte gemächlich auf den warmen Wellen weit weg vom Strand und hielt abwechselnd einen glitzernden Arm oder ein glitzerndes Bein hoch. Ich habe mich wie ein winziges erleuchtetes Schiff mitten im All gefühlt. Manchmal spürte ich etwas unter mir vorbeischwimmen. Ich hatte niemals auch nur die geringste Angst, im Gegenteil, dieses Meer war mir als der einzige Ort auf Erden erschienen, an dem die Angst keine Macht hat. Seit vielen Jahren schon waren Schmerzen meine ständigen Begleiter, aber im Wasser lösten sie sich auf. Schwimmen war wie eine Droge, eine herrliche, und ich mußte an Siegfried Unseld denken. Er war schon sehr krank gewesen, als er mir ein Interview gab, weil er das Thema liebte, die Donau. Es ging um sie und seine Jugend in Ulm und um das Schwarze Meer. Und er sagte mit einer Stimme, die sich schon halbiert zu haben schien:

Wenn mich jemand fragt, wie ich überlebt habe – schwimmend.

Er war im Herbst 2002 gestorben, und ich dachte im tropischen Wasser oft an seinen Satz von damals.

Nach dem Tsunami mißtraute ich dem Meer, diesem Meer, das ich liebte. Es war völlig unsinnig, aber ich wurde den Gedanken nicht los, daß unter mir nicht bunte, harmlose Fische ihre Bahnen zögen, sondern Leichen. Obwohl das auf Koh Samui gar nicht möglich war, es war viel zu weit vom Katastrophengebiet entfernt.

Der Liebhaber blieb noch im Land und fuhr nach Norden. Dort war kein Meer. ich flog nach Hause, die Trennung war diesmal, im Winter nach der Katastrophe, nicht so schwer wie sonst. Wir mußten wiederkommen, so schnell wie möglich, an den richtigen Platz, nach Khao Lak. Im nächsten Jahr. Mochte dieses also schnell vergehen.

In meinem Alter war es aber, das fiel mir bald auf, ziemlich idiotisch, sich das Vergehen der Zeit zu wünschen. Das tat die sowieso rasant. Um so schöner war es, daß ich vom Leben und von meiner Arbeit um ein paar Jahrzehnte zurückgeschubst wurde. Das Theater Regensburg, mein alter Kindheitsort, mein Schloß aus Leinwand und Pappe, wurde zweihundert Jahre alt, und der Intendant Ernö Weil hatte die Idee, ich solle davon erzählen, in einer Art Festvortrag, aus der Loge heraus, über deren Brüstung ich damals als Vierjährige noch nicht hatte schauen können. Das tat ich, und es war ein melancholisches Vergnügen, dem Auftrag zur Erinnerung zu folgen.

Die literarische Zimmerpalme, die ich bei meinem Geburtstag im Vorjahr etwas unwillig gespielt hatte, hatte sich inzwischen selber umgetopft. Der Verlag, dessen Gesellschafterin ich auch gewesen war, konnte nicht mehr meine Heimat sein. Das hatte viele Ursachen, nicht wenige davon gründeten in meiner Illusionsbereitschaft. Damit mußte es ein Ende haben, mit all diesen Verwechslungen und Gefühlssackgassen, die das Wesen des Schriftstellerberufs ausmachen. Ich habe im Lauf der Jahre viele Spielarten dieser Spezies kennengelernt, alte und junge, bärbeißige und höfliche, schüchterne und angeberische, Fräuleins und Machos, ewig Junge und von Beginn an Alte, aber eins einte sie alle: Sie wollten geliebt werden, zuvörderst von der Großen Vaterfigur, dem Verleger. Sie wollten das Kind sein, seinem Herzen am nächsten. Seit diese Art des Verlegers nur noch als historisches Zitat existiert, spielen in den buchproduzierenden Konzernen Lektoren die Rolle. Oder Fernsehmoderatoren. Oder Akademiepräsidenten.

Ich war genauso geworden, und das verachtete ich. Ein Huhn, das monatelang still auf dem Nest sitzt, und wenn das Ei ausgebrütet ist, den Bauern anschreit, *Sieh her, wie schön! Viel schöner als all die anderen Küken! Sieh das Leuchten der Federn, den Schwung des Schnabels!*

Auf den Messen in Leipzig und Frankfurt warten jedes Jahr Tausende von Küken und, ja, viele werden geschreddert.

Ich hoffte, für mich eine Neue Sachlichkeit zu finden. Gleichzeitig war ich aber wieder mal auf der Leimrute des Theaters gelandet, die nicht minder fragwürdig ist als das Autorspielen. Das Jubiläum in Regensburg hatte Ideen losgetreten. Beim Theater ist der Raum kleiner, das gereicht allen Beteiligten zum Vorteil. Sich beachtet zu fühlen gelingt an einem Theater, besonders an einem kleinen, viel besser als im gleichgültigen Meer der Druckerzeugnisse.

Wir verabredeten in Regensburg, daß ich was für Theater machen würde, was, war eigentlich egal. Ich ahnte damals nicht, daß es mich retten würde, das Theater, wenige Jahre später, auf seine ganz eigene Weise.

Bevor wir uns auf unsere bange Asienreise nach dem Tsunami machten, im Januar 2005, war Rudolph Moshammer ermordet worden. Ich hatte ihn öfter in seiner Boutique auf der Maximilianstraße besucht, wenn ich in München war, damals hatte ich noch die kleine Wohnung am St.-Anna-Platz. Sie gehörte meinem Freund Wolfi. Ich redete mir ein, daß sie sich rechnen würde, weil ich manchmal beim Bayerischen Rundfunk zu tun hatte. Sie rechnete sich absolut nicht, aber das machte nichts, sie war lustig, und es hatte was Dekadentes, zu sagen, *ich hab da noch eine kleine Bleibe in München.* Zwei winzige, hohe, düstere Räume, die in einen italienisch hergerichteten Hinterhof schauten, totaler Luxus. Moshammer hatte ich mir vom *FAZ-Magazin* gewünscht, als die ein Modespezial machten.

Moshammer? fragte der elegante Chefredakteur Schröder entgeistert.

Mehrere Überlegungen später konnte er der Sache doch etwas abgewinnen.

Meinetwegen. Aber nichts über Krawatten!

Ich hatte diesen Münchner Darsteller vom ersten Augenblick an sehr gern. Man nannte ihn einen Modeschöpfer, in Wirklichkeit war er nicht einmal Schneider. Er paßte zu meiner Kollektion von dicken Männern, die alle etwas Cäsarenhaftes und tief drinnen eine große Ängstlichkeit hatten. Rebroff, Laemmle, Froni, Wolfi, und nun der bunteste Vogel, Moshammer. Allesamt hatten sie eine Menge zu verbergen, es waren gefährliche Dinge dabei.

Moshammers Laden war eingerichtet, als sei er eigentlich für den Flughafen von Dubai gedacht. Die schmalen Jungs, die herumwuselten, die langen Maßbänder für die dicken Bäuche der Scheichs, das ganze falsche Versailles und die Blumenarrangements, die aussahen wie für das Begräbnis eines Schlagersängers, störten mich nicht. Bühnenbilder war ich ja gewöhnt, und dies war ganz offenbar eins. Sein Yorkshire Daisy hatte sofort einen Narren an mir gefressen. So hysterisch ihre Umgebung und das Gehabe um sie auch waren, sie schien mich anzugrinsen und zu sagen: Ich bin ein ganz normaler Hund.

Das entspannte ihr Herrchen unter seiner Ludwigzwei-Haartracht und seiner unverhohlenen Schminke sichtbar. Der Mann stellte ein Bild von sich dar und gab nicht vor, wirklich zu sein. Das gefiel mir sehr.

Die Daisy hat ein ganz ein feines Empfinden! sagte er.

Wir redeten über seinen Vater, seine Angst vor Obdachlosigkeit, seine Kunden und seinen Entschluß, Schönheit in die Welt zu setzen. Die Obdachlosen lagen ihm sehr am Herzen, aber die üblichen, politisch korrekten Versuche, sich von der Sozialklientel sowenig wie möglich zu unterscheiden, verachtete er. Im Gegenteil!

Die sehnten sich genau wie jeder andere nach Schönheit, wahrscheinlich noch viel mehr, sagte er, und die sollte man ihnen geben. Mir fielen Gisèle Freund und ihre Bilder von Evita Perón ein, wie sie von ihr und ihrer Lust erzählt hatte, den Armen Schönheit vor die Augen zu bringen.

Moshammer war wirklich ein König der Münchner Penner, und als ich nach seinem Tod die Schilder mit *WIR TRAUERN!* in den Bettelhüten sah, konnte ich gar nicht mehr aufhören zu heulen.

Seine Lieblingsblumen waren Wicken, die überhaupt nicht in seinen Laden paßten. Bauernblumen. Ich brachte ihm welche vom Viktualienmarkt vorbei, wenn ich in München war und wenn es sie gab.

Diese böse Art Tod, die ihn ereilt hatte, war das Risiko für die, die ein Schattenleben brauchten. Fünfzehn Jahre zuvor hatte es den wunderbaren Schauspieler Walter Sedlmair getroffen, an den mußte ich denken, als ich vom Mord an Moshammer erfuhr. Ich erinnerte mich daran, daß gleich danach die Werbeplakate mit Sedlmair, diesem Inbegriff des hintersinnigen, genießerischen Bayern, überklebt worden waren.

Mit Tausenden Menschen stand ich am 22. Januar bei Sauwetter an der Maximilianstraße, als Moshammers Leichenzug vorüberkam, großartig, wie für einen Wittelsbacher. Ich überlegte, ob und welche seiner rabenflügelschwarzen Perücken sie ihm auf seinen armen Kopf gesetzt hatten und welchen seiner Anzüge er tragen mochte. Solche Gedanken hätte ich mir in Frankfurt nicht gemacht. Das Kindheitsbayerische mitsamt seinem ganzen schönen schwarzen Todeskitsch kam wieder zum Vorschein.

Wenig später wurde kolportiert, wer von der Prominenz alles nicht dagewesen war. Es sei zu viel Show gewesen, sagten die, die gewöhnlich ihre Gesichter vor jede Kamera hielten. Und so viel öffentliches Aufsehen! Wofür sonst man einen Leichenzug, eine *große Leich'* inszenieren sollte, danach fragten sie nicht. Es ging auch nicht um Rudolphs allerletzte Pracht und Herrlichkeit, sondern um das Schattenreich, das ihm zum Verhängnis geworden war.

Genau ein Jahr später fand man den allerwichtigsten meiner dicken Männer morgens tot in der Tiefgarage seiner Wohnung, Peter Laemmle. Er war auf dem Weg zur Redaktion. Wir kannten uns Jahrzehnte und liebten einander sehr, aber keiner hat seine Schattenwelt besser verbergen können als er. Man ging von einem Herztod aus. Aber jeder Tod ist ein Herztod, und auch wenn Peter so souverän wie unvernünftig seine Gesundheitsrisiken zelebrierte, war er doch eigentlich ein starker Brocken. Er war Redakteur des legendären Nachtstudios im Bayerischen Rundfunk, machte hochartifizielle Filme über Goethe, Canetti oder Carl Philipp Moritz, *Anton Reiser* war eins seiner Lieblingsbücher. Als Autorendompteur waren seine Talente unerreicht, und es bereitete ihm gradezu ein diabolisches Vergnügen, Schwächen seiner zickigen Kundschaft herauszufinden, um sie dann zu bedienen. Jahrgangschampagner und Lachshäppchen für Johannes Groß und Joachim Kaiser, Lunch im *Roma* für Koeppen, Blumen für Barbara König und briefliche Kniefälle für alle. Ich war ja zu meiner Zeit auch nicht schlecht in der Disziplin gewesen, meine journalistischen Ziele zu erreichen, aber Peter schlug alle darin. Er galt als der langsamste Autofahrer Bayerns, als schwieriger Freund und gelehrtes Individuum. Sehr beleidigt war ich, als ich herausfand, daß er einer guten Freundin vorgeschlagen hatte, sie zu heiraten, wegen der saftigen bayerischen Rente. Dasselbe hatte er nur Tage vorher nämlich mir zu bedenken gegeben.

Cathylinde, hatte er gesagt, *es wär' doch schad' um das schöne Geld.*

Da hatte er recht. Daß er aber ohne schlechtes Gewissen eine Art platonische Bigamie initiiert hatte, nahm ich übel. Wer weiß, vielleicht hatte er die verlockende Ehe samt Rentenversorgung ja noch anderen in Aussicht gestellt.

Nun war er also tot. Und er wurde neben seiner Mutter begraben, was er nie gewollt hatte. Mit seiner Mutter Anna hatte er in einer hochkomplizierten Symbiose gelebt, in jenem Haus, in dem ich damals von Tschernobyl erfahren hatte.

Auch bei seiner Beerdigung lag Schnee, wie im Jahr zuvor bei Moshammer. Es waren viele Menschen da, ich sah sie nicht, weil ich meinen Pelzkragen über den Kopf gezogen hatte, um darunter ausführlich und frostgeschützt zu weinen. Einer der Trauerredner, unser gemeinsamer lieber Freund Wilfried F. Schoeller, war auf dem Berliner Flughafen hängengeblieben und kam irgendwann angestürzt. Nun würde er nie mehr die leidenschaftlichen Kräche zwischen Peter und mir schlichten müssen. Unsere Zerwürfnisse waren wie griechische Tragödien, den Chor bildeten die Münchner und Frankfurter Freunde.

Ich werde nie aufhören können, mich zu fragen, was wirklich mit ihm geschehen ist.

Zu Beginn des nächsten Jahres wagten der Liebhaber und ich uns nach Khao Lak und schwiegen, als wir die Gerippe unserer Paradiese wiedersahen. Von Bang Sak, ganz am Ende der Bucht, dem Ort, den ich im *Siamesischen Dorf* beschrieben hatte, war nur noch das Haupthaus übrig, in dem das Restaurant, das Büro und die Bar gewesen waren. Die Häuschen, in denen wir gewohnt hatten, waren verschwunden, weißer, muschelbedeckter Strand lag still und endlos da, als hätte es dort nie etwas anderes gegeben. Kein Mensch war zu sehen, kein Tier, nicht einmal Vögel. Ohne ein Wort zu wechseln, gingen wir zurück zum Haupthaus, das etwas erhöht lag. Am Fuß der hölzernen Treppe lagen Flip-Flops, auch kleine, von Kindern. Wir stiegen die Treppe hinauf, auf dem Pult unserer hübschen Chefkellnerin lag aufgeschlagen das Reservierungsbuch, seine Seiten bewegten sich im Wind. Auf den Tischen standen Colaflaschen, Gläser, Aschenbecher. Ein Halstuch war über einen der schweren Holzstühle gelegt. Wir bewegten uns beide sehr vorsichtig, um nichts zu berühren, und sprachen immer noch nicht. Zeigten nur manchmal auf etwas, das uns auffiel. Auf eine der laminierten Speisekarten zum Beispiel.

Der Liebhaber fotografierte, aber als er eine Flasche zurechtrücken wollte, hinderte ich ihn daran.

Die Straße an der Bucht entlang war vor dem Tsunami Tag und Nacht belebt, ein kilometerlanger Markt mit kleinen Ständen, an denen Essen und die üblichen Batiktücher verkauft wurden. Jetzt schienen die Thai die Straße zu meiden, sie war verwaist. Ein Schiff stand mitten im Ort, das Meer hatte es dorthin geworfen, angeblich war ein Sohn des Königs dabei ums Leben gekommen und der Kapitän habe sich wegen der Schmach umgebracht. Die Geschichten erreichten uns wegen der Sprache nur fetzchenweise, wie zerrissene, fast unverständliche Botschaften.

Wo die Perlenverkäuferin sei?

Nicht mehr da.

Wir suchten nach Gräbern und fanden keine. In den Klöstern sahen wir die Verbrennungsöfen und Stupas, die auf Bestattungen hindeuteten. Landeinwärts waren die Klöster unversehrt und still, mit ihren gleichmütig herumliegenden Buddhas, die vor allem Grauen die Augen halb geschlossen hielten.

Zwischen den Tempeln standen alte Tamariskenbäume, deren Nadeln einen dicken Teppich gebildet hatten. Man ging auf ihnen so geräuschlos wie auf Watte. Zwischen ihnen waren manchmal Wäscheleinen gespannt, auf denen leuchtende gelbe Tücher trockneten, die Kleidung der Mönche.

Von denen ließen sich nur wenige sehen, und sie vermieden Gespräche, ganz anders als früher. Ich erinnerte mich an einen besonders lustigen, kleinen Mönch, der furchtbar gern das Wort *Colorado* aussprach. Offenbar hatte er vor Zeiten Besuch von dort gehabt, und übriggeblieben war dieses hochinteressante, schwierige, zum Lachen reizende Wort *Colorado*.

Jetzt blieben die gelben Schatten in der Ferne und ließen uns allein mit all den Todesrätseln und den gleichgültigen Buddhas.

Wir hatten am Anfang der Bucht ein unversehrtes Resort gefunden, es war nicht das einzige. Auch ein paar Strandbars hatten wieder eröffnet. Es gab eine kleine Anzahl Touristen, wobei nicht sicher war, ob das nicht Menschen waren, die nach Freunden oder Verwandten suchten. Noch waren nicht alle Opfer gefunden, und die Gefundenen noch nicht alle identifiziert. In der Nähe des für alle Zeiten gestrandeten Schiffs hatte man eine Suchtafel aufgestellt. Sonne, Regen und Wind ließen sie aussehen, als stünde sie schon Jahrzehnte da, als sei alle Hoffnung längst gestorben.

Man blieb für sich, man war leise. Abends stiegen manchmal Seelenlaternen vom Ufer auf und schwebten über das verfluchte Meer davon, bis man sie nicht mehr sehen konnte. Warm und glatt lag es da, dieses geliebte Meer, einladend und freundlich.

Die Freude am Wasser besiegte die Angst vor den Toten. Aber die Unschuld war verloren, für immer.

Nachts hörte ich eine ferne Musik, immer wieder das gleiche Lied, von Applaus unterbrochen. Ich kannte die

Melodie, wußte aber nicht, wie der Titel hieß. Sogar im Bad war es ganz deutlich zu hören. Ich weckte den Liebhaber.

Hörst du? sagte ich, *wie heißt das Ding bloß? Ich kenne jeden Ton. Aber woher kommt es? Sie machen doch keine Strandparties, nicht hier und nicht um diese Zeit.*

Er horchte. *Da ist nichts, alles still.*

Aber ich hörte doch Gesang, entfernt, dazwischen Stimmen und Applaus.

Wir gingen vor unsere Hütte und horchten.

Alles still, sagte der Liebhaber.

Aber ich hörte sie, die Musik, ganz deutlich, wie von einem entfernten Fest in der Bucht. Sogar ein paar Worte verstand ich: ... *there is an angel* ...

Längst daheim, viele Monate später, erkannte jemand das Lied. Ich hatte die Melodie allen möglichen Menschen vorgesummt, bis ich Erfolg hatte. Auf YouTube fand ich es, es war *The Rose.*

Das Lied hatte der Geisterchor gesungen, nur ich hatte ihn hören können, aber den Text hatte ich falsch verstanden.

Some say love, it is an angel.

In vielen Nächten hörte ich zu Hause auf YouTube den richtigen Text, mit der vertrauten Melodie:

Some say love, it is a river / That drowns the tender need / Some say love, it is a razor / That leaves your soul to bleed ...

Ich weiß nicht, ob es die berühmte Version von Bette Midler war, die ich in der Nacht am Meer von Khao Lak gehört habe, vielleicht. Viele Monate lang konnte ich zu Hause nicht ins Bett gehen, ohne es mir vorher anzuhören.

And the soul, afraid of dyin' / that never learns to live.

Während ich noch in Khao Lak war, wurde mein Thailand-Roman *Das siamesische Dorf* schon gedruckt. Im Verlagshimmel, im Allerheiligsten angekommen. Und in einer großen Niedergeschlagenheit.

Du mußt dich doch freuen, sagte der Liebhaber, während wir mal wieder unser Hab und Gut in die Koffer sortierten. Bloß nicht versehentlich was beim anderen vergessen.

Nein, sagte ich.

Ich wußte, es würde schiefgehen. Sie hatten mich ins Schaufenster des geistigen Heiligtums gestellt, über dessen Unberührtheit jeder wachte, der in der Republik als Intellektueller galt. Oder sich dafür hielt. Die Elite des literarischen Lebens nahm ihr Wächtertum, nachdem der Verleger 2002 gestorben und nur seine Kathedrale stehengeblieben war, besonders ernst.

Spitzentitel. Das konnte nicht gutgehen. Ich versuchte es abzuwenden. Selbst der Feuilletonchef der *Bäckerblume* wußte, was die Spitze des deutschen Geisteslebens als Spitzentitel vertrug, und das war bestimmt nicht mein siamesisches Buch. Alle hatten sie die Namen der heiligen Geister wie einen Empörungsgesang auf den Lippen: *Benjamin! Bloch! Frisch!*

Es kam, wie ich es hatte kommen sehen. Unglücksbotin war jedesmal meine liebe Nadine, meine Lektorin, die beste der Welt. Sie las die Zeitungen vor mir, tröstete mich, aber das ging nicht so gut. Grade der Gedanke daran, daß das Ganze nur sehr wenige Menschen interessierte, ärgerte mich. Warum nahm man das so wichtig? Warum konnte man nicht anders? Es war wieder ein Buschfeuer, wie so oft in meinem Leben. Mittendrin hört man gar nicht viel. Ich wunderte mich, daß es trotzdem so weh tat.

Nachdem alle erwartbaren Gewitter neben einigem unerwarteten Freundesverrat über mir niedergegangen waren, weil ich der personifizierte Niedergang der ehemaligen Hochkulturinstitution war, kehrte Ruhe ein. Wenn ich das schöne Werbefenster am Hauptbahnhof sah, schaute ich anderswohin. Nie sagte jemand, *Das sind doch Sie?*, und ich war es auch nicht. Lesungen absolvierte ich mit erhobenem Kopf, Sätze wie *Also wirklich, wenn das nicht ausgerechnet heute in unserer Zeitung gestanden hätte, wären sicher ein paar Leute mehr gekommen! Aber so ist es schön intim!* überhörte ich, merkte mir aber genau, wer sie gesagt hatte.

Ich entdeckte einsame Freuden, die ich mir voll Scham gönnte, als Trost. Zum Beispiel suchte ich doofe Stellen in den Schriften der heiligen Geister und freute mich über jeden Fund. Bei Bloch war die Ernte besonders reich.

Als die wüsteste der Verächterinnen, eine Vestalin der Hochkultur, in Frankfurt eine Veranstaltung moderierte, bin ich extra hingegangen. Ich wollte sie häßlich finden und das ganz für mich und ohne ein Wort genießen. Ich betrachtete sie und registrierte den zu kurzen Rock und die *ancle boots*, mit denen jede Frau aussieht wie eine Ziege im Melkeimer. Die Freude wurde schnell schal, aber sie war therapeuthisch notwendig.

Noch immer war ich erstaunt darüber, wie nah mir das Ganze gegangen war. Über so was hätte ich in meinem Alter längst hinweg sein müssen. Das Gras, das über die Sache wachsen sollte, mußte ich selber säen. Das tat ich auch, ganz für mich, ganz still, ohne irgendeinen Auftrag, mit dem Gefühl, niemandem auf der Welt etwas schuldig zu sein oder beweisen zu wollen.

Diesmal war es keine Mappe, sondern ein blaßgrünes Notizbuch, auf dessen Deckel ich ein Ginkgoblatt gemalt hatte. Ich wollte Ruhe und Detailwissen, das würde mich heilen. Ich dachte an die vielen für die Welt unsichtbaren Forscher, denen ihr Leben lang daran gelegen war, alles über den Wattwurm oder über Jugendstilblechdosen, Alufoliendeckelchen oder prähistorische Pfeilspitzen zu wissen und damit glücklich zu sein.

Der Mikrokosmos war die Rettung. *Nur für mich*, hieß das Mantra. Nur für mich. Gärten waren für mein Leben auf komplizierte Art notwendig, das hatte mit Idylle oder Fachkenntnis nicht das geringste zu tun. Endlose Staudenkataloggespräche hatten mich schon immer gelangweilt, mein gärtnerischer Ehrgeiz hielt sich in Grenzen, aber es mußte einen Grund haben, warum mein Lebensweg immer wieder von großen Gärtnerinnen gekreuzt worden war und warum meine schwermütige, in der steinernsten aller Städte aufgewachsene Mutter ihr späteres Leben ohne Garten nicht ausgehalten hätte. Damit fing ich an zu erzählen, mit ihrem Garten, der war mein unscheinbares Samenkorn im Hirn, aus dem etwas wachsen konnte. Ich war langsam und geduldig. Um mich entstand Buch um Buch eine beachtliche kleine Fachbibliothek, in der ich oft diesen Ton liebender Verbissenheit fand, den ich besonders mochte, der aber nie meiner sein konnte.

Nichts lag mir ferner, als mit irgendeiner der lebenden oder toten Koryphäen konkurrieren zu wollen. Ich wollte nur etwas aufschreiben, das mir wichtig war, und nicht zuletzt ein paar papierene Denkmäler setzen. Auf Gärten als Denkmäler für tote Gärtnerinnen konnte man sich nämlich nicht verlassen. Die wurden ungerührt abgeholzt, vollgebaut oder bis zur Unkenntlichkeit umgestaltet. Das hatte ich mehr als einmal erlebt und erlebe es noch.

Ich konnte aber schreibend diese Gärten wiedererstehen lassen und andere auch. Seit 2007 begleitete mich das hellgrüne Notizbuch, und es füllte sich, parallel zu den Dateien. Alles nur für mich. Aber irgendwann kam ich aus der Deckung, das angesäte Gras war gewachsen.

Der Verlag wollte die Sache machen.

Meine großartige Nadine nahm sich des Gartenprojekts als Lektorin an, und grade weil ihr das Thema etwa so fremd war wie die Mondlandung, wurde es eine Zusammenarbeit, die mir noch heute als die beste in meinem Leben erscheint. Sie hatte keine Ahnung vom Gegenstand und ich ja eigentlich auch nicht. Worum es ging, war Inhalt und Form, völlig ohne Sentimentalität. Gefühle waren genug in den Geschichten, aber es ging um Sprache, adäquate Sprache. Und weil Nadine ist, wie sie ist, hat sie jeden einzelnen Fachbegriff nachgeguckt und bei jedem aufgeschriebenen Gänseblümchen die Blütenblätter nachgezählt. Sprachliches Unkraut hat sie rausgerupft, aber wenn ihr eins gefiel, ließ sie es stehen. Sie wäre eine ziemlich gute Gärtnerin geworden.

2009 kam das Buch, mit wunderbaren Bildern von Michael Sowa. Nur Laien, also Leser, haben sich gewundert, daß die gleichen Zeitungen, die mich drei Jahre zuvor als

Schande für die Hochkultur gesehen haben, sich jetzt unisono beglückt zeigten. Ich war mit den *Gartengeschichten* auf den Pfad der Tugend zurückgekehrt.

Das kann sie wirklich gut, die kleine Form.

Ja, ja. Als ob Tausendseitenbrocken was anderes wären als kleine Form, eben ziemlich viel davon hintereinander. Meine dickeren Bücher haben immer mit Zahlen angefangen. Sieben mal sieben mal sieben. Oder fünf mal zwanzig mal vier. Man braucht ja irgendein Geripppe, dafür sind Zahlen ganz gut geeignet.

Machte ich halt die kleine Form, wenn sie einen dann in Ruhe ließen mit ihren aufgeblasenen Vergleichen und dem Kadavergeruch ihrer literarisch-philosophischen Nostalgie. Ich wollte lieber glücklich sein als anerkannt.

Wir waren dann jedes Jahr in Khao Lak, und wir haben uns Bang Sak und seine Rückverwandlung in Natur jedesmal wieder angeschaut. 2007 fanden wir die Treppe zum Haupthaus eingestürzt. Zum ersten Mal traute ich mich, etwas von dort mitzunehmen. Die laminierte Speisekarte, die den Tsunami überstanden hatte, und ein paar Muscheln von diesem breiten, schweigenden Strand, auf dem einst so viel Leben herumgetobt war. Ich habe das alles heute noch, wobei ich nicht verschweigen möchte, daß ich eine Zeitlang befürchtet habe, die Speisekarte könnte Unglück bringen.

Keiner wußte, warum sich an diesem Ende der Bucht überhaupt nichts tat. Wir hatten verstanden, daß die Thai Angst vor den vielen ungetrösteten, unerlösten Geistern hatten, aber an anderen Stränden wurde mächtig gebaut. Manchmal konnte man sich des Eindrucks nicht erwehren, der Tsunami sei geradezu ein Startschuß für Großinvestoren gewesen, die jetzt endlich die unrentablen Fischerdörfchen los waren und den Segen marmornen Dubai-Stils auch an die schöne, einst so angenehm verschlafene Bucht bringen konnten. Nur in unserem Bang Sak tat sich nichts. Die Ranken der Sandwinden breiteten ihren lila Blütenteppich über die Reste der Umkleidekabinen und den Rand des Pools aus, der eine Heimat für Frösche und riesige Schnecken geworden war.

Aber als wir dann zum letzten Mal dort waren, waren nagelneue gelbe Grenzpfosten aufgestellt, zwischen denen rotweiß gestreifte Plastikbänder flatterten. Irgend jemandem war es gelungen, die Geisterschar von Bang Sak zu bannen. Wahrscheinlich einem russischen oder chinesischen Investor, die waren zahlreich in Thailand vertreten und hatten offenbar ein robustes Verhältnis zu Gespenstern.

Während ich noch still an der Beschreibung von Gartenmenschen und Gewächsen werkelte, öffnete sich mir 2007 wieder einmal ein Weg ins Theater.

Kennst du Ludwig Bemelmans? Ich weiß nicht mehr, wer in Regensburg mich gefragt hatte, der Intendant oder die Dramaturgin, meine Freundin Friederike Bernau. Oder ob mir der sehr rumänische Rumänienimport Michael Bleiziffer, Oberspielleiter, Regisseur und Waldbewohner, den fast vergessenen Namen genannt hat. Ja, ich kannte ihn, aber eben nur so, diesen Bemelmans mit der verrückten Biographie, die ihn auch nach Regensburg gespült hatte.

Die blaue Donau hieß sein Roman über Regensburg in

der Nazizeit, daraus könnte man doch ein Stück machen und ob das nichts für mich wäre?

Klar kann man, man kann eine Menge, wenn man nichts zu verlieren hat und sich nicht schert um die Kanons dieser Welt. Ich legte los wie eine Verrückte, Dialoge, Blankverse, Moritatiges, schweres Geschütz, leichte Muse, Überzeichnungen, Bilderbögen, Karikaturen und Schnulzen, ach, das Theater. Ich hatte vergessen, was es einem alles erlaubt. Das alles gönnte ich mir jetzt aus vollem Herzen, ich zigeunerte zwischen allen Genres herum, und unter den kundigen Händen von Friederike und Michael wurde tatsächlich ein Stück daraus. Mit einem treuen Troß von Freundinnen und Freunden reisten wir zur Premiere.

Der Kreis schloß sich. Noch einmal hatte ich die gleiche furchtbare Angst, dieses würgende, entsetzliche Lampenfieber, diese hilflose Versagensangst wie fast vierzig Jahre zuvor bei der Lesung aus meinem ersten Buch. Wieder Regensburg und das Wagnis, den väterlichen Ort mit eigenen Farben zu übermalen.

Aber Thalia, die wunderbare alte Schlampe, sorgte für Sekunden von Glück. Alles war toll und lief im Nebel an mir vorbei, bei den Couplets bewegte ich die Lippen, glaube ich. Irgendwann war's aus, großer Applaus und rauf auf die Bühne.

Man sieht von der Bühne aus niemanden und hört dieses Platzregengeräusch des Beifalls, man weiß, wie schnell es vorbei ist, wie schnell das alles vorbei sein wird. Und doch, man muß es einmal gehört haben, dieses Gewitter, das nur einem selbst gilt. Alle, die gespielt hatten, waren wunderbar, und das Fest hinterher war es, und die Tatsache, daß die Aufführungen oft ausverkauft waren, gefiel mir auch. Seltsamerweise ließ mich etwas nachklapperndes Gemaule – in Regensburg geht es nicht ohne Nörgeln – völlig kalt. Es kam wie von einem anderen Stern. Das Ereignis war in seinem So-gewesen-Sein unzerstörbar.

Am nächsten Morgen, einem späten Morgen im April, kam ich aus dem schönen Hotel Orphée in die Gasse, die Welt leuchtete immer noch, und ich rief Reich-Ranicki an, weil ich es ihm versprochen hatte.

Na, sei mal vorsichtig, sagte er. *Das sieht nur scheinbar gut aus, an so einem Abend denkt man immer, es sei ein Erfolg. Das hält nicht!*

Er konnte mir nichts anhaben.

Die Boutiquenbesitzerin von gegenüber kam aus dem Laden und hielt einen sehr roten, sehr üppigen Mantel in der Hand.

I hob scho ois gehört, sagte sie in dieser einzigartigen Mischung aus Oberpfälzisch und Hochdeutsch, wie sie nur in Regensburger Modeläden gesprochen wird. *Den brauchens jetzt. Den hams Eahna verdient.*

Ich fand, sie hatte recht, und kaufte ihn, wissend, daß ich mich nur sehr selten trauen würde, ihn anzuziehen.

Mein Kindheitstheater hatte mich für kurze Zeit ins Glück geschubst, es sind Freundschaften entstanden, die bis heute halten. Vielleicht wäre ich ohne dieses Fest zwischendurch, ohne die schöne Flüchtigkeit der Bühne beleidigt geblieben, auf dem Kinderniveau: *Wenn ich tot bin, werden sie alle an meinem Grab stehen und weinen.*

Das Totsein, für jeden Autor eine interessante Option,

wollte ich fürs erste anderen überlassen. Mein Schmollen kam mir armselig vor, und ich schämte mich sehr, wenn ich die Reste meines Gekränktseins mit der Lektüre von Verrissen für andere zu vertreiben versuchte. Ich glaube, alle machen das. Offiziell liest man aber überhaupt keine Kritiken.

Kritiker übrigens mögen das Totsein überhaupt nicht. Marcel und Tosia Reich-Ranicki redeten nicht mehr mit dem Schriftsteller Horst Krüger, weil der ihnen immer erzählen wollte, wie ihre Nachrufe aussehen würden. Er starb vor ihnen. Auch er ist ein fast Vergessener.

Meine Mutter liest Ihre Bücher so gern, sagte ein ansehnlicher Mann zu mir. Ich fuhr zusammen. Es war bei irgendeiner Veranstaltung, um 2010.

Nur dieser Satz, er war in mein Hirn geschossen worden, einfach so, in einer Sekunde, hell, klar, unmißverständlich.

Meine Mutter liest Ihre Bücher so gern.

Nicht er, nicht seine Freunde oder seine Freundin, nein, seine Mutter.

Ich war alt geworden und kann nicht einmal sagen, daß ich es nicht bemerkt hätte. Nur war für mich der Tod von Kindheit an ein so treuer Begleiter, daß ich dachte, die Nähe zu ihm würde mich vor dem Schrecken bewahren. Die siamesischen Götter und Geister halfen nicht viel, es wurde Zeit für eine Reise in die Kindheit, in den Kinderglauben.

Seit Jahren hatte ich mir vorgenommen, die spirituelle Herrenpartie meines Großvaters mit unserem damaligen Arzt nachzumachen. Wegen des unbegreiflichen Autodafés meiner Mutter, der Verbrennung der Tagebücher, gab es von der Reise keine Aufzeichnungen.

Ich wollte sehen, was der Atheist und der Halbkatholik gesehen hatten, und herausfinden, was sie, nachdem sie der Resl ganz nah gekommen waren, glauben ließ. Nämlich daran, daß eine Bauernmagd von 1926 bis zu ihrem Tod 1962 nichts gegessen und getrunken hat, allfreitäglich Christi Wundmale trug und sich in Jesu Jerusalem genauso gut auskannte wie in Konnersreuth.

Was hatte sie an sich, diese bärbeißige Märtyrerin, daß sie trösten konnte und skeptische Männer vom Unmöglichen überzeugte? Auf fast allen ihrer erstaunlich vielen Fotos trägt sie ein weißes Kopftuch und schaut gen Himmel, was ich nicht ausstehen kann.

Im kühlen Frühsommer 2012 bat ich meine Freundin Sabine, mit mir in diese karge Gegend an der ehemaligen tschechischen Grenze zu fahren. Sabine ist Archäologin, einen Viertelmeter größer als ich, dünn und schön. Auf sie warten in ganz Europa sehnsuchtsvoll tote Kelten, um von ihr ausgegraben zu werden. Ihr scheint nichts vergeblich zu sein, was mit dem Wühlen in der Vergangenheit zu tun hat.

Wenn mehr gegraben würde, gäbe es weniger Unheil, meint sie. *Daß Menschen immer wieder die gleichen Fehler machen, liegt daran, daß sie nicht genug graben.*

Am Tag unserer Reise ist nicht viel los, Bauernland mit kleinen Orten und großen Kirchen. Mit dem Ruhm der Resl ist es nach ihrem Tod im Jahr 1962 nicht recht weitergegangen. 2005 gab es einen Versuch, sie seligsprechen zu lassen, aber so eine vatikanische Etablierung ist teuer und undurchsichtig, wahrscheinlich hätte die Resl die Mißbilligung ihres Heilands gegenüber derlei Machenschaften kundgetan. Rom läßt sich bisher nicht auf sie ein, vielleicht ist sie eine Art Wunderwildwuchs, der in die römische Dramaturgie nicht paßt.

In ihrem Konnersreuth, einem kleinen gallischen Dorf trotziger Gläubigkeit, verehrt man die Resl unbeirrt. Der junge Pfarrer, der sein Amt hier noch nicht lang versieht, kommt in Joggíngklamotten zum Pfarrhaus gesprintet. Er sagt:

Ich hab Sie ein bißchen gegoogelt.

Ich Sie auch, sage ich.

Er hat an diesem Ort eine Vierfaltigkeit zu vertreten, Vater, Sohn, Heiliger Geist und Resl. Ich spreche mit ihm wie mit einem Astronauten, der an einem Ort war, den ich nie sehen werde und den ich trotzdem für möglich halten will. Es ist nichts Besonderes, in die Kindheit zu reisen, wenn man alt ist, aber in einen Glauben reisen zu wollen, den man nie hatte, ist seltsam, und noch dazu in einen, der so aussieht.

Der Marktplatz ist hübsch gemacht, mit sauber getrimmten Bäumen, die Riesenkirche sonnig und beschützend und das Haus der Familie Neumann tadellos hergerichtet. Wahrscheinlich hat sich Konnersreuth 2005, als es mit der Seligsprechung endlich hat vorangehen sollen, vorbereitet. Wundersamerweise ist aber nichts vom üblichen Frömmigkeitsmerchandising und Pilgerkitsch zu sehen, wie an gebenedeiten Orten sonst üblich. Das habe sie nicht gewollt, erfahre ich später. Ein freundlicher Mann steht in der Haustür:

Wenn's noch kommen wollen, bleib ich so lang da.

Sabine und ich sind ganz allein in dem kleinen Haus. Ich sehe eine Mischung aus guter Stube und Kapelle, mit rührend barbarischen Reliquien. Ein blutiges Hemdchen in einer Tischvitrine, daneben ein Brief von ihr aus dem Jahr 1930: *Da die zwei Geister mir keine Ruh lassen* – das kenne ich. Fühlt sich fast schwesterlich an. Daneben liegt ein blutiges Tuch. Das Samtsofa mit den Familienbildern drüber.

Da herinnen ist sie aufgebahrt gewesen, sagt der Resl-Wächter, der uns geduldig beim Anschauen zuschaut. *Und es war auch noch nach Tagen kein Leichengeruch. Kei-ner-lei Verwesungsgeruch!* Er wird ganz hochdeutsch.

Ihr Zimmer ist oben. Das können Sie auch anschauen. Kommen S' nur.

Ein Schild hängt unten an der engen Treppe.

Zum Leidenszimmer

In der winzigen, düsteren Stube, die mit einer Glasscheibe geschützt ist, müssen sich die Gläubigen und die Zweifler gedrängt haben, auch der Doktor und mein Großvater. Die Besucher haben sie berührt und ihre Luft geatmet. Alle wollten etwas von ihr: Hilfe, Segen, Erkenntnis. Niemand kam, um diese kleine, rundliche Person mit dem weißen Kopftuch kennenzulernen. Sie war sich oft selber ein Rätsel, man zerrte an ihr. Entweder wollte man sie als Botin nach oben benutzen oder als Betrügerin entlarven.

Wir können ungehindert ins *Leidenszimmer* schauen, ein hohes Bauernbett, ein gemütliches Sofa, an der Bettseite ein hübscher Stuhl. Ohne den glitzernden, pompösen Altar an der Stirnseite könnte es etwas sein wie Heines Matratzengruft. Sie hat ihre Vögel frei im Zimmer herumfliegen lassen.

Man kann das alles doch nicht glauben, sage ich zu Sabine.

Warum hast du dann unbedingt hergewollt? fragt sie.

Ich versuche, es ihr zu erklären. *Es ist wie eine eingetrocknete Pfütze*, sage ich. *Man sieht noch ganz deutlich, wo sie war und welche Form sie hatte. Woraus sie aber bestanden hat, das ist nicht mehr da. Vielleicht geht es nur darum, etwas Unerhörtem zu begegnen, das es einmal gegeben hat.*

Später fällt mir ein, daß das auch auf ihre Kelten zutrifft.

Alt werden hat viel mit Schrecken zu tun. Und mit Trotz, natürlich. Darüber ist eine Menge geschrieben worden, in welche unvorstellbaren Kampfzonen man sich katapultieren kann, wenn einen der Schrecken erfaßt hat. Gift, Feuer, Messer und Nadeln, keine Waffe ist verboten, keine geächtet. Stricke aus Gold und Häutungen bei lebendigem Leibe, alles gegen den Schrecken. Ich wunderte mich, wie furchtlos der Altersschrecken machen kann. Frauen schauen sich ja sowieso ganz anders an als Männer: Sie gönnen sich oft dann keine Barmherzigkeit, wenn sie sie dringend bräuchten. Während Männer sich noch mit neunzig über ihre endlose Pubertät freuen und die Nation gerührt daran teilnimmt, versuchen Frauen, der Unsichtbarkeit zu entgehen, bis sie merken, daß es nicht funktioniert.

Ich räume und räume
den Winter, den Sommer
den Wind und das Wetter.

Wunderbar lakonisch, die letzten Zeilen eines der letzten Gedichte von Elisabeth Borchers. Mag sein, daß sie eine war, die gelernt hatte, ihre Unsichtbarkeit nicht nur anzunehmen, sondern zu genießen. Vielleicht aber auch nicht. Für mich jedenfalls war die Zeit gekommen, es sich unter der Tarnkappe des Alters gutgehen zu lassen, so gut wie irgend möglich. Die Haare färbte ich weiter. Das Grausein hatte ich schon mit Anfang Zwanzig kennengelernt.

Also schrieb ich für die lesenden Mütter. Mit den *Gartengeschichten* allerdings hatte ich das Vergnügen, in mehr als hundert männliche Augenpaare blicken zu dürfen, in Weinheim, bei einem Kongress der deutschen Gärtnerelite. Ich war nervös. Aber sie waren sehr freundlich und schenkten mir ihre eigenen Publikationen.

In dieser Zeit, gegen Ende des ersten Jahrzehnts des neuen Jahrtausends, dachte ich oft an Sebastian, einen kleinen Jungen, den ich im Kiosk seiner Großeltern kennengelernt hatte. Dort holte ich meine Zeitungen und Zigaretten, wir unterhielten uns über die Dinge, die in unserer kleinen Welt vorgingen, Baustellen, Familientragödien, soziale Abstiege. Das Viertel, in dem ich seit langer Zeit wohne, verändert sich andauernd, mal fast unmerklich, mal lautstark und brutal. Die F.s waren nicht die ersten, die ich in diesem Kiosk erlebt hatte, aber die vertrautesten. Ihre Familienverhältnisse schienen ein wenig chaotisch, was aber durch entschlossen bürgerliches Auftreten verdeckt wurde, und nur in Halbsätzen kam manchmal die eine oder andere Katastrophe zum Vorschein. Die größte ließ sich weder verheimlichen noch verdecken, der Zustand ihres sehr geliebten Enkelsohnes Sebastian. Man sah gleich, der kleine Kerl war schon mit Belastungen auf die Welt gekommen, der Mund war operiert, er hatte schwache Augen, und insgesamt schien es, als habe er nicht genug Kraft mitbekommen, sich durchzusetzen und groß zu werden. Aber er hatte viel Charme, von der wunderbaren, unschuldigen und unbewußten Sorte. Er mochte es, im Kiosk zu stehen und Geld herauszugeben. Dabei konnte er kaum über den Tresen gucken und mußte die Arme strecken, damit die Münzen ordentlich an ihr Ziel kamen. Seine Großeltern ließen ihn liebevoll den Erwachsenen spielen, als wüßten sie, daß er keiner werden würde. Ich gewöhnte mir an, die Zeitung erst am Nachmittag zu holen, weil er dann oft da war.

Der arme kleine Prinz, der eigentlich nie gesund gewesen war, wurde dann, mit sieben oder acht Jahren, richtig krank. Es war ein viel zu großer Gegner für den schwachen Jungen, aber er ließ sich nicht beirren und kämpfte tapfer gegen den Krebs. Jeden Tag gab es Bulletins am Kiosk, mal niedergeschlagen, mal voller Hoffnung. Eine Geschichte werde ich bis an mein Ende nicht vergessen, sein größtes Geheimnis unter vielen, die er mit sich trug. Damals forderte er, daß man das Mädchen, in das er sich wohl verliebt hatte, Miriam, in den Garten einladen sollte. Mittlerweile war er natürlich daran gewöhnt, daß alle sich Mühe gaben, seine Wünsche zu erfüllen. Das Mädchen war damit einverstanden, Sebastian zu treffen.

Sein Onkel mußte ihn vor dem Besuch mit Aftershave besprühen, er zog sich fein an, und dann sollten alle Erwachsenen weggehen. Er würde allein mit Miriam reden. Das tat er auch, in diesem Sommer 1999. Nie hat jemand erfahren, über was die beiden Kinder gesprochen haben.

Ich mußte immer wieder darüber nachdenken, ob er mit einer Gleichaltrigen über seinen Tod reden wollte, weil die Erwachsenen sich so ungestüm dagegen wehrten. Vielleicht strengt das Durchhalten um anderer Menschen willen, das Durchhalten aus Liebe, Kinder sehr an. Ich dachte weit zurück, an meine kurze Zeit als Studentin auf der Neurochirurgie, auch da hatte es Kinder gegeben. Sie schienen mir damals unbefangen, zäh und viel furchtloser, als Erwachsene sich vorstellen konnten. Ich glaube, so war Sebastian auch. Unbefangen und furchtlos. Nur die Zähigkeit, die hatte ihm der Krebs entrissen.

Im November 1999 ist er gestorben, neun Jahre alt, im Haus seiner Großeltern. Die riefen uns, seine erwachsenen Freundinnen, beide ganz früh an, um uns zu sagen, was geschehen war und daß wir ihn sehen könnten. Wie es früher auf dem Land war, als die Toten feingemacht und ausgestellt wurden, selbst wenn sie vom Leben nicht viel gehabt hatten. Wir verabredeten uns und fuhren hin, beide mit einem sonderbaren Gefühl, aber ohne miteinander zu reden. Ein totes Kind anzuschauen war unbegreiflich. Er lag in einem Bett und war sehr schön und sehr klein. Wie lange bleibt man, was tut man? Streichelt man diese Puppenhändchen, obwohl ein kleines Grauen in einem größer und größer wird? Oder tut man, als ob man bete? Was erwarteten die Großeltern, deren ganze Liebe nun über der kleinen Leiche ausgeschüttet wurde und keinen Platz mehr fand?

Ich stand jedenfalls und schaute und meinte schon Veränderungen zu sehen.

Ich ziehe ihn gleich frisch an, sagte seine Großmutter.

Das sollte sie noch oft tun, sie konnte ihn nicht hergeben. Ausziehen, frisch anziehen. Und wieder. Zum Schluß trugen sie ihn ihr davon, weg, die steile, enge Treppe hinunter, aus dem Haus.

Ich und du, nichts hat Bestand, einmal, ach! muß ich dich lassen, / kleine Hand aus meiner Hand.

So stand es in seiner Todesanzeige.

Finden, aufheben, betrachten, aufschreiben, so entstand meine papierene Walhalla. Als Kind hatte ich mir für die steinernen Köpfe, die in des ersten Ludwigs griechischem Tempel aufgestellt waren, Geschichten ausgedacht, um mich nicht zu langweilen. Zur Walhalla waren wir öfter gefahren, hintenrum bis ganz dran, mit dem Auto. Die Stufen von der Donau bis hinauf ist von meiner Familie keiner gestiegen.

Ich hatte mir mit den Jahren eine eigene Walhalla zusammengedacht, das machen wahrscheinlich viele Autoren. Manche beten ihre Götter und Göttinnen an, manche stürzen sie vom Sockel und bomben das ganze Denkgemäuer zusammen, manche tun beides gleichzeitig.

Meine Walhalla ist klein und schief und zur Götterdämmerung ungeeignet, ein säkulares Geisterhäuschen, von dem ich befürchte, daß es immer schneller neue Bewohner bekommen wird. Es hebt Menschen auf, von denen ich nicht will, daß sie verlorengehen.

Einer davon ist eben Sebastian, der neunjährige tote Prinz aus dem Zeitungskiosk. Weil ich nicht an die Unsterblichkeit glauben kann, muß ich versuchen, selber eine zu machen.

Simsen konnte sie noch, meine Freundin und Kumpa-

nin aus Studententagen, die ich als *Kirgisin* beschrieben
hatte, damals, als wir alle in RAF-Geschichten verwickelt
waren, willentlich oder nur halb, und seither unseren klei-
neren oder größeren Teil Schuld mit uns tragen. Simsen
konnte sie also noch, Inge mit dem wunderbaren Mongo-
lengesicht, und das las sich, in der Nacht vom 9. Februar
2012 so:

Ach ihr lieben. Gab so ne scheis. angst sitz in den toten-
hemd auf m bett u warte auf den eingriff die macht gabs
schon hopla da woll i nimmer in mein bett weil rings rum
in schwarzen kasten männer saßen haltet mir die daumen
eure feige inge

Alle Freundinnen und Freunde hatten die SMS bekommen, wahrscheinlich haben alle gleichzeitig gleich erschrocken zurückgesimst, es kam auch Antwort.

Bin in der Klinik mit ner datuen lungenentzündung u
womöglich den schlimmsten es geht mal so mal so ich pack
s schon

Inge war vier Jahre älter als ich, Anwältin, und im Gegensatz zu den meisten ihrer Generation mußte sie ihre Eltern Babette und Ottl nicht bekämpfen, sondern ihnen
nacheifern und sie stolz machen. Beide waren im Widerstand gewesen, Babette druckte Untergrundzeitungen in
ihrem kleinen Friseursalon in Ulm, Ottl kam wegen seines
kommunistischen Widerstands immer wieder in Haft, zuletzt ins Lager Buchenwald. Wegen des Verbots der kommunistischen Partei nach dem Krieg bekamen diese La-
gerhäftlinge keine Entschädigung. Inges Eltern verdienten
ihr Geld mit dem Verkauf von Messern auf Märkten und
ließen die Tochter studieren. Mit ihrer Biographie hätte

Inge eine der unbarmherzigen Zweihundertprozentigen werden können, die sich damals in diversen K-Gruppen organisiert hatten. Aber ihr war ein sinnliches, genußfreudiges und freiheitsliebendes Naturell mitgegeben worden, und so wurde sie zu der großartigen Freundin, die sie war und die mir jetzt, da wir alt waren und es nicht richtig gemerkt hatten, simste:

Eventuell in zwei tagen, dann wissen sie, ob nur lungenentzündung oder krebs jedenfalls iq war hinter der entzünung heute wurde i koloskop. un da war au was, das wird jetzt unters. bin ziemlich down u mutlos denk viel an ak johannes u die ganzen lungenkrebskranke aus unsrer umgebung s scheint die anwaltskrankheit zu sein jetzt bin eben ich dran

Am 10. Februar 2012 hat sie erfahren, daß sie dran war. Als ich sie besuchte, erzählte sie ausgesprochen komisch davon, wie das ganze Desaster angefangen habe, nämlich mit einer Fastenkur, die sie in Bad Brückenau geplant hatte, *mit dene ganze goldbehängte Adelstanten, die vorm Liften noch fasten, damit sichs auch lohnt*, die dortige Ärztin hatte sie gleich wieder heimgeschickt wegen ihres schlechten Lungenzustands.

Unsere Generation hatte sich immer gegönnt oder angetan, was sie wollte, Trinken, Rauchen, Kiffen, alles mögliche. Ganz zu schweigen von den irrsinnigen Liebesgeschichten kreuz und quer durcheinander, die zu psychischen und physischen Aus- und Zusammenbrüchen aller Art führten.

Man wäre sich sonderbar vorgekommen, hätte man seiner Gesundheit die heute übliche Aufmerksamkeit gewidmet. Es wäre einem dekadent vorgekommen, sich über die eigene Befindlichkeit zu beugen, wie es heute schon Kinder machen. *Was ist gut für mich?* war keine Frage, die man gestellt hat. Mit irgendwelchen schädlichen Gewohnheiten aufzuhören kam nur auf höchste Weisung in Frage, ärztlicherseits, und oft genug nicht einmal dann. Selbst bei HIV-Infizierten habe ich erlebt, daß sie sagten, *safe sex* sei langweilig, feige und gäbe nicht den richtigen Kick. Sie schliefen mit Nichtinfizierten, die von der Gefahr wußten. Der Kick. Das Vabanque gegen den Tod, das die Generation unserer Väter im Krieg zu spielen hatte, freiwillig oder nicht.

Jetzt bin eben ich dran.

Aber sie nahm den Kampf auf und wurde immer schwäbischer, immer kindlicher, immer zorniger und gleichzeitig weicher. Abwechselnd machte sie sich Gedanken über Perücken, ob ich sie mit ihr kaufen gehen würde? Wahrscheinlich hielt sie mich wegen meiner Theatervergangenheit für eine Expertin in Sachen falsche Haare. Oder sie dachte darüber nach, wie sie bestimmte Leute aus ihrer Todesanzeige raushalten könne.

Hauptsache der x und der y und der andere au no sind nirgends druff, der Rest isch egal.

Am 8. oder 9. Februar hatte der Kampf begonnen, er steigerte sich bald furchtbar. Schon am 10. war der Befund da, dann kamen die Hoffnungsgöttinnen,

so die göttinnen wollen, ich tu s im moment auch noch

in Gestalt der Entscheidung, daß sie in Heidelberg operiert werde.

In diesen Tagen habe ich alle ihre SMS-Nachrichten abgeschrieben, jede einzelne, die kam. Ich wußte, warum.

Adieu ihr lieben – ohne die op war i scho weg. jetzt muß
mr sehr vorsichtig gucken, ob wie u wo es wächst ...
u was haben die sklaven vor dem kampf in der arena ge-
rufen? Moribundi ...

Sie haben ihr in Heidelberg einen Lungenflügel entfernt,
und eine Ärztin dort muß ihr kühl gesagt haben, sie sei
ein Fall für die Palliativstation, in die sie so bald wie möglich verlegt werden solle.

Damit hatten sie ihr den Kampfgeist weggehauen, was
immer davon noch übrig gewesen sein mochte. Sie war
eine gescheite und realistische Frau. Was es hieß, nur mehr
verwaltet zu werden, war ihr schon von Berufs wegen klar.
Sie war auch Notarin und hatte sich schon seit langem
hauptsächlich mit Familienrecht befaßt. Da hat man sämtliche bösen und skurrilen Geister, die am Lebensende auftauchen können, längst kennengelernt.

An ihrem Sterbebett in der Palliativstation einer Frankfurter Klinik war viel Betrieb, eine Art letzte WG. Jeder
machte sich fürsorglich bemerkbar, fragte sie, ob sie was
trinken, anders liegen wolle. Nur, ob sie jetzt sterben wolle, fragte sie niemand.

I hätt so gern noch a paar Jährle glebt! hatte sie noch vor
wenigen Wochen gesagt. Dann war in der Nacht zuvor ein
Atemstillstand gekommen, und man hatte sie reanimiert,
weil keine Patientenverfügung auffindbar war.

Willst du was trinken? Ihre braunen Knopfaugen fanden
nichts mehr zum Schauen. Ich bin dann gegangen. Am
15. April 2012 ist die Kirgisin gestorben. Wieder eine für
meine baufällige Walhalla.

Es gab schon seit längerem wieder eine Mappe, diese

hier. Die Geisterhäuschenmappe, das Begegnungsprotokoll mit meinen Lebenden und Toten, wie die Dinge wurden und wie sie jetzt sind. Eine Art Leporello aus sieben Jahrzehnten, auseinandergefaltet und aneinandergelegt.

Gut ein Jahr nach Inge starb Marcel Reich-Ranicki, ob er dann ganz zum Schluß damit einverstanden gewesen ist, weiß ich nicht. Ich glaube nicht. Sein schmuckloses Zimmer im Stift war immer gut besucht. Ich bin froh, daß ich an seinem letzten Tag noch einmal dort war. Tosia war zwei Jahre vor ihm gestorben. Des sehr alten Marcel letzte Geste in meine Richtung war der an die Lippen geführte Zeigefinger. Das konnte heißen, *Ich hatte dich gern.* Genausogut aber auch, *Halt die Klappe.* Erfahren werde ich es nie.

Wenige Wochen vor meinem siebzigsten Geburtstag sollte ich Ihn zum ersten Mal leibhaftig treffen. Ihn, der mein Pate war und mein Begleiter in vielen Jahren, dem es aber nie gelungen war, mich am Glück zu hindern.

Fanny

Siehst du, sagte der Tod.

Er hatte einen grauen Mantel an und lehnte an der Glasscheibe der Bushaltestelle Platenstraße. Neben ihm stand auf einem räudigen Grasstück ein Bambuskörbchen, in dem lag, was von meiner Katze Fanny übrig war.

Der Tod deutete auf die kleine blutige Leiche. Er trug Chirurgenhandschuhe. Ich kniete mich neben das Körbchen ins Gras und schaute auf die zwei weißen Brauenhaare über dem rechten Auge meiner Katze. Sie waren gut zu erkennen.

Hast du dich wirklich für immun gegen mich gehalten, du dummes Weib? Hast du geglaubt, es gelingt mir nicht, dich ins Herz zu treffen? Dachtest du wirklich, du könntest mich austricksen?

Die Stimme des Todes, eine ganz normale, trockene Männerstimme, schien außer mir niemand zu hören. Leute setzten sich in den Glaskasten der Bushaltestelle, einige Blicke trafen das Moseskörbchen, in dem meine tote Katze lag. Ein Korb im Gras, na wenn schon. In unserer Gegend lagen ganze Haushalte vor den Häusern herum, wurden im Regen naß und trockneten wieder. Die Sperrmüllberge schrumpften, wenn Schrottler ihnen etwas abgewinnen konnten. Sie wurden größer, wenn nachts Ausgedientes und Zerstörtes dazugeworfen wurde. Irgendwann verschwand alles. Ich hatte oft versucht, in diesen Bergen zu lesen, die Lebensgeschichten rauszukriegen, die auf Kü-

chenschränke, leere Vogelkäfige und fleckige Matratzen geschrieben waren.

Du solltest mir dankbar sein, sagte der Tod und machte
eine Art segnender Bewegung in Fannys Richtung. Seine Hände in den weißen Gummihandschuhen erinnerten
mich an Clowns oder an Wurstverkäuferinnen.

Immerhin habe ich erlaubt, daß du sie findest.

Ich hockte immer noch da, für die Busfahrer mußte es
aussehen, als sei in dem Korb etwas, das ich einpflanzen
wollte.

Ich wußte, was er damit sagen wollte. Nicht einmal er
hatte ihrem Charme und ihrer Fröhlichkeit widerstehen
können, nur deshalb hatte er verhindert, daß sie zu namen-
losem Abfall würde, wie alles, wie wir alle.

Du hast gedacht, du seiest jederzeit auf mich vorbereitet,
sagte er.

Für wen hältst du dich eigentlich?

*Jahrzehntelang hast du dich bei mir angebiedert und kei-
ne Gelegenheit ausgelassen, dich einzuschleimen. Die Kunst,
deine ewige Ausrede. Was war sie ohne mich für dich? Voll-
geschriebenes Papier. Die Musik nur ein Geschepper. Ich war
dein Fetisch, dein Joker, dein schlagendes Argument für und
gegen alles. Widerwärtig.*

Ich sagte nichts, das Blut auf Fannys Fell begann zu
trocknen.

Sie riecht schon, dachte ich. Wie Lazarus. Den hat der
Herr aber wieder wach gekriegt.

*Einen richtigen Säbeltanz habe ich um dich aufgeführt,
vom Beginn deines armseligen, fatalistischen Lebens an,* sagte der Tod mit seiner trockenen Stimme. *Ich habe dir mehr*

Chancen als anderen gegeben, dich mir zu stellen. Und du?
Bist ausgewichen, hast die Weggehauenen einfach liegenlas-
sen, Junge und Alte, Eltern und Kinder, Frauen und Männer.
Er darf das tun, hast du gesagt. Er gehört dazu, der Tod, es
ist sein Job, es gibt kein Ziel außer ihm. Erbärmlich. Von An-
fang an warst du einverstanden, mit zwei Schatten zu leben.
Als wäre ich ausschließlich für dich da, als hätte ich nichts
anderes zu tun. Weißt du, wieviel Arbeit ich habe? Warum
lebt so was wie du eigentlich?

Ich konnte nicht antworten und sah, wie Fannys Augen
eintrockneten.

Du dachtest, der Kampf bliebe dir erspart, sagte der Tod,
während ich auf das schwarzweiße Fell meiner Katze schaute. Es war nicht mehr seidig, sondern rauh.

Die größte Anstrengung des Lebens ist, sich nicht an den
Tod zu gewöhnen.

Siehst du, so gehört sich das. So ist es richtig. Hielt sich für
einen Löwen, dieser Canetti, diese größenwahnsinnige Maus.
Er machte mir Spaß, deswegen habe ich ihm viel Zeit gege-
ben.

Er schwieg und beugte sich hinunter, um einen Blick
auf sein Werk zu werfen. Die Menschen an der Bushaltestelle achteten nicht auf uns, alle fünf Minuten seufzten die
Bremsen eines der grünen Stadtbusse, Schulkinder stiegen
ein, Frauen mit Einkaufstaschen aus.

Ich sah meine tote Katze Fanny an. Er hatte die kleine,
ungeschützte Stelle gefunden, das Lindenblättchen. Davon konnte er nichts wissen. Er dachte, ich sei ihm hörig.
Dabei hatte ich ihn nur fast mein ganzes Leben lang im
Blick behalten, damit er mich nicht überraschen konnte.

Er hatte es immer wieder versucht, geduldig und einfalls-reich. Jetzt, an diesem Märztag, war es ihm zum ersten Mal gelungen.

Der Tod spiegelte sich in der Glasscheibe der Haltestel-le. Er sah banal aus, wie Honecker oder Trump, mit einem verwaschenen, häßlichen Mund. Von einem wie dem hät-te Fanny nicht erlegt werden dürfen.

Wo ist sie? fragte ich ihn.

Das da, das ist sie nicht.

Wo ist das, was sie ist?

Das da, sagte er, und schaute zum Körbchen, *ist, was ich dir lasse. Alles andere habe ich weggebracht.*

Wohin hast du es gebracht? fragte ich. Mir liefen die Trä-nen, das bemerkte er gar nicht, er war nasse Gesichter ge-wöhnt.

Wohin? Das findest du nicht. Vielleicht lasse ich es frei, irgendwo. Das hast du noch nicht begriffen. Ich kann es frei-lassen, ich allein kann das.

Ich nahm den kleinen Fellkadaver auf die Knie und ver-suchte, sie noch einmal so zu sehen, wie sie gewesen war. Ihre Anmut, ihr kleines Zorrogesichtchen, Riesenaugen in der schwarzen Piratenmaske, was hatte sie schon gekannt außer Liebe.

Der Idiot in seinem grauen Mantel verschwand irgend-wann, ich sah nicht, wie. Er hatte seinen Job gemacht.

Ich verfluche dich, sagte ich zu meinem Vater, der seit mehr als zwanzig Jahren tot war. *Du hättest auf sie aufpas-sen sollen, ich habe es dir jeden Morgen gesagt, wenn sie raus in die Freiheit wollte. Nur ein Toter konnte sie im Blick be-halten. Ich hatte dir vertraut.*

An diesem kühlen Märztag begann für mich ein anderes Leben. Lachen Sie nur, es ist ja auch lächerlich. Während in der Ukraine einander zum Verwechseln ähnliche Typen teils mit, teils ohne Skimasken gegeneinander tobten, während ein häßlicher, semmelgesichtiger syrischer Augenarzt sein Volk in den Abgrund bombte, während im Sudan mal wieder, zum hundertsten Mal, der ganze Stammestotentanz blutig aufgeführt wurde, während Flugzeuge voll mit Menschen vom Himmel stürzten, während elegante Typen weltweit an alldem verdienten, hatte ich den großen Regisseur von allem wegen nichts weiter als einer toten Katze an einer Frankfurter Bushaltestelle getroffen.

Er schien sein kleines Meisterwerk zu genießen. Vielleicht hatte er das ganze große Weltsterben mit seinen ewigen Wiederholungen längst satt. Er sehnte sich nach dem Speziellen. Deshalb mußte ich mich jetzt mit dem Kadaver des liebenswürdigsten Geschöpfs, das je erschaffen worden war, auf den Weg machen. Ich würde sie noch eine kurze Zeit durch mein Leben tragen. Was sie wirklich gewesen war, hatte er mitgenommen.

Wenige Stunden zuvor hatte ich auf der Suche nach Fanny die Gegend, die mir seit Jahrzehnten vertraut ist, wie zum ersten Mal gesehen. Es war früher ein nettes, kleinbürgerliches Viertel mit mittelalten Häusern gewesen. In den letzten Jahren hatte es sich sehr verändert, ohne daß es mir aufgefallen wäre. An diesem Märzvormittag aber sah ich endlich, wie perfekt der Tod sich unseren harmlosen Stadtteil untertan gemacht hatte. Die vergitterten Mäuler der Tiefgaragen, Baustellenlöcher voll tödlichem Schlamm, Gartentore, um die Unkraut gewachsen war, eine Hölle aus Verschlossenem, Vergittertem, Verlassenem, rostige Stacheldrahtfallen, die sich zwischen kranken Bäumen versteckten. Da und dort die weißen Würfel der Passivhäuser, die keine Eingänge zu haben schienen. Wie viele Möglichkeiten es hier gab, zugrunde zu gehen. Er hatte unter unser aller Augen sein Bühnenbild gebaut, mit tausend szenischen Möglichkeiten. Ich habe an dem Vormittag nichts davon begriffen, auch nicht, daß wir hier unter neugepflanzten Lindenbäumchen und räudigen Kiefern längst alle seine Statisten waren, bis er uns endlich die Hauptrolle gab. Seit ich denken kann, bin ich auf ihn gefaßt, aber ich hatte ihn für unsichtbar gehalten.

Alte Frauen schleppten sich an ihren Rollatoren vorwärts, ohne aufzuschauen. Ahasver, der dürre Rentner mit weißem Dreiteiler und Panamahut, ging an diesem wie an jedem Tag seine Strecke, jeder im Viertel kennt ihn. Ich habe ihn älter und alt werden und in seinen weißen Anzügen schrumpfen sehen. Er ist immer in Bewegung, er sieht aus, als ginge er schon seit vielen hundert Jahren spazieren. Früher hatte ich ihn im Verdacht, der verkleidete Tod zu sein. Dabei will er ihm nur entkommen, indem er geht und geht und geht.

Drei kleine Mädchen standen an der Hauptstraße und versuchten einander zu überschreien. Sie waren mit Ranzen und bunten Beuteln beladen und ließen ungeduldig die Autos vorbeifahren, die sie vom Kiosk auf der anderen Straßenseite abhielten.

Habt ihr eine kleine, schwarzweiße Katze gesehen?

Drei Augenpaare richteten sich auf mich, was sahen sie, fragte ich mich. Eine alte Frau in einer unmodernen Lederjacke, mit ungekämmten, gefärbten Haaren und Angst im Blick.

Suchst du deine Katze? fragte die dickste der drei. *Ist sie dir weggelaufen?*

Es klang, als gäben sie mir die Schuld an einer Katastrophe, von der sie mehr wußten als ich selber. Drei kleine Macbeth-Hexen mit bunt lackierten Fingernägeln und schmuddeligen Miniröcken, die mich musterten.

Sie ist heute morgen nicht heimgekommen, sagte ich.

Du hast sie die ganze Nacht draußen gelassen? fragte die kleinste der drei, eine blonde, inquisitorisch.

Nein, sagte ich, *natürlich nicht. Sie geht immer gegen sechs raus und kommt um neun, spätestens halb zehn wieder.*

Jetzt ist es fast eins, sagte die Dicke. *Arbeitest du nichts?*

Doch, sagte ich, *zu Hause. Ich arbeite zu Hause. Aber wenn ihr sie nicht gesehen habt, muß ich weitersuchen.*

Wir haben nicht gesagt, daß wir sie nicht gesehen haben, sagte die kleine Blonde, *wahrscheinlich haben wir sie oft gesehen. Du könntest Zettel machen und an die Bäume tun und Finderlohn draufschreiben.*

Soweit ist es noch nicht, sagte ich und wußte nicht, wohin ich als nächstes gehen sollte. Die vielen Zettel mit verlorenen Tieren, die ich im Lauf der Jahre gesehen hatte, kamen mir in den Sinn. Manchmal hatte ich helfen können, Ausreißer kamen gern zu mir.

Ich war auf meiner kopflosen Suche noch keine zweihundert Meter von meiner Wohnung entfernt und fühlte mich wie auf einem fremden Planeten. Die Mädchen hatte ich noch nie gesehen, aber auf der gegenüberliegenden Straßenseite näherte sich eine Frau, die ich kannte. Sie hatte weiße Wollstrümpfe an, ein abgetragenes Chanelkostüm und einen Pelzkragen.

Sie schaute mißtrauisch zu uns herüber.

Aber die ist doch tot, sagte ich. Schon vor zwei oder drei Jahren war sie gestorben, ich hatte damals am Kiosk gefragt, wer sich denn um ihren kleinen Hund kümmere.

Sie ist doch tot, sagte ich zu den drei Mädchen, die ihr Ziel, den Kiosk gegenüber, im Blick behalten hatten.

Das war die Dame aus dem Eckhaus mit dem kleinen Hund.

Kann sein, sagte die Dicke gleichgültig. *Was weiß ich. Hier muß jeder auf sich selber aufpassen.*

Wie auf einen unhörbaren Startschuß hin rannten die drei gleichzeitig los, ihre Taschen und Beutel flogen um sie herum, dann waren sie drüben angekommen. Ich sah, wie sie sich an Sebastians Tresen drängten und alle gleichzeitig bedient werden wollten. Ihn sah ich nicht, aber er hatte damals ja auch kaum über den Tresen gereicht. Die Frau mit den weißen Strümpfen schienen sie nicht zu beachten. Vielleicht sahen sie sie nicht.

Ich wollte an diesem schrecklichen Mittag nur Fanny finden und betrachtete die Passanten nach dem Gesichtspunkt, ob sie mir dabei helfen könnten und wollten. Bei vielen war ich unsicher und merkte, daß sie mir nicht vertraut waren. Viele stämmige, sieghaft aussehende Frauen mit etwas zu kurzen Röcken waren unterwegs, bunt geschminkt, Paillettenblusen am hellichten Tag. Solche hatte es schon früher hier gegeben, als Putzfrauen, man sah sie mit großen Taschen von der U-Bahn-Station kommen und in den übriggebliebenen Villen des Viertels verschwinden. Offenbar hatten sie das Regiment übernommen, über die ehemals Mächtigen und Wichtigen, die jetzt hilflos in ihren großen Häusern lagen. Wir sind ein überalterter Stadtteil. Polinnen, Rumäninnen, Litauerinnen, lustige, kräftige Frauen, die sich nicht zu schade waren, den Kindern der Alten ihre Eltern vom Hals zu halten. Putzen mußten sie nicht mehr, statt dessen machten sie sich chic und schoben Rollstühle oder gingen Besorgungen machen, Apotheke und Sanitätshaus. Wenn man sich Mühe gab, erkannte man an ihnen Blusen und Jacken ihrer Arbeitgeberinnen, die denen zu weit geworden waren. Manchmal auch den Schmuck.

Wie viele es sind, dachte ich. Daß ich selber ihnen in die Hände fallen könnte, war mir an diesem Vormittag egal.

Haben Sie eine kleine, schwarzweiße Katze gesehen? fragte ich eine kleine, dickliche Frau mit Dauerwellen, die ihr vom Kopf abstanden. Sie hatte einen sehr kurzen grauen Rock an und eine enge Jacke, Pfefferminzstreifen in Weißrosa mit Goldknöpfen. Das Jäckchen versuchte, von längst vergangenen Sommerfesten in den verschwundenen Gärten des Viertels zu erzählen. Wo die gewesen waren, standen jetzt Häuser.

Frag die da, sagte die Frau und zeigte mit der Hand auf das Gespenst mit den weißen Strümpfen auf der anderen Straßenseite, das zu uns schaute.

Sie können sie sehen? fragte ich.

Bei uns daheim sehen wir die immer, antwortete die Erbin des Jäckchens.

Ich glaube, es hat keinen Sinn, weiter herumzufragen, sagte ich und schaute noch einmal ins schwarze Maul der

Tiefgarage, die zum alten Hochhaus gehört. Es ist älter als die meisten Menschen, die hier leben, und das will was heißen. Irgendein berühmter Architekt hat es gebaut, aber es ist seit langem nur noch eine Riesenschachtel, in die Leute gestopft werden, die anderswo keinen Platz finden.

Ich schaute an der Fassade hinauf, bis ganz oben, und mußte daran denken, wie winzig Fanny war, meine schwarz-weiße Freude, die hier irgendwo sein mußte. Wie sollte ich sie finden.

Die Toten, sagte ich zu der Frau, die immer noch abwartete und dabei ihre rote Tasche von einer in die andere Hand nahm, als sei sie ziemlich schwer, *Sie können die Toten sehen? Die Dame mit den weißen Strümpfen ist nämlich seit mehreren Jahren tot, das weiß ich genau.*

Ist nichts Besonderes, die Toten sehen, antwortete sie. Sie sprach ungelenk und rauh, aber ihr Akzent verriet mir nicht, woher sie kam.

Nur hier die Leute haben keine Ahnung, und wenn sie mal wen sehen, kriegen sie gleich Angst. Denken, sie werden geholt.

Als ich die Frau mit den weißen Strümpfen gesehen hatte, war meine Angst gewesen, daß sie mir etwas über Fanny sagen wollte, etwas Endgültiges, das ich unter keinen Umständen hören wollte.

Gibt's den Glatzkopf mit dem Stock eigentlich noch? Die Frau mit dem Pelzmantel, den sie winters und sommers trägt, hab ich auch schon lang nicht mehr getroffen.

Das sind normale Gedanken, wenn man fast sein ganzes Leben im selben Viertel geblieben ist, und daß Möbeltrümmer vor den Häusern stehen, daß ein Vorgartenrasen zur Wiese wird und Nußbäume ungehindert wachsen, gehört dazu.

Schräg gegenüber vom alten Hochhaus steht ein kleines Häuschen, das es geschafft hat, sämtliche Abrißpläne zu überleben. Vor zwanzig Jahren ist darin eine alte Frau niedergeschlagen worden. Sie habe lang gebraucht, um zu sterben, keiner habe nach ihr gesucht, hieß es.

Immer wenn ich von Auslandsreisen zurückkam, war ich dankbar für die hiesige Unsichtbarkeit von Leben und Tod gewesen. Kein lautes Straßenleben mit Dreck, Tanz und Liebe, kein Tierblut auf dem Boden, keine hörbaren Schreie. Keine Leichen. Eine tote Amsel auf dem Gehweg war schon das Äußerste an sichtbarem Unglück. Ein Verkehrsunfall vor mehr als dreißig Jahren, eine halbnackte Frau mit blaugeschlagenem Auge, die auf der Straße herumirrte, auch schon wieder fünfzehn Jahre her. In den Häusern das volle Programm, ganz sicher – aber die Mauern hielten es zuverlässig verborgen. Ich fand es wunderbar, von Rio, Bangkok oder Mumbai und deren offenliegenden Eingeweiden hierher zurückzukommen. Wände und Hinterhöfe, verschlossene Tore, unterirdisch aufbewahrte Autos. Bis zu dem Tag, an dem ich meine Katze Fanny suchte, hatte ich mich auf mein Viertel verlassen und seine Feindseligkeit nicht bemerkt.

Entschuldigen Sie, sagte ich zu der Frau im rosaweiß gestreiften Jäckchen, *ich glaube, ich werde nach Hause gehen und die Polizei anrufen.*

Ich schaute auf die andere Straßenseite, zum Kiosk, an dem noch immer die kleinen Mädchen standen und einander gegenseitig in die Bonbontüten griffen. Die Tote mit den weißen Strümpfen winkte mir zu, als billige sie meinen Entschluß, und ging langsam davon.

Polizei? sagte die Frau in einem Ton, wie unsereiner Camorra oder Hells Angels sagen würde.

Haben nichts anderes zu tun als nach tote Katze suchen?

Wie kommen Sie darauf, daß sie tot ist? fragte ich.

Bis zu dem Zeitpunkt hatte ich es geschafft, daß der Tod, mit dem ich mein ganzes langes Leben auf vertrautem Fuß gewesen war, in Verbindung zu Fanny nicht einmal als Verdacht auftauchte. Jemanden wie sie konnte er nicht besiegen. Über sie hatte er keine Macht. Eine winzige, schwarzweiße, uneinnehmbare Festung war sie.

Was soll sie sonst sein? sagte das widerwärtige Weib.

Ich ließ sie stehen und machte mich auf den Heimweg. Ohne Beistand kam ich nicht weiter, und ich würde jeden annehmen. Den der Polizei, der Müllmänner, die Hilfe derer, die unser verschlossenes Viertel kannten, all seine Verstecke und dunklen Ecken. Warum ich immer alles auf eigene Faust regeln will, dachte ich. So ein Blödsinn. Es ist keine Zeit zu verlieren. Sie ist irgendwo eingesperrt und hat Angst. Sie ist gestohlen. Entführt. Alles nicht schlimm. Da gibt es Möglichkeiten. Die Bildzeitung. Geld. Vielleicht wartet sie längst zu Hause.

Nein. Da war kein kleines schwarzweißes Gesicht am Küchenfenster, da war nichts, nur mein Telefon. Es dauerte, bis ich den fand, der mir helfen konnte, der mir den entscheidenden Schlag versetzte, freundlich, hilfsbereit und mitleidig.

In einem Körbchen, an der Bushaltestelle, ja, schwarzweiß. Eine andere Dame habe schon nachgesehen, ob es ihre sei. Sei sie aber nicht gewesen. Man wisse nicht, wer sie in das Körbchen gelegt hätte, vielleicht der betreffende Autofahrer.

Es war wieder ein anderes Viertel, eins voll fremder Menschen, in das ich jetzt hinausstürzte, mit einem weißen Handtuch und völliger Gewißheit. Ich habe keine Ahnung, was ich mit dem weißen Handtuch vorhatte. Noch einmal kam eine Hoffnung, grell wie ein Scheinwerfer, als an der Bushaltestelle nichts war. Noch einmal vom Handy aus im Revier anrufen, nein, nicht diese Haltestelle, die um die Ecke.

Da stand es dann, und da stand er, als hätte er alle Zeit der Welt. Ich hielt ihm mein weißes Handtuch entgegen, als wollte ich kapitulieren.

Siehst du, sagte der Tod.

So lernte ich Ihn kennen, wenige Wochen vor meinem siebzigsten Geburtstag, Ihn, den ich mir mein Leben lang als Verbündeten geleistet hatte. Weil er mich nie hatte überraschen können, machte er mich unverletzlich. Wie ich mich irrte. Bis zu diesem Märztag war er meine falsche Stärke gewesen.

Er wird dich holen kommen, dachte ich, wenn mir jemand Mächtiger querkam. Nicht rachsüchtig oder böswillig, nein, ganz sachlich. So war es dann auch ziemlich oft.

Ich war ihm für vieles dankbar gewesen, vor allem für das Bewußtsein, kein Gepäck mitnehmen zu können, egal wie klein oder groß, schwer oder leicht, kostbar oder wertlos.

Man sei nicht geräumig genug, um an Tote zu denken, hatte Canetti gesagt. Quatsch. Man ist nicht geräumig genug, um es nicht zu tun.

In mich hatten sie alle hineingepaßt. Tarnkappe und Drachenblut, das Märchenzeug brauchte ich nicht mehr und Lorbeer war geruchlos. Ich wußte plötzlich, er hatte gelogen, als er sagte, nur er könne alle freilassen. Ich konnte es selber tun, ich konnte alle freilassen, auch Fanny.

Und irgendwann mich.

Dann wird er mein Gelächter hören.

Inhalt